FINNISH
Dictionary & Phrasebook

Dictionary & Phrasebooks

Albanian
Arabic (Eastern) *Romanized*
Australian
Azerbaijani
Basque
Bosnian
Breton
British
Cajun French
Chechen
Croatian
Czech
Danish
Esperanto
Estonian
Finnish
French
Georgian
German
Greek
Hebrew *Romanized*
Hungarian
Igbo
Ilocano
Irish
Italian

Japanese *Romanized*
Lao *Romanized*
Lingala
Malagasy
Maltese
Mongolian
Nepali
Norwegian
Pilipino (Tagalog)
Polish
Québécois
Romanian
Romansch
Russian
Shona
Slovak
Somali
Spanish (Latin American)
Swahili
Swedish
Tajik
Thai *Romanized*
Turkish
Ukrainian
Uzbek

FINNISH
Dictionary & Phrasebook

Finnish-English
English-Finnish

Ville Kataja

HIPPOCRENE BOOKS, INC.
New York

ISBN 0-7818-0956-8

For information, address:
Hippocrene Books, Inc.
171 Madison Avenue
New York, NY 10016

Cataloging-in-Publication data available from the Library of Congress.

Printed in the United States of America.

TABLE OF CONTENTS

INTRODUCTION

Finnish is a small, intricate and subtle language spoken by approximately 5 million people in northern Europe. Wedged between Sweden and Russia, Finland is a unique country with a culture and heritage all its own. Finnish stands alone among the other European languages and is unrelated to the Germanic, Slavic or Romanic languages like English, German, Swedish, Russian, Italian or French. The language most closely related to Finnish is Estonian, spoken on the other side of the Finnish Gulf, in Estonia. Hungarian is related to Finnish also, but it is such a distant relative that few commonnalites exist aside from the monotonous melody and some common words. These three languages (Finnish, Hungarian, and Estonian) are the largest members of the Finno-Ugric family. Together with the Samoyed languages they constitute the similarly small Uralic language group. These languages are quite different from the Indo-European languages, the family to which most other European languages belong.

Finland's two larger neighbors, Russia and Sweden, form an integral part of Finnish history and have substantially influenced contemporary Finnish culture and society. Still, the core of Finnish culture has its own unique roots that can be traced to the origin of its inhabitants. The first Finno-Ugric speaking people are believed to have migrated from the Ural region on the western brink of Siberia around 4,000 B.C. However, archeologists have recently found fossil evidence of ancient dwellings estimated to be at least 100,000 years old. This suggests that people were living in Finland long before any of the Finno-Ugric newcomers had arrived. Finland has never been, nor is it today, a busy country bustling with people. Depending on the prevailing climatic situation it was covered either with glaciers or with forests and swamps. Apart from driving the Lapps, a nomadic people that today live in northern parts of Finland, Sweden, Norway and Russia (they speak Sámi, another language in the Finno-Ugric family), gradually moving northwards, there were few significant historical events worthy of discussion until the Middle Ages. For the most part, Finns led reclusive and peaceful lives in the vast wooded areas where they hunted, fished and farmed the land. Things slowly began to change when Swedish and German missionaries began crusading and christianizing the Finns in the 12th century. Also at this time, in the eastern parts of Finland, the Russian Orthodox Churches gained influence and spread through trade contacts there.

Swedish kings ruled Finland from around 1150 on, until 1809, when Finland became an autonomous Grand Duchy under the Russian Tsar Alexander I. The Republic of Finland gained independence in 1917 after the Russian Revolution. There was a bloody civil war from 1918 to 1919 as the pro-Soviet Reds tried to seize power. The pro-Republican Whites won with help of German troops.

During WWII Finland was attacked by the Soviet Union, but resisted an all-out invasion. In the end, Finland had to cede large chunks of eastern Finland to the Soviets, though they managed to hold onto their independence.

As different rulers came and went the Finns kept their identity and language. Some rulers tried to change their speaking habits, but gradually they were granted more and more liberties with regard to the use of the Finnish language. The first published Finnish text, the New Testament, appeared in 1548. Mikael Agricola, the Bishop of Turku who studied under Martin Luther in Germany and brought Protestant ideas to Finland, translated it into Finnish. Today the Lutheran Protestant church is the official Finnish state church. The scriptural translation laid the foundation for how Finnish is written today.

Another milestone in Finnish literature is the national epic, *Kalevala*, the heroic story of the birth of the Finnish people. This story was compiled by Elias Lönnrot who explored eastern Finland collecting the old legends that until then had only been preserved in the oral traditions of storytelling and singing. The first version was published in 1835.

In addition to the Sámi-speaking people, Finland also has a Swedish-speaking minority. Because of the sway once held by Sweden in Finland, Swedish is by Constitution the second official language. Therefore, if you know some Swedish it may come in handy in Finland. If not, Swedish is slightly more understandable for an English speaker than Finnish. So, keep your eyes open because in many places information is also provided in Swedish (and often in English, too).

Over 320,000 Finns emigrated to the United States and Canada from 1864 to 1914. The Finnish immigrants tended to stay in areas with a landscape and climate similar to Finland. Thus, many preferred the Great Lakes region of the United States and Canada. You still might meet some Finnish-speaking people living in Minnesota today.

If you want to read more about Finland, check the very informative website: http://virtual.finland.fi

PRONUNCIATION GUIDE

To give you an idea of Finnish pronunciation, here is an example of what English sounds like to the Finnish ear. This shows how a Finn who doesn't know English would transcribe the following question:

▸ Would you like to eat a steak and a hot potato?
▸ *Vud ju laik tu iidesteik änd ä hat poteido?*

Finnish words seem and sound awkward to an English speaker as well, but the pronunciation system is quite simple. There is no pronunciation transcription in this book. Try to adapt the pronunciation shown in the Finnish alphabet below. Even if your pronunciation is far from perfect most Finns are familiar with an American accent and will understand what you are trying to tell them. Finnish is spoken evenly and in a monotone. If you try not to put any melody in what you say, it will probably sound more Finnish.

In Finnish, each letter corresponds to just one sound and each sound corresponds to just one letter (unlike English or French, for example). Thus, each letter is always pronounced the same way, no matter where it occurs in a word. Unlike English words, all the letters of Finnish words are pronounced.

The Finnish Alphabet

A   as in *cut*
B   as in *banana*
C   (only in words and names of foreign origin)
D   as in *date*
E   as in *set*
F   as in *fun*
G   (only appears in Finnish words in the combination **ng,** pronounced as in *ring* and in loan words it is normally pronounced as in **goblin**)

H	as in _hat_
I	as in _ship_
J	as in _yellow_
K	as in _pack_
L	as in _limit_
M	as in _mix_
N	as in _not_
O	as in _more_
P	as in _hop_
Q	(only in words and names of foreign origin)
R	as in _rip_ (rolled as in Spanish)
S	as in _sick_
T	as in _sit_
U	as in _pull_
V	as in _valid_
W	(only in words and names of foreign origin)
X	(only in words and names of foreign origin)
Y	[y] as in _new_ – like _u_ in French or _ü_ in German
Z	(only in words and names of foreign origin)
Å	(only in names of Swedish origin – pronounced as in _more_)
Ä	as in _rat_
Ö	[ø] as in _fur_ or _sir_

Please note the following rules:

▸ The consonants **p** , **t** and **k** are pronounced without aspiration, i.e., without a breathy "h" sound after them.
▸ The letter **n** before a **k** is pronounced as in _thank_.
▸ When **h** occurs between vowels, it is pronounced weakly. When it co-occurs with consonants, it is a stronger sound. In any case it is always aspirated.
▸ The consonant **r** is always trilled with the tip of the tongue.

Long and Short Sounds

The many double consonants and vowels in Finnish may be one reason why Finnish names look so exotic—

just check your map of Finland to verify this. Long and short sounds always produce words with different meanings, so you should be careful with your pronunciation. The following examples show how different compositions of long and short sounds change the meaning of a word:

tuma	nucleus
tuuma	inch
tumma	dark
tumaa	nucleus (*partitive case*)
tuumaa	inch (*partitive case*)
tummaa	dark (*partitive case*)

tuli	fire	**tulli**	customs	**tuuli**	wind
tili	account	**tilli**	dill	**tiili**	brick
kylä	village	**kyllä**	yes	**kyylä**	snooper
kuka	who	**kukka**	flower		
kina	quarrel	**Kiina**	China		

All long vowels (doubled) are pronounced twice as long as single short vowels: e.g., *viisi* (five) is pronounced [vee-ee-see]. To be sure you get it right, exaggerate a little, keep the short vowels clipped and the long vowels long. All long consonants are pronounced the same way. It is helpful to keep in mind that there is always a syllable boundary between the two halves of a double consonant: e.g., *his-si* (elevator) is pronounced [hiss-see].

Syllables

A syllable boundary occurs before every sequence of a single consonant followed by a vowel. The following examples show the syllable boundaries (indicated by a dash):

si-ka-la	pig sty	**ko-men-to-kes-kus**	command center
raa-mat-tu	bible	**hel-sin-ki-läi-nen**	Helsinkier
sai-raa-la	hospital	**a-len-nus-myyn-ti**	sale
kat-ti-la	pot	**vah-ti-mes-ta-ri**	janitor

There is also a syllable boundary between vowels that do not form a diphthong (see below) as shown in the following examples:

ka-pe-a	narrow	ko-et-taa	to try
pi-an	soon	lu-e-tel-la	to enumerate
sa-no-a	to say	vi-re-ä	vivacious
as-tu-a	to step	kää-ri-ä	to roll
ra-e	hailstone		

Diphthongs

A diphthong is a combination of two vowels in the same syllable. Here are the 16 different diphthongs:

Diphthong	Example	
ei	kei-no	a means
äi	äi-ti	mother
ui	ui-da	to swim
ai	kai-vo	a well
oi	koit-taa	to try
öi	öi-sin	at night
yi	myin	I sold
au	au-to	car
ou	hou-sut	pants
eu	neu-vo	piece of advice
iu	liu-ku-a	to slide
äy	käy-rä	crooked
öy	möy-kä-tä	to make noise
ie	sie-vä	pretty
yö	myö-hään	late
uo	Puo-la	Poland

Emphasis

The main emphasis is always on the **first syllable** of the word. In compound words there is an additional side stress on the first syllable of the compound's second word.

kirjakauppa	book store
rautatie	railway
rautatieasema	railway station
viikonloppu	weekend
kalakeitto	fish soup

Vowel Harmony

Finnish words must harmonize, which means they can only contain vowels that (according to the Finnish ear) coexist peacefully. If the word stem contains one of the so-called back vowels, **a, o, u**, the word cannot have an ending that contains one of the so-called front vowels, **ä, ö, y**. Instead, it has to contain either a back vowel (**a, o, u**), **e, i** or a **consonant**. If the word stem does **not** contain **a, o** or **u**, the word ending cannot contain a back vowel. Instead it has to contain a front vowel (**ä, ö, y**), **e, i** or a **consonant**. Back and front vowels do not appear together in Finnish words. (They do appear in some loan words of foreign origin, though.)

In the following examples, the different endings are separated from the stems by a slash:

Ending with **front vowel**:

metsä/ssä	in the forest
pöydä/llä	on the table
Berliini/stä	from Berlin
lyö/t/kö?	do you hit?
kiitä/mme/kö?	do we thank?
äiti/ä	mother (partitive case)
on ylittä/nyt	has crossed
ei hän/kään	not even he
keng/i/ttä	without shoes

Ending with **back vowel**:

talo/ssa	in the house
sivu/lla	on the page
Amerika/sta	from America

aut<u>a</u>/n/k<u>o</u>?	*do I help?*
h<u>a</u>rkitse/mme/k<u>o</u>?	*do we consider?*
aut<u>o</u>/a	*car* (partitive case)
on k<u>o</u>sketta/n<u>u</u>t	*has touched*
ei kiss<u>a</u>/k<u>aa</u>n	*not even the cat*
k<u>a</u>l<u>a</u>/tt<u>a</u>	*without fish*

Spelling

When spelling out words, the letters of the alphabet are read aloud as follows (note the pronunciation rules given in the beginning of this chapter):

aa, bee, see, dee, ee, ef, gee, hoo, ii ,jii, koo, el, em, en, oo, pee, kuu, er, es, tee, uu, vee, kaksoisvee, eks, yy, tset, oo, ää, öö

For example: J-a-c-k = **jii-aa-see-koo** (the Finnish equivalent of the name is **Jaakko**) or J-a-n-e = **jii-aa-en-ee** (of which the Finnish version is **Jaana**)

So, if you want to say that you come from the USA, it goes like this:

Tulen uu-es-aasta (written: **USA:sta.**)

BASIC GRAMMAR

Many consider Finnish a difficult language to learn. The most confusing features for a non-native speaker are the unrecognizable vocabulary and the 15 different grammatical cases.

Because Finnish is not related to any of the other major European languages there are few words that sound very familiar to speakers of most other languages. Even though there are loan words from English, German, Russian and Swedish, you may have some difficulties with words unique to Finnish such as **hieronta** (massage), **tavaratalo** (department store) or **lentokenttä** (airport). On the other hand, you probably will understand these words: **auto, radio, televisio, banaani, metalli, hotelli and presidentti**, and even words such as **kortti** (card), **kitara** (guitar) and **pankki** (bank). If you listen carefully and keep your eyes open, you may manage to understand some words.

Another special feature of Finnish is that you can express a great deal of information with a single word. This can only be done by using the appropriate grammatical case. For the most part, instead of using prepositions, different endings are attached to the nouns, pronouns, adjectives and numerals. For example, if you want to say "Also in my hotel," you combine **hotelli** with the endings: -ssa (in), -ni (my) and -kin (also), to get **hotellissanikin**. This expresses in one single word (albeit a long one) the same thing that would require four words in English. There are separate words for "also" and "my" in Finnish as well. Therefore saying **myös minun hotellissani** expresses the same thing. In colloquial Finnish, however, people often drop endings and use shorter forms. You might hear a Finn say **myös mun hotellissa**. What you can't change is the ending that corresponds to the English preposition "in" because there is no word in Finnish for "in". Instead, one must use the appropriate case ending.

Postpositions, which follow the word instead of preceding it, are common in Finnish. For example, "with the president" is translated as **presidentin kanssa**. **"Kanssa"** is the postposition in this example. Finnish prepositions and postpositions also require that the word be in the appropriate case, in this instance the genitive (the possessive).

Nouns have **no article** (indefinite or definite) and **no gender**.

Personal Pronouns

I	minä	mine	minun
you	sinä	yours	sinun
he /she*	hän	his /hers	hänen
we	me	ours	meidän
you (*pl.*)**	te	yours	teidän
they	he	theirs	heidän

*Note that there is only the one pronoun, **hän**, to express "he" and "she".

**The Finnish plural form of "you" is also used as a polite form, e.g., when addressing a stranger or a person to whom you wish to show respect.

Demonstrative Pronouns

this	tämä	of this	tämän
that	tuo	of that	tuon
it	se	its	sen
these	nämä	of these	näiden
those	nuo	of those	noiden
they (*pl.* of it)	ne	theirs	niiden

Verbs

In Finnish, although it is also acceptable to include the pronouns, you can omit the personal pronoun and use just the verb in the first and second person. However, in third person singular and plural, you must use the personal pronoun (**hän, he**) with the verb. Personal pronouns are in parentheses below.

To be	Olla
I am	(**minä**) **olen**
you are	(**sinä**) **olet**
he/she, it is	**hän, se on**
we are	(**me**) **olemme**
you (*pl.*) are	(**te**) **olette**
they are	**he, ne ovat**

To have

In Finnish there is no verb 'to have'. Instead, this concept is expressed by saying literally, "at me is", "at you is", etc. Here you <u>must</u> use the corresponding personal pronoun.

I have	**minulla on**
you have	**sinulla on**
he/she, it has	**hänellä, sillä on**
we have	**meillä on**
you (*pl.*) have	**teillä on**
they have	**heillä, niillä on**

All verbs have the following **endings** added to their stem.

	Maksaa (To pay)	**Kysyä** (To ask)	**Tuoda** (To bring)
I	maksa<u>n</u>	kysy<u>n</u>	tuo<u>n</u>
you	maksa<u>t</u>	kysy<u>t</u>	tuo<u>t</u>
he/she*	maksa<u>a</u>	kysy<u>y</u>	tuo
we	maksa<u>mme</u>	kysy<u>mme</u>	tuo<u>mme</u>
you (*pl.*)	maksa<u>tte</u>	kysy<u>tte</u>	tuo<u>tte</u>
they**	maksa<u>vat</u>	kysy<u>vät</u>	tuo<u>vat</u>

*As you can see, the third person singular doesn't have an ending. Either the stem's last vowel is doubled or, if the stem ends in two vowels, it doesn't change at all.

In the third person plural, the ending is -vat or -vät. To decide which one to use, read about Finnish **vowel harmony in the **Pronunciation Guide**.

Negation

The negation of a verb in Finnish is not that different from English. Instead of "don't" and "doesn't", there is a different form for each grammatical person in Finnish. The verb form after the negation is just the stem.

	don't/doesn't pay	don't/doesn't ask
I	(minä) e**n** maksa	(minä) e**n** kysy
you	(sinä) e**t** maksa	(sinä) e**t** kysy
he/she*	hän ei maksa	hän ei kysy
we	(me) e**mme** maksa	(me) e**mme** kysy
you (pl.)	(te) e**tte** maksa	(te) e**tte** kysy
they*	he ei**vät** maksa	he ei**vät** kysy

	don't/doesn't bring
I	(minä) e**n** tuo
you	(sinä) e**t** tuo
he/she*	hän ei tuo
we	(me) e**mme** tuo
you (pl.)	(te) e**tte** tuo
they*	he ei**vät** tuo

*See note under **Verbs**.

<u>To not be</u>

I am not	(minä) en ole
you are not	(sinä) et ole
he/she, it is not	hän, se ei ole
we are not	(me) emme ole
you (pl.) are not	(te) ette ole
they are not	he eivät ole

<u>To not have</u>

I don't have	minulla ei ole
you don't have	sinulla ei ole
he/she, it doesn't have	hänellä, sillä ei ole
we don't have	meillä ei ole

| you (*pl.*) don't have | teillä ei ole |
| they don't have | heillä ei ole |

Questions

Questions in Finnish are formed by adding -ko or -kö to the end of the verb. To decide which of these endings to use, read about Finnish **vowel harmony** in the Pronunciation Guide.

On**ko** sinulla?	Do you have?
Maksan**ko**?	Do I pay?
Ovat**ko** he?	Are they?
Näet**kö**?	Do you see?

In **negative questions**, add the ending to the negation particle: en + kö, et + kö, ei + kö, etc.

> enkö, etkö, eikö, emmekö, ettekö, eivätkö.

Eikö sinulla ole?	Don't you have?
Enkö maksa?	Don't I pay?
Eivätkö he ole?	Are they not?
Etkö näe?	Don't you see?

Possessive Adjectives

Instead of using a possessive adjective, an ending is added to the object of possession. For example, to express "my car", it's enough to say, "**autoni**". However, in the third person singular and plural you must use the personal pronoun (**hänen, heidän**) with the object. You may also use the personal pronouns (here in parentheses) in addition to the ending in the first and second persons. In normal speech you often use the pronouns.

(minun) radio**ni**	my radio
(sinun) radio**si**	your radio
hänen radio**nsa**	his/her radio

(meidän) radio**mme**	our radio
(teidän) radio**nne**	your radio
heidän radio**nsa**	their radio

Using Plural and Case Endings

Here are a few examples to give you an idea of how word endings are applied. Adjectives as well as numerals, pronouns and nouns have case endings. The endings are added to the word stem, which can differ greatly from the word itself, and can change its form depending on the ending. In the dictionary section basic stem changes are given in parentheses after the word. To decide which ending to use (e.g., -ssa instead of -ssä), read about Finnish **vowel harmony** in the **Pronunciation Guide**.

The Plural (-t)

	singular	plural
car	auto	auto**t**
cactus	kaktus	kaktukse**t**
beautiful	kaunis	kaunii**t**
house	talo	talo**t**
shoe	kenkä	kengä**t**
happy	iloinen	iloise**t**

(In cases other than the basic nominative, the plural gets the ending -i- and sometimes -j- before the case ending.)

The Genitive (-n)

radio	radio	radio's	radio**n**
cactus	kaktus	cactus'	kaktukse**n**
beautiful	kaunis	of a beautiful	kaunii**n**
one	yksi	of one	yhde**n**
		John's	John**in**
		Barbara's	Barbara**n**
		New York's	New York**in**

The Partitive (-a, -ä, -ta, -tä, -tta, -ttä)

The basic use of partitive is to give a word a divisible meaning. It has numerous functions such as expressing indefinite quantity, the negative, irresultant action and after numerals and words like "many", "much", "little" and "few". In parentheses under the partitive examples are sentences in nominative or accusative (the case used to indicate direct object, place to or toward which, or extent of space and time) for comparison.

part. **Kuuntelen radiota.**	I listen to the radio.
(*acc.* **Ostan radion.**	I buy a radio.)
part. **Tämä musiikki on kaunista.**	This music is beautiful.
(*nomin.* **Tämä laulu on kaunis.**	This song is beautiful.)
part. **Puraisen yhtä.**	I take a bite of one.
(*acc.* **Syön yhden.**	I eat one.)
part. **Minulla ei ole kaktusta.**	I don't have a cactus.
(*nomin.* **Minulla on kaktus.**	I have a cactus.)
part. **Näetkö Johnia?**	Do you see John?
(*acc.* **Näen Johnin.**	I see John.)

Direction or Position

Adding a particular case ending (-ssa, -ssä, -sta, -stä, -vn*, -hvn*, -seen) to the end of a noun expresses its direction or position.

hotellissa	in/inside the hotel
hississä	in/inside the elevator
kädessä	in/inside the hand
talossa	in/inside the house
maassa	in/inside the country
perheessä	in/inside the family

*v = the last vowel of the stem

hotellista	from/out of the hotel
hissistä	from/out of the elevator
kädestä	from/out of the hand
talosta	from/out of the house
maasta	from/out of the country
perheestä	from/out of the family

hotelliin	to/into the hotel
hissiin	to/into the elevator
käteen	to/into the hand
taloon	to/into the house
maahan	to/into the country
perheeseen	to/into the family

Direction, Position or
Means/Instrument (-lla, -llä, -lta, -ltä, -lle)

auto	car
pöytä	table
juna	train
vasara	hammer

autolla	at/by the car	by car
pöydällä	on/at the table	with the table
junalla		by train
vasaralla		with a hammer

| autolta | from/off the car |
| pöydältä | from/off the table |

| autolle | to/onto the car |
| pöydälle | onto/to the table |

Here is a list of some Finnish **cities and place names** with the corresponding endings to express a direction:

	to	from	in
Ahvenanmaa	Ahvenanmaalle	Ahvenanmaalta	Ahvenanmaalla
Espoo	Espooseen	Espoosta	Espoossa
Hanko	Hankoon	Hangosta	Hangossa
Helsinki	Helsinkiin	Helsingistä	Helsingissä
Hämeenlinna	Hämeenlinnaan	Hämeenlinnasta	Hämeenlinnassa
Imatra	Imatralle	Imatralta	Imatralla
Ivalo	Ivaloon	Ivalosta	Ivalossa
Jyväskylä	Jyväskylään	Jyväskylästä	Jyväskylässä
Kajaani	Kajaaniin	Kajaanista	Kajaanissa
Kuopio	Kuopioon	Kuopiosta	Kuopiossa
Kuusamo	Kuusamoon	Kuusamosta	Kuusamossa
Lahti	Lahteen	Lahdesta	Lahdessa
Lappeenranta	Lappeenrantaan	Lappeenrannasta	Lappeenrannassa
Maarianhamina	Maarianhaminaan	Maarianhaminasta	Maarianhaminassa
Oulu	Ouluun	Oulusta	Oulussa
Pori	Poriin	Porista	Porissa
Rovaniemi	Rovaniemelle	Rovaniemeltä	Rovaniemellä
Savonlinna	Savonlinnaan	Savonlinnasta	Savonlinnassa
Tampere	Tampereelle	Tampereelta	Tampereella
Turku	Turkuun	Turusta	Turussa
Vaasa	Vaasaan	Vaasasta	Vaasassa
Vantaa	Vantaalle	Vantaalta	Vantaalla
Varkaus	Varkauteen	Varkaudesta	Varkaudessa

Colloquial Forms

Colloquial speech can differ quite a lot from written Finnish. Here are a couple examples of the most important forms (in the Helsinki region).

	col.	written
I	mä	minä
you	sä	sinä
he/she	se	hän
they	ne	he

In the first person plural, the passive form of the verb is used in speech (the correct written form is in parentheses under the colloquial form):

we are	me ollaan (ole<u>mme</u>)
we aren't	me ei olla (emme ole)
we pay	me maksetaan (maksa<u>mme</u>)
we don't pay	me ei makseta (emme maksa)
we ask	me kysytään (kysy<u>mme</u>)
we don't ask	me ei kysytä (emme kysy)
we bring	me tuodaan (tuo<u>mme</u>)
we don't bring	me ei tuoda (emme tuo)

ABBREVIATIONS

abbr.	abbreviation
acc.	accusative
adj.	adjective
adv.	adverb
col.	colloquial
conj.	conjunction
esp.	especially
interj.	interjection
n.	noun
nomin.	nominative
part.	partitive
pl.	plural
postp.	postposition
pp.	past participle
prep.	preposition
pron.	pronoun
sing.	singular
v.	verb
v.i.	verb intransitive
v.t.	verb transitive

ENGLISH-FINNISH DICTIONARY

How to use this Dictionary

Many Finnish words are followed by their stem in parentheses. This stem is necessary for most declined/ conjugated forms of nouns, pronouns, adjectives and verbs, including the nominative plural noun (which gets the ending –t). Plural nouns are also declined, so there are stems after words in plural form as well. To help clarify meanings there are also examples and approximate correspondents in brackets. The abbreviations of the grammatical cases relate to the Finnish words.

A
abbreviation *n.* lyhenne (*lyhentee-*)
ability *n.* kyky (*kyvy-*)
able *adj.* kykenevä
about *adv.* noin, suunnilleen
above *adv.* yläpuolellla [be ~], -lle [go ~]
abroad *adv.* ulkomaillla [in a place ~], -lle [to a place ~]
abrupt *adj.* äkillinen (*äkillise-*)
absolutely *adv.* ehdottomasti
abuse *n.* väärinkäyttö (*väärinkäytö-*) [~ of power, alcohol ~]; pahoinpitely [physical ~]; raiskaus (*raiskaukse-*) [sexual ~]
academic *adj.* akateeminen (*akateemise-*); *n.* akateemikko (*akateemiko-*)
accelerate *v.t.* kiihdyttää (*kiihdyttä-*); *v.i.* kiihtyä (*kiihdy-*)
accept *v.* suostua (*suostu-*) [~ an invitation]; hyväksyä (*hyväksy-*) [~ an excuse]
access *n.* pääsy; *adj.* **difficult** ~ vaikeapääsyinen (*vaikeapääsyise-*); *adj.* **easy** ~ helppopääsyinen (*helppopääsyise-*)
access road *n.* liittymätie
accident *n.* onnettomuus (*onnettomuude-*)
accommodation *n.* majoitus (*majoitukse-*)
accompany *v.* saattaa (*saata-*)
account *n.* tili
accountant *n.* kirjanpitäjä

accusation *n.* syytös (*syytökse-*)
accuse *v.* syyttää (*syyttä-*)
ache *n.* särky (*säry-*), kipu (*kivu-*); *v.* särkeä (*särje-*)
acid *n.* happo (*hapo-*); *adj.* hapan (*happama-*)
acquaintance *n.* tuttava
across *adv.* yli [go ~ something]; *postp.* vastapäätä [be ~ from somebody or something]
act *n.* teko (*teo-*) [deed]; *v.* toimia (*toimi-*) [function, perform]; näytellä (*näyttele-*) [~ in a play]
action *n.* toiminta (*toiminna-*); in ~ toiminnassa
activity *n.* toiminta (*toiminna-*), aktiviteetti (*aktiviteeti-*)
actor *n.* näyttelijä
actual *adj.* todellinen (*todellise-*), varsinainen (*varsinaise-*) [real]; ajankohtainen (*ajankohtaise-*) [current]
adaptable *adj.* sopiva
adapter *n.* adapteri [electrical]
add *v.* lisätä (*lisää-*) [increase]; laskea yhteen (*laske- yhteen*) [mathematics]
address *n.* osoite (*osoittee-*)
addressee *n.* vastaanottaja
adhesive tape *n.* teippi (*teipi-*)
adjust *v.* säätää (*säädä-*) [e.g., ~ the television]
administration *n.* johto (*johdo-*), hallinto (*hallinno-*)
admire *v.* ihailla (*ihaile-*)
admission *n.* sisäänpääsy; ~ fee sisäänpääsymaksu
admit *v.* oikeuttaa (*oikeuta-*)
adult *n.* aikuinen (*aikuise-*)
advance *n.* edistyminen (*edistymise-*); *v.t.* siirtää (*siirrä-*); *v.i.* edetä (*etene-*); *adv.* in ~ etukäteen
advantage *n.* etu (*edu-*)
adventure *n.* seikkailu
advertisement *n.* mainos (*mainokse-*)
advice *n.pl.* neuvot (*neuvoi-*), piece of ~ neuvo
advise *v.* neuvoa (*neuvo-*)
affair *n.* asia; suhde (*suhtee-*) [romantic involvement]
afraid *adj.* pelokas (*pelokkaa-*); be afraid *v.* pelätä (*pelkää-*)
after *postp.* jälkeen
afternoon *n.* iltapäivä
afterwards *adv.* jälkeenpäin
again *adv.* jälleen, taas
against *postp.* vasten [leaning ~]; vastaan [being ~]
age *n.* ikä (*iä-*)
agency *n.* agentuuri, toimisto, edustus (*edustukse-*)
agent *n.* edustaja
ago *postp.* sitten
agree *v.* sopia (*sovi-*) [~ on], suostua (*suostu-*) [~ to]
agreement *n.* sopimus (*sopimukse-*)
aid *n.* apu (*avu-*); first ~ ensiapu (*ensiavu-*); *v.* auttaa (*auta-*)
aim *n.* päämäärä; *v.* tähdätä (*tähtää-*)

air *n.* ilma; *v.* tuulettaa (*tuuleta-*)
air conditioning *n.* ilmastointi (*ilmastoinni-*)
airline *n.* lentoyhtiö
airplane *n.* lentokone (*lentokonee-*)
airport *n.* lentokenttä (*lentokentä-*), lentoasema
alarm *n.* hälytys (*halytykse-*)
alarm clock *n.* herätyskello
alcohol *n.* alkoholi
algae *n.* levä
alive *adj.* elävä; *adv.* elossa
all *pron.* kaikki (*kaiki-*)
allergy *n.* allergia
allow *v.* sallia (*salli-*)
all right selvä
almost *adv.* melkein
alone *adj.* yksin
along *postp. & prep.* pitkin [e.g., ~ the coast]; ~ **with** *postp. & adv.* mukana; *adv.* (ottaa) mukaan[bring/take ~]
alphabet *n. pl.* aakkoset (*aakkosi-*)
already *adv.* jo
also *adv. & conj.* myös
alter *v. t.* muuttaa (*muuta-*); *v.i.* muuttua (*muutu-*)
alternative *n.* vaihtoehto (*vaihtoehdo-*)
alternator *n.* vaihtovirtageneraattori
although *conj.* vaikka
always *adv.* aina
ambassador *n.* suurlähettiläs (*suurlähettilää-*)
ambulance *n.* ambulanssi, sairasauto
among *postp.* joukossa [be ~]; joukkoon [go ~]
amount *n.* määrä
amuse *v.* huvittaa (*huvita-*)
amusement park *n.* huvipuisto
amusing *adj.* huvittava
anchor *n.* ankkuri
and *conj.* ja
angel *n.* enkeli
angry *adj.* vihainen (*vihaise-*)
animal *n.* eläin (*eläime-*)
anniversary *n.* vuosipäivä
announcement *n.* kuulutus [public ~]
annoying *adj.* häiritsevä, kiusallinen (*kiusallise-*)
annual *adj.* vuotuinen (*vuotuise-*)
another *pron.* toinen (*toise-*)
answer *n.* vastaus (*vastaukse-*); *v.* vastata (*vastaa-*)
answering machine *n.* puhelinvastaaja
ant *n.* muurahainen (*muurahaise-*)
antenna *n.* antenni [electrical]
antique *n.* antiikkiesine (*antiikkiesinee-*); *adj.* antiikkinen (*antiikkise-*)

anxious *adj.* huolestunut (*huolestunee-*)
any *pron.* mikä tahansa [~ item]
anybody *pron.* kukaan [e.g., Has ~ seen it?], kuka tahansa
  [e.g., ~ can do it]
anymore *adv.* enää
anything *pron.* mitään [e.g., I don't have ~.], mitä tahansa
  [e.g., ~ can happen]
anywhere *adv.* missä tahansa
apartment *n.* huoneisto
apologize *v.* pyytää anteeksi (*pyydä- anteeksi*); I ~ ! Pyydän
  anteeksi!
applaud *v.* taputtaa (*taputa-*)
apple *n.* omena
appointment *n.* tapaaminen (*tapaamise-*)
appreciate *v.* arvostaa (*arvosta-*)
approach *v.* lähestyä (*lähesty-*)
appropriate *adj.* sopiva
architecture *n.* arkkitehtuuri
area *n.* alue (*aluee-*)
area code *n.* suuntanumero
argue *v.* riidellä (*riitele-*) [quarrel]
argument *n.* riita (*riida-*) [quarrel]
arm *n.* käsivarsi (*käsivarre-*)
armchair *n.* nojatuoli
army *n.* armeija
around *postp.* ympäri [e.g., go ~ something]; ympärillä [e.g.,
  be ~ something]
arrange *v.* järjestää (*järjestä-*)
arrival *n.* tulo, saapuminen (*saapumise-*)
arrivals saapuvat
arrive *v.* saapua (*saavu-*), tulla (*tule-*)
arrow *n.* nuoli (*nuole-*)
art *n.* taide (*taitee-*)
article *n.* kappale (*kappalee-*) [item, piece]; artikkeli [e.g., in a
  newspaper]
artificial *adj.* keinotekoinen (*keinotekoise-*)
artist *n.* taiteilija
as *adv.* kuin, kuten
ash *n.* tuhka
ashamed *adj.* häpeissään; **be ~** *v.* hävetä (*häpeä-*)
ashtray *n.* tuhkakuppi (*tuhkakupi-*)
ask *v.* kysyä (*kysy-*)
asleep *adv.* unessa; **be ~** *v.* nukkua (*nuku-*)
asphalt *n.* asfaltti (*asfalti-*)
association yhdistys (*yhdistykse-*)
assure *v.* vakuuttaa (*vakuuta-*)
astray *adv.* eksyksissä; *v.* go ~ eksyä (*eksy-*)
at *postp.* luona; ~ **my place** minun luonani; ~ **the airport**
  lentokentä<u>llä</u>

athlete *n.* urheilija
athletics *n.* urheilu
ATM *n.* pankkiautomaatti (*pankkiautomaati-*)
attach *v.* kiinnittää (*kiinnitä-*)
attack *n.* hyökkäys (*hyökkäykse-*) [assault]; kohtaus
(*kohtaukse-*) [illness]; *v.* hyökätä (*hyökkää-*)
attendant *n.* valvoja [e.g, garage ~]
attention *n.* huomio
attentive *adj.* huomaavainen (*huomaavaise-*) [courteous]
auction *n.* huutokauppa (*huutokaupa-*)
audience *n.* yleisö
aunt *n.* täti (*tädi-*)
authentic *adj.* aito (*aido-*)
author *n.* tekijä
authorities *n. pl.* viranomaiset
automatic *adj.* automaattinen (*automaattise-*)
autumn *n.* syksy
average *n.* keskimäärä; *adj.* keskimääräinen (*keskimääräise-*),
tavallinen (*tavallise-*) [normal]
avoid *v.* välttää (*vältä-*)
awake *adv.* hereillä
aware *adj.* tietoinen (*tietoise-*)
away *adv.* pois [go ~]; *adj.* poissa [be ~]
awful *adj.* kamala, hirveä
awfully *adv.* hirveän [e.g. ~ big]
axle *n.* akseli

B
baby *n.* vauva
baby carriage *n. pl.* lastenvaunut
baby food *n.* vauvanruoka (*vauvanruoa-*)
babysitter *n.* lapsenvahti (*lapsenvahdi-*)
back *n.* selkä (*selä-*) [anatomy]; takaosa [rear]; *adv.* takaisin
[e.g., come ~, pay ~]
backpack *n.* reppu (*repu-*)
backwards *adv.* taaksepäin [to the rear]; takaperin [in
reverse order]
bad *adj.* huono [e.g., below standard]; paha [disagreeable]
bag *n.* laukku (*lauku-*)
baggage *n. pl.* matkatavarat
bakery *n.* leipomo
balcony *n.* parveke (*parvekkee-*)
bald *adj.* kalju
ball *n.* pallo [e.g., tennis ~]
ballet *n.* baletti (*baleti-*)
ballpoint pen *n.* kuulakärkikynä
banana *n.* banaani
band *n.* yhtye (*yhtyee-*), *col.* bändi [music]
bandage *n.* side (*sitee-*)

bank *n.* pankki (*panki-*)
bar *n.* baari [place]; tanko (*tango-*) [rod]
barber *n.* parturi
bare *adj.* paljas (*paljaa-*)
barefoot *adv.* paljain jaloin, avojaloin; *adj.* paljasjalkainen (*paljasjalkaise-*)
bargain *n.* hyvä kauppa, hyvä ostos
bark *v.* haukkua (*hauku-*)
bartender *n.* baarimikko (*baarimiko-*)
basket *n.* kori
basketball *n.* koripallo
bat *n.* lepakko (*lepako-*) [animal]; maila [sports]
bath *n.* kylpy (*kylvy-*)
bathe *v.* kylpeä (*kylve-*)
bathroom *n.* kylpyhuone (*kylpyhuonee-*); vessa [private or public toilet]; käymälä [public toilet]
bathtub *n.* kylpyamme (*kylpyammee-*)
battery *n.* paristo [e.g., flashlight]; akku (*aku-*) [car]
bay *n.* lahti (*lahde-*)
beach *n.* hiekkaranta (*hiekkaranna-*), ranta (*ranna-*)
bean *n.* papu (*pavu-*)
bear *n.* karhu
beard *n.* parta (*parra-*)
beautiful *adj.* kaunis (*kaunii-*)
beaver *n.* majava
because *conj.* koska
bed *n.* vuode (*vuotee-*), sänky (*sängy-*)
bedclothes *n. pl.* vuodevaatteet
bedroom *n.* makuuhuone (*makuuhuonee-*)
bee *n.* mehiläinen (*mehiläise-*)
beef *n.* naudanliha
beefsteak *n.* pihvi
beer *n.* olut (*olue-*)
before *adv. & prep. & postp.* ennen
begin *v.* alkaa (*ala-*)
behind *postp.* takana [be ~] ; taakse [go ~]; takaa [from ~]
believe *v.* uskoa (*usko-*)
bell *n.* kello
belong *v.* kuulua (*kuulu-*)
belongings *n. pl.* tavarat
below *postp.* alapuolellla [~ something]; -lle [go ~ something]
belt *n.* vyö
bench *n.* penkki (*penki-*)
bend *v.i.* taipua (*taivu-*); *v.t.* taivuttaa (*taivuta-*); *n.* mutka [curve]
berry *n.* marja
best *adj.* paras; *adv.* parhaiten
better *adj.* parempi; *adv.* paremmin
between *postp.* välissä [be ~]; väliin [go ~]

Bible *n.* raamattu (*raamatu-*)
bicycle *n.* polkupyörä
big *adj.* iso, suuri (*suure-*)
bikini *n. pl.* bikinit (*bikinei-*)
bill *n.* lasku
bind *v.* sitoa (*sido-*), kiinnittää (*kiinnitä-*)
binoculars *n.* kiikari
bird *n.* lintu (*linnu-*)
birthday *n.* syntymäpäivä
bite *v.* purra (*pure-*); *n.* purema
black *adj.* musta
blanket *n.* huopa (*huova-*), peitto (*peito-*), peite (*peittee-*)
bleed *v.* vuotaa verta (*vuoda- verta*)
blind *adj.* sokea
block *n.* este (*estee-*) [hindrance]; kortteli [e.g., street ~];
  v. sulkea (*sulje-*), tukkia (*tuki-*)
blond *adj.* vaalea
blood *n.* veri (*vere-*)
blouse *n.* pusero
blow *v.* puhaltaa (*puhalla-*)
blue *adj.* sininen (*sinise-*)
boarding house *n.* täysihoitola
boat *n.* vene (*venee-*)
bobsled *n.* rattikelkka (*rattikelka-*)
body *n.* keho, vartalo; ruumis (*ruumii-*)
boil *v.i.* kiehua (*kiehu-*); *v.t.* keittää (*keitä-*)
bone *n.* luu
bonfire *n.* kokko (*koko-*)
book *n.* kirja
bookstore *n.* kirjakauppa (*kirjakaupa-*)
boot *n.* saapas (*saappaa-*)
border *n.* raja
boring *adj.* ikävystyttävä
born *pp.* syntynyt (*syntynee-*)
borrow *v.* lainata (*lainaa-*)
boss *n.* pomo
both *pron.* molemmat (*molemmi-*), kumpikin (*kumma-/kin*)
bottle *n.* pullo
bottom *n.* pohja
bowl *n.* malja, kulho; *v.* keilata (*keilaa-*) [bowling]
bowling *n.* keilailu
box *n.* rasia [small one], laatikko [bigger one]
boxing *n.* nyrkkeily
box office n. teatterikassa, lipunmyyntipiste
  (*lipunmyyntipistee-*)
boy *n.* poika (*poja-*)
boyfriend *n.* poikaystävä
bra *n. pl.* rintaliivit (*rintaliivei-*)
bracelet *n.* rannerengas (*rannerenkaa-*)

branch *n.* oksa [tree]; haara [river, antlers]
brand *n.* merkki (*merki-*), tuotemerkki
brass *n.* messinki (*messingi-*)
brave *adj.* rohkea
bread *n.* leipä (*leivä-*)
break *v.t.* rikkoa (*riko-*); *v.i.* hajota (*hajoa-*), särkyä (*säry-*); *n.* tauko (*tauo-*) [pause]
breakdown *n.* konerikko (*koneriko-*) [of an engine]
breakfast *n.* aamiainen (*aamiaise-*)
break in *v.i.* murtautua (*murtaudu-*) [burglarize]
breakwater *n.* aallonmurtaja
breast *n.* rinta (*rinna-*)
breathe *v.* hengittää (*hengitä-*)
bride *n.* morsian (*morsiame-*)
bridegroom *n.* sulhanen (*sulhase-*)
bridge *n.* silta (*silla-*)
brief *adj.* lyhyt (*lyhye-*)
briefcase *n.* salkku (*salku-*)
briefs *n. pl.* pikkuhousut (*pikkuhousui-*)
bright *adj.* kirkas (*kirkkaa-*)
bring *v.* tuoda (*tuo-*)
broad *adj.* leveä; avara, laaja [extensive, open]
brochure *n.* esite (*esittee-*)
broken *adj.* rikki
brooch *n.* rintaneula
brook *n.* puro
broom *n.* luuta (*luuda-*)
brother *n.* veli (*velje-*)
brown *adj.* ruskea
bruise *n.* mustelma
brush *n.* harja; *v.* harjata (*harjaa-*)
bucket *n.* ämpäri, sanko (*sango-*)
bug *n.* lude (*lutee-*) [insect]; *col.* itikka (*itika-*)
build *v.* rakentaa (*rakenna-*)
building *n.* rakennus (*rakennukse-*)
bulb *n.* hehkulamppu (*hehkulampu-*) [electrical]
bull *n.* sonni, härkä (*härä-*)
bullet *n.* luoti (*luodi-*)
burglar *n.* murtovaras (*murtovarkaa-*)
burglarize *v.* murtautua (*murtaudu-*)
burglary *n.* murtovarkaus (*murtovarkaude-*)
burn *v.i.* palaa (*pala-*); *v.t.* polttaa (*polta-*); *n.* palovamma [injury]
burst *v.* haljeta (*halkea-*) [split]
bus *n.* bussi, linja-auto
bush *n.* pensas (*pensaa-*)
business *n.* liiketoiminta (liiketoiminna-), kauppa (kaupa-)
business card *n.* käyntikortti (*käyntikorti-*)
bus station *n.* linja-autoasema

bus stop *n.* bussipysäkki (*bussipysäki-*)
busy *adj.* kiireinen (*kiireise-*); **I'm ~** Minulla on kiire
but *conj.* mutta [e.g., poor ~ honest]; vaan [e.g., not difficult, ~ easy]
butter *n.* voi
butterfly *n.* perhonen (*perhose-*)
button *n.* nappi (*napi-*)
buy *v.* ostaa (*osta-*)
by *postp.* luona
bypass *n.* kiertotie

C

cabin *n.* mökki (*möki-*)
cablecar *n.* raitiovaunu
café *n.* kahvila
cake *n.* kakku (*kaku-*)
calculator *n.* laskin (*laskime-*)
calendar *n.* kalenteri
call *v.* huutaa (*huuda-*); kutsua (*kutsu-*) [by name]; soittaa (*soita-*) [by phone]
calm *adj.* tyyni (*tyyne-*) [air, sea, person]; rauhallinen (*rauhallise-*) [peaceful]
camera *n.* kamera
camp *n.* leiri; *v.* telttailla (*telttaile-*)
campground *n.* leiripaikka (*leiripaika-*)
campsite *n.* leirintäalue
can *v.* voida (*voi-*) [e.g., ~ I sit here?], osata (*osaa-*) [be able, know how]; *n.* purkki (*purki-*), tölkki (*tölki-*)
canal *n.* kanava
cancel *v.* peruuttaa (*peruuta-*)
candle *n.* kynttilä
candy *n.* makeinen (*makeise-*), karkki (*karki-*)
can opener *n.* purkinavaaja
cap *n.* lakki (*laki-*)
capital *n.* pääkaupunki (*pääkaupungi-*)
captain *n.* kapteeni
car *n.* auto; vaunu [of a train or trolley]
card *n.* kortti (*korti-*)
cardboard *n.* pahvi
cardboard box *n.* pahvilaatikko (*pahvilaatiko-*)
card game *n.* korttipeli
cardigan *n.* villatakki (*villataki-*)
car driver *n.* autonajaja, autonkuljettaja
care *v.* hoitaa (*hoida-*); välittää (*välitä-*) [be concerned]; *n.* hoito (*hoido-*)
careful *adj.* varovainen (*varovaise-*) [cautious]; huolellinen (*huolellise-*) [thorough]
carefully *adv.* varovasti; huolellisesti

careless *adj.* varomaton (*varomattoma-*); huolimaton (*huolimattoma-*)

car ferry *n.* autolautta (*autolauta-*)

carnival *n.* karnevaali

carpet *n.* matto (*mato-*)

car rental agency *n.* autovuokraamo

car repair shop *n.* autokorjaamo

carrot *n.* porkkana

carry *v.* kantaa (*kanna-*)

cartridge *n.* panos (*panokse-*) [firearm]; kasetti [e.g., ink, film]

case *n.* tapaus (*tapaukse-*) [matter]; laatikko, rasia [box]; kotelo [container]

cash *n.* käteinen (*käteise-*); in ~ käteisenä

cashier *n.* kassa

cassette *n.* kasetti (*kaseti-*)

castle *n.* linna

cat *n.* kissa

catalog *n.* luettelo; hinnasto [price list]

catch *v.* ottaa kiinni (*ota- kiinni*)

cathedral *n.* tuomiokirkko (*tuomiokirko-*)

cause *n.* syy; *v.* aiheuttaa (*aiheuta-*)

cave *n.* luola

cease *v.i.* lakata (*lakkaa-*)

ceiling *n.* katto (*kato-*)

cell *n.* solu

cellar *n.* kellari

cellular phone *n.* matkapuhelin (*matkapuhelime-*), kännykkä (*kännykä-*)

cemetery *n.* hautausmaa

center *n.* keskusta; *adj.* keski-

centimeter *n.* senttimetri

central *adj.* keskeinen (*keskeise-*), keskus- [e.g., ~ **bank** keskuspankki]

certain *adj.* varma

certainly *adv.* varmasti

certificate *n.* todistus (*todistukse-*)

chain *n.* ketju

chair *n.* tuoli

chance *n.* tilaisuus (*tilaisuude-*) [opportunity]; mahdollisuus (*mahdollisuude-*) [possibility]

change *v.t.* muuttaa (*muuta-*); *v.i.* muuttua (*muutu-*); *n.* muutos (*muutokse-*)

changing room *n.* pukuhuone (*pukuhuonee-*)

channel *n.* kanava

chapel *n.* kappeli

character *n.* luonne (*luontee-*)

charge *n.* maksu [fee]; varaus (*varaukse-*), lataus (*lataukse-*) [electrical]; *v.* veloittaa (*veloita-*) [fee]; ladata (*lataa-*) [to load, to fill]

chart *n.* kartta (*karta-*); merikortti [navigation]; sääkartta [meteorological]

charter *v.* vuokrata [hire, rent]

chauffeur *n.* kuljettaja, autonkuljettaja

cheap *adj.* halpa (*halva-*)

check *n.* sekki (*seki-*) [bank]; lasku [bill]; tarkastus (*turkastukse-*) [inspection]; *v.* tarkistaa (*tarkista-*) [review]

check book *n.* sekkivihko (*sekkiviho-*)

cheek *n.* poski (*poske-*)

cheers! *interj.* kippis!

cheese *n.* juusto

chef *n.* kokki (*koki-*)

chemical *n.* kemikaali

cherry *n.* kirsikka (*kirsika-*)

chess *n.* shakki (*shaki-*)

chest *n.* rinta (*rinna-*) [anatomy]

chewing gum *n.* purukumi

chicken *n.* kana, kananpoika (*kananpoja-*)

child *n.* lapsi (*lapse-*)

chimney *n.* savupiippu (*savupiipu-*)

chin *n.* leuka (*leua-*)

china *n.* posliini

chocolate *n.* suklaa

choose *v.* valita (*valitse-*)

Christmas *n.* joulu

church *n.* kirkko (*kirko-*)

cigar *n.* sikari

cigarette *n.* savuke (*savukkee-*); *col.* tupakka (*tupaka-*)

cinema *n.* elokuvateatteri [movie theater]; *n. pl.* elokuvat [motion pictures]

circle *n.* ympyrä, kehä; piiri [~ of people]; *v.t.* ympäröidä (*ympäröi-*); *v.i.* kiertää kehää (*kierrä- kehää*)

circumstances *n. pl.* olosuhteet (*olosuhtei-*)

circumvent *v.* kiertää (*kierrä-*)

circus *n.* sirkus (*sirkukse-*)

civil servant *n.* virkamies (*virkamiehe-*)

city *n.* kaupunki (*kaupungi-*)

claim *n.* vaatimus (*vaatimukse-*); ~ **for compensation** korvausvaatimus; ~ **for damages** vahingonkorvausvaatimus; *v.* vaatia (*vaadi-*)

class *n.* luokka (*luoka-*)

clean *adj.* puhdas (*puhtaa-*); *v.* puhdistaa (*puhdista-*) [e.g., nails, sink, table], siivota (*siivoa-*) [e.g., room, house]

cleaner *n.* siivooja [person]; 's pesula, kemiallinen pesula [place]

cleanser *n.* puhdistusaine (*puhdistusainee-*)

clear *adj.* kirkas (*kirkkaa-*) [day, water]; selvä [road, thoughts]

clerk *n.* myyjä [sales~]

clever *adj.* nokkela
client *n.* asiakas (*asiakkaa-*)
cliff *n.* kalliojyrkänne (*kalliojyrkäntee-*)
climate *n.* ilmasto
climb *v.* kiivetä (*kiipeä-*)
clock *n.* kello
close *v.* sulkea (*sulje-*); *adv.* lähellä; *adj.* läheinen (*läheise-*)
closed *adj.* suljettu (*suljetu-*), kiinni
closet *n.* kaappi (*kaapi-*)
cloth *n.* kangas (*kankaa-*)
clothes *n. pl.* vaatteet (*vaattei-*)
cloud *n.* pilvi (*pilve-*)
cloudy *adj.* pilvinen (*pilvise-*)
club *n.* klubi [night~]; kerho [book ~]; maila [golf ~]
clumsy *adj.* kömpelö
coal *n.* hiili (*hiile-*)
coarse *adj.* karkea
coast *n.* rannikko (*ranniko-*)
coastguard *n.* merivartiosto
coat *n.* takki (*taki-*)
coat hanger *n.* vaateripustin (*vaateripustime-*)
cobweb *n.* hämähäkinseitti (*hämähäkinseiti-*)
coffee *n.* kahvi
coin *n.* kolikko (*koliko-*)
cold *adj.* kylmä
collar *n.* kaulus (*kaulukse-*)
colleague *n.* kollega
collect *v.* kerätä (*kerää-*)
collection *n.* kokoelma
color *n.* väri
colorful *adj.* värikäs (*värikkää-*)
color-blind *adj.* värisokea
comb *n.* kampa (*kamma-*); *v.* kammata (*kampaa-*)
combination *n.* yhdistelmä
combine *v.t.* yhdistää (*yhdistä-*); *v.i.* yhdistyä (*yhdisty-*)
come *v.* tulla (*tule-*)
comedy *n.* komedia
comfortable *adj.* mukava
comics *n. pl.* sarjakuvat (*sarjakuvi-*)
commercial *n.* mainos (*mainokse-*)
common *adj.* yhteinen (*yhteise-*) [~ interests]; tavallinen (*tavallise-*) [usual]; yleinen (*yleise-*) [general]
communication *n.* kommunikaatio
company *n.* seura [companions]; yhtiö [corporation]
compare *v.* verrata (*vertaa-*)
compartment *n.* osasto
compass *n.* kompassi
competition *n.* kilpailu
complain *v.* valittaa (*valita-*)

complaint *n.* valitus *(valitukse-)*
complete *adj.* täydellinen *(täydellise-)*; koko [whole]
completely *adv.* täysin
complicated *adj.* monimutkainen *(monimutkaise-)*; vaikea [difficult]
compliment *n.* kohteliaisuus *(kohteliaisuude-)*
computer *n.* tietokone *(tietokonee-)*
concert *n.* konsertti *(konserti-)*
concrete *n.* betoni
condition *n.* kunto *(kunno-)* [state]; ehto *(ehdo-)* [requirement]; *n. pl.* olosuhteet *(olosuhtei-)* [circumstances]
conditioner *n.* hoitoaine *(hoitoainee-)* [hair ~]
conference *n.* neuvottelu [negotiation]; kokous [meeting]
confidential *adj.* luottamuksellinen *(luottamuksellise-)*
confirm *v.* vahvistaa *(vahvista-)*
congratulation *n.* onnittelu
Congratulations! Onnittelut!, Onnea!
connect *v.* yhdistää *(yhdistä-)*; kytkeä *(kytke-)* [electricity]
conscious *adj.* tietoinen *(tietoise-)* [knowing]; tajuissaan [awake]
consulate *n.* konsulaatti *(konsulaati-)*
contact *n.* kontakti; yhteys *(yhteyde-)*
contact lenses *n. pl.* piilolasit *(piilolasei-)*
contain *v.* sisältää *(sisällä-)*
continue *v.i.* jatkua *(jatku-)*; *v.t.* jatkaa *(jatka-)*
contraceptive *n.* ehkäisyväline *(ehkäisyvälinee-)*
contract *n.* sopimus *(sopimukse-)*
control *v.* valvoa *(valvo-)*; *n.* valvonta *(valvonna-)*
convenient *adj.* sopiva
cook *v.* keittää *(keitä-)*; *n.* kokki
cool *adj.* viileä
cooperation *n.* yhteistyö
copper *n.* kupari
copy *v.* kopioida *(kopioi-)*, jäljentää *(jäljennä-)*; *n.* kopio, jäljennös *(jäljennökse-)*
cork *n.* korkki *(korki-)*
corkscrew *n.* korkkiruuvi
corner *n.* kulma, nurkka *(nurka-)*
correct *adj.* oikea; *adv.* oikein
corridor *n.* käytävä
cosmetics *n.* kosmetiikka *(kosmetiika-)*
cost *v.* maksaa *(maksa-)*; *n.* hinta *(hinna-)*
cottage *n.* mökki *(möki-)*
cotton *n.* puuvilla
couch *n.* sohva
cough *n.* yskä; *v.* yskiä *(yski-)*
count *v.* laskea *(laske-)*
counter *n.* tiski
country *n.* maa

countryside *n.* maaseutu (*maaseudu-*)
couple *n.* pari
courier *n.* lähetti (*läheti-*), kuriiri
course *n.* kurssi
court *n.* piha; kenttä [sports]
courtyard *n.* piha
cousin *n.* serkku (*serku-*)
cover *n.* peite (*peittee-*); *v.* peittää (*peitä-*)
cow *n.* lehmä
crack *n.* halkeama [fissure]; rako [opening]
crane *n.* nosturi [hoist]
crash *n.* rysähdys (*rysähdykse-*) [loud noise]; kolari [collision]
crawl *v.* ryömiä (*ryömi-*)
crayon *n.* väriliitu (*väriliidu-*)
crazy *adj.* hullu
cream *n.* kerma
credit *n.* luotto (*luoto-*)
credit card *n.* luottokortti (*luottokorti-*)
creek *n.* sivujoki (*sivujoe-*)
crew *n.* miehistö
criminal *n.* & *adj.* rikollinen (*rikollise-*)
criticize *v.* arvostella (*arvostele-*)
crooked *adj.* kiero
crop *n.* sato (*sado-*)
cross *n.* risti; *v.* ylittää (*ylitä-*) [e.g., road, river]
crossing *n.* risteys (*risteykse-*) [junction]
crossroads *n.* tienristeys (*tienristeykse-*)
crowded *adv.* täynnä
cruise *n.* risteily
cry *v.* itkeä (*itke-*)
crystal *n.* kristalli
cube *n.* kuutio
cucumber *n.* kurkku (*kurku-*)
culture *n.* kulttuuri
cup *n.* kuppi (*kupi-*)
cupboard *n.* hylly
cure *v.t.* parantaa (*paranna-*); *v.i.* parantua (*parannu-*)
curly *adj.* kihara
currency *n.* valuutta (*valuuta-*)
current *n.* virta; *adj.* nykyinen (*nykyise-*), ajankohtainen
  (*ajankohtaise-*) [present, topical]
curtain *n.* verho
curve *n.* käyrä; mutka [road]
cushion *n.* tyyny
custom *n.* tapa (*tava-*)
customer *n.* asiakas (*asiakkaa-*)
customs *n.* tulli
customs officer *n.* tullivirkailija
cut *v.* leikata (*leikkaa-*)

cute *adj.* sievä
cutlery *n. pl.* aterimet (*aterimi-*)
cycle *n.* polkupyörä, pyörä [bicycle]

D

daily *adj.* päivittäinen (*päivittäise-*); *adv.* päivittäin
damage *n.* vahinko (*vahingo-*)
damp *adj.* kostea
dance *n.* tanssi; *v.* tanssia (*tanssi-*)
danger *n.* vaara
dangerous *adj.* vaarallinen (*vaarallise-*)
dare *v.* uskaltaa (*uskalla-*)
dark *n.* pimeä; *adj.* pimeä [no light]; tumma [color]
darling *n.* kulta (*kulla-*), rakas (*rakkaa-*)
data *n.* data, tieto (*tiedo-*); *pl.* tiedot (*tiedoi-*)
date *n.* päivämäärä; tapaaminen [appointment]; *col.* treffit
date of birth *n.* syntymäaika (*syntymäaja-*)
daughter *n.* tytär (*tyttäre-*)
day *n.* päivä
day care *n.* päivähoito (*päivähoido-*)
daylight saving time *n.* kesäaika (*kesäaja-*)
dead *adj.* kuollut (*kuollee-*)
dead end *n.* umpikuja
deaf *adj.* kuuro
deal *n.* sopimus (*sopimukse-*) [agreement]; kauppa (*kaupa-*) [transaction]
dealer *n.* kauppias (*kauppiaa-*)
dear *adj.* rakas (*rakkaa-*)
debt *n.* velka (*vela-*)
decide *v.* päättää (*päätä-*)
decimal *n.* kymmenys (*kymmenykse-*), desimaali
deck *n.* kansi (*kanne-*) [ship]; korttipakka [cards]
declare *v.* ilmoittaa (*ilmoita-*); tullata (*tullaa-*) [customs]
deep *adj.* syvä
deer *n.* peura
defrost *v.t.* sulattaa (*sulata-*) [thaw]
degree *n.* aste (*astee-*)
de-ice *v.* poistaa jää (*poista- jää*)
delay *n.* viivytys (*viivytykse-*); *v.t.* lykätä (*lykkää-*) [postpone]; *adv.* **delayed** myöhässä [late]
delicate *adj.* hieno
delicious *adj.* herkullinen (*herkullise-*)
dent *n.* lommo
dentist *n.* hammaslääkäri
dentures *n.* hammasproteesi
deodorant *n.* deodorantti (*deodoranti-*)
department *n.* osasto
department store *n.* tavaratalo
departure *n.* lähtö (*lähdö-*)

departures lähtevät [trains, airplanes]
depend v. riippua (*riipu-*)
deposit n. talletus (*talletukse-*) [bank]
describe v. kuvata (*kuvaa-*)
description n. kuvaus (*kuvaukse-*)
desk n. kirjoituspöytä (*kirjoituspöydä-*); tiski
   [e.g., information ~]
dessert n. jälkiruoka (*jälkiruoa-*)
destination n. määränpää
detail n. yksityiskohta (*yksityiskohda-*)
detergent n. pesuaine (*pesuainee-*)
development n. kehitys (*kehitykse-*)
device n. laite (*laittee-*)
dew n. kaste (*kastee-*)
dial v. valita (*valitse-*) [phone]
diamond n. timantti (*timanti-*)
diaper n. vaippa (*vaipa-*)
diarrhea n. ripuli
dictionary n. sanakirja
die v. kuolla (*kuole-*)
diet n. dieetti (*dieeti-*)
different adj. erilainen (*erilaise-*)
difficult adj. vaikea
difficulty n. vaikeus (*vaikeude-*)
dig v. kaivaa (*kaiva-*)
dim adj. hämärä
dine v. syödä päivällistä (*syö- päivällistä*)
dining room n. ruokasali
dining table n. ruokapöytä (*ruokapöydä-*)
dinner n. päivällinen (*päivällise-*)
diplomat n. diplomaatti (*diplomaati-*)
direct adj. suora
direction n. suunta (*suunna-*)
dirty adj. likainen (*likaise-*)
disabled adj. vammainen (*vammaise-*)
disappointed adj. pettynyt (*pettynee-*)
discount n. alennus (*alennukse-*)
dish n. astia [vessel]; ruokalaji [food]
dishwasher n. astianpesukone (*astianpesukonee-*)
disinfectant n. desinfiointiaine (*desinfiointiainee-*)
disposable adj. kertakäyttöinen (*kertakäyttöise-*),
   kertakäyttö- [e.g., ~ **bottle** kertakäyttöpullo]
distance n. välimatka, matka
district n. alue (*aluee-*)
disturb v. häiritä (*häiritse-*)
dive v. sukeltaa (*sukella-*)
divide v. jakaa (*jaa-*)
divorced adj. eronnut (*eronnee-*)
do v. tehdä (*tee-*)

do business *v.* käydä kauppaa (*käy- kauppaa*)
doctor *n.* lääkäri [physician]; tohtori [title]
document *n.* dokumentti (*dokumenti-*), asiakirja
dog *n.* koira
dog collar *n.* kaulapanta (*kaulapanna-*)
doll *n.* nukke (*nuke-*)
dollar *n.* dollari
domestic *adj.* kodin-, koti-, talous-, kotimaan -
   [e.g., ~ **appliances** kodinkoneet, ~ **flight** kotimaan lento]
Donald Duck Aku Ankka (*Aku Anka-*)
door *n.* ovi (*ove-*)
doorbell *n.* ovikello
double *adj.* kaksinkertainen (*kaksinkertaise-*), kaksois- [e.g.,
   ~ **chin** kaksoisleuka], tupla- [e.g., ~ **whiskey** tuplaviski]
double bed *n.* parisänky (*parisängy-*)
double room *n.* kahden hengen huone
down *adv.* alas [go ~]; alhaalla [be ~]
downhill *adv.* alamäkeen; *n.* laskettelu [skiing]
downstairs *n.* alakerta (*alakerra-*); *adv.* alakertaan [go ~];
   alakerrassa [be ~]
downtown *n.* keskikaupunki (*keskikaupungi-*), keskusta
draft *adj.* luonnos (*luonnokse-*) [sketch]; *n.* veto (*vedo-*)
   [current of air]
drain *n.* viemäri
draw *v.* vetää (*vedä-*) [pull]; piirtää [sketch]
drawer *n.* laatikko (*laatiko-*) [furniture]
drawing *n.* piirtäminen (*piirtämise-*) [act of ~]; piirustus
   (*piirustukse-*) [picture]
dress *n.* asu, puku (*puvu-*); leninki, mekko [gown];
   n.pl. vaatteet [clothes]; *v.* pukea (*pue-*) [put on clothes]
drink *v.* juoda (*juo-*); *n.* juoma; drinkki (*drinki-*) [alcoholic]
drinking water *n.* juomavesi (*juomavede-*)
drive *v.* ajaa (*aja-*)
driver *n.* ajaja, kuljettaja
driver's licence *n.* ajokortti (*ajokorti-*)
drop *n.* tippa, pisara [e.g., of water, blood]; *v.t.* pudottaa
   (*pudota-*) [let fall]; *v.i.* pudota (*putoa-*) [fall]; tippua
   (*tipu-*) [drip]
drug *n.* lääke (*lääkkee-*); huumausaine (*huumausainee-*),
   huume (*huumee-*) [narcotic]
drugstore *n.* apteekki (*apteeki-*)
drum *n.* rumpu (*rummu-*)
drunk *adj.* humalassa; *n. & adj.* humalainen (*humalaise-*)
dry *adj.* kuiva; *v.t.* kuivata (*kuivaa-*); *v.i.* kuivua (*kuivu-*)
dry cleaner *n.* kemiallinen pesula, pesula
dry cleaning *n.* kuivapesu
dryer *n.* kuivaaja
duck *n.* ankka (*anka-*), sorsa [wild ~]
due *adj.* erääntyvä [bill]

due date *n.* eräpäivä
dung *n.* lanta (*lanna-*)
during *postp.* aikana
dust *n.* pöly
duty *n.* velvollisuus (*velvollisuude-*) [obligation]; tehtävä
    [task, function]; tulli, tullimaksu [customs]
duty-free *adj.* veroton (*verottoma-*), tullivapaa
dye *v.* värjätä (*värjää-*)

E

each *pron.* kukin; *adj.* joka
eagle *n.* kotka
ear *n.* korva
early *adv.* aikaisin
earn *v.* ansaita (*ansaitse-*)
earnings *n.* ansio
earphones *n. pl.* kuulokkeet (*kuulokkei-*)
earring *n.* korvarengas (*korvarenkaa-*)
earth *n.* maa
east *n.* itä (*idä-*)
Easter *n.* pääsiäinen (*pääsiäise-*)
easy *adj.* helppo (*helpo-*); rento (*renno-*) [relaxed]; Take it ~!
    Ota rennosti!
easy chair *n.* nojatuoli
eat *v.* syödä (*syö-*)
echo *n.* kaiku (*kaiu-*)
economical *adj.* taloudellinen (*taloudellise-*)
economy *n.* talous (*taloude-*)
edge *n.* reuna; terä [cutting ~]
education *n.* koulutus (*koulutukse-*)
efficient *adj.* tehokas (*tehokkaa-*)
egg *n.* muna
either *pron.* kumpikin [e.g., There are trees on ~ side.];
    jompikumpi [e.g., ~ of them will do.]; ~...or joko...tai
elastic *adj.* elastinen (*elastise-*), joustava
elastic band *n.* kuminauha
elbow *n.* kyynärpää
elect *v.* valita (*valitse-*)
election *n. pl.* vaalit (*vaalei-*)
electric *adj.* sähkö- [e.g., ~ shock sähköisku]
electrician *n.* sähköasentaja
electricity *n.* sähkö
electronic *adj.* elektroninen (*elektronise-*)
element *n.* elementti (*elementi-*)
elephant *n.* norsu
elevator *n.* hissi
elk *n.* hirvi (*hirve-*)
embarrassing *adj.* kiusallinen (*kiusallise-*)
embassy *n.* suurlähetystö

emergency *n.* hätätapaus (*hätätapaukse-*); *adj.* hätä- [e.g., ~ **brake** hätäjarru], vara- [e.g., ~ **exit** varauloskäynti]
emotion *n.* tunne (*tuntee-*)
empty *adj.* tyhjä; *v.t.* tyhjentää (*tyhjennä-*)
encyclopedia *n.* tietosanakirja
end *n.* pää [e.g., ~ **of rope, table, etc.**]; loppu (*lopu-*) [e.g, ~ **of year, holiday, story**]
energy *n.* energia, voima
engaged *adj.* kihloissa [to be wed]
engine *n.* moottori
engineer *n.* insinööri
enjoy *v.* nauttia (*nauti-*)
enough *adv.* tarpeeksi
enter *v.* tulla sisään (*tule- sisään*) [come in]; mennä sisään (*mene- sisään*) [go in]
entertainment *n.* viihde (*viihtee-*)
entrance *n.* sisäänkäynti (*sisäänkäynni-*)
entrance fee *n.* sisäänpääsymaksu
envelope *n.* kirjekuori (*kirjekuore-*)
environment *n.* ympäristö
environmental protection *n.* ympäristönsuojelu
equal *adj.* yhtä suuri (*yhtä suure-*) [as great as]; samanarvoinen (*samanarvoise-*) [of same value]
equipment *n. pl.* varusteet (*varustei-*)
escalator *n. pl.* liukuportaat (*liukuportai-*)
especially *adv.* erikoisesti, varsinkin
essential *adj.* välttämätön (*välttämättömä-*)
estate *n.* maaomaisuus (*maaomaisuude-*)
estimate *v.* arvioida (*arvioi-*); *n.* arvio
even *adj.* tasainen (*tasaise-*); *adv.* jopa [~ **I know**]
evening *n.* ilta (*illa-*)
evening dress *n.* iltapuku (*iltapuvu-*)
evening meal *n.* illallinen (*illallise-*)
event *n.* tapahtuma
ever *adv.* koskaan
every *pron.* joka
everyone *pron.* jokainen (*jokaise-*) [each one], kaikki (*kaiki-*) [all]
everything *pron.* kaikki (*kaiki-*)
everywhere *adv.* kaikkialla, joka puolella
evidence *n.* todiste (*todistee-*)
example *n.* esimerkki (*esimerki-*)
excellent *adj.* loistava, erinomainen (*erinomaise-*)
except *prep.* paitsi
exchange *n.* vaihto (*vaihdo-*); rahanvaihto (*rahanvaihdo-*) [money]
exchange rate *n.* vaihtokurssi
excited *adj.* kiihtynyt (*kiihtynee-*)
exciting *adj.* jännittävä

excuse *n.* anteeksipyyntö; *v.* antaa anteeksi (*anna- anteeksi*) [forgive]; pyytää anteeksi (*pyydä- anteeksi*) [apologize]
exercise *n.* harjoitus (*harjoitukse-*); *v.* harjoitella (*harjoittele-*) [training]
exhibition *n.* näyttely
exit *n.* uloskäynti (*uloskäynni-*)
expect *v.* odottaa (*odota-*)
expensive *adj.* kallis (*kallii-*)
experience *n.* kokemus (*kokemukse-*)
expert *n.* asiantuntija
expiration *n.* päättyminen (*päättymise-*)
explain *v.* selittää (*selitä-*)
explosion *n.* räjähdys (*räjähdykse-*)
extend *v.* jatkaa (*jatka-*) [prolong]
extension cord *n.* jatkojohto (*jatkojohdo-*)
extra *adj.* ylimääräinen (*ylimääräise-*), lisä- [e.g., ~ charge lisämaksu]
eye *n.* silmä

F

fabric *n.* kangas (*kankaa-*)
face *n.* naama, *n. pl.* kasvot (*kasvoi-*)
fact *n.* tosiasia
factory *n.* tehdas (*tehtaa-*)
failure *n.* epäonnistuminen (*epäonnistumise-*)
fair *adj.* reilu; *n. pl.* markkinat (*markkinoi-*); *n. pl.* messut [trade ~]
faith *n.* usko
fake *n.* väärennös (*väärennökse-*)
fall *v.i.* pudota (*putoa-*) [drop]; kaatua (*kaadu-*) [topple]; *v.t.* kaataa (*kaada-*); let ~ pudottaa (*pudota-*)
family *n.* perhe (*perhee-*)
famous *adj.* kuuluisa
fan *n.* tuuletin (*tuulettime-*)
far *adv.* kaukana [be ~]; kauas [go ~]
fare *n.* maksu
farm *n.* maatila
farmer *n.* maanviljelijä
farmhouse *n.* maatalo
fast *adj.* nopea [quick]; luja [firm]; *adv.* nopeasti; lujasti
fasten *v.* kiinnittää (*kiinnitä-*)
fat *n.* rasva; *adj.* lihava
father *n.* isä
faucet *n.* hana
fault *n.* vika (*via-*)
favorite *n.* suosikki (*suosiki-*)
fear *n.* pelko (*pelo-*); *v.* pelätä (*pelkää-*)
feather *n.* sulka (*sula-*)
feature *n.* ominaisuus (*ominaisuude-*), piirre (*piirtee-*)

feed *v.* ruokkia (*ruoki-*)
feedback *n.* palaute (*palauttee-*)
feel *v.* tuntea (*tunne-*) [sensation]; tunnustella (*tunnustele-*) [examine by touch]
female *adj.* naispuolinen (*naispuolise-*), nais- [e.g., ~ friend naisystävä]
fence *n.* aita (*aida-*)
fern *n.* saniainen (*saniaise-*)
ferry *n.* lautta (*lauta-*)
festival *n.* juhla, festivaali
fever *n.* kuume (*kuumee-*)
few *adj.* harva; **a few** *n.* muutama
fiberglass *n.* lasikuitu (*lasikuidu-*)
fiction *n.* kaunokirjallisuus (*kaunokirjallisuude-*)
field *n.* pelto (*pello-*) [agriculture]; kenttä (*kentä-*) [e.g., sports]
fight *n.* tappelu
fill *v.* täyttää (*täytä-*)
film *n.* kalvo [layer, coating]; filmi [photo]; elokuva, filmi [movie]
filter *n.* suodatin (*suodattime-*)
find *v.* löytää (*löydä-*)
fine *adj.* hieno
finger *n.* sormi (*sorme-*)
finish *v.* lopettaa (*lopeta-*)
Finland *n.* Suomi (*Suome-*)
Finn *n.* suomalainen (*suomalaise-*)
Finnish *adj.* suomalainen (*suomalaise-*); *n.* [language] suomi (*suome-*), suomen kieli (*suomen kiele-*)
fire *n.* tuli (*tule-*)
fire alarm *n.* palohälytys (*palohälytykse-*) [signal]; palohälytin (*palohälyttime-*) [device]
fire department *n.* palokunta (*palokunna-*)
fireplace *n.* takka (*taka-*)
fireworks *n.* ilotulitus (*ilotulitukse-*)
first *adj.* ensimmäinen (*ensimmäise-*); *adv.* ensin
first aid *n.* ensiapu (*ensiavu-*)
first name *n.* etunimi (*etunime-*)
first-rate *adj.* ensiluokkainen (*ensiluokkaise-*)
fish *n.* kala
fit *adj.* sopiva [adapted]; hyvässä kunnossa [in good condition]; *v.* sopia (*sovi-*)
fix *v.* korjata (*korjaa-*)
flag *n.* lippu (*lipu-*)
flame *n.* liekki (*lieki-*)
flammable *adj.* syttyvä, tulenarka (*tulenara-*)
flash *n.* välähdys (*välähdykse-*)
flashbulb *n.* salamavalo [photography]
flashlight *n.* taskulamppu (*taskulampu-*)
flat *adj.* tasainen (*tasaise-*)

flavor *n.* maku (*mau-*)
flea *n.* kirppu (*kirpu-*)
flea market *n.* kirpputori
flight *n.* lento (*lenno-*)
float *v.* kellua (*kellu-*)
flood *n.* tulva
floodlight *n.* valonheitin (*valonheittime-*)
floor *n.* lattia; kerros (*kerrokse-*) [story]
florist's shop *n.* kukkakauppa (*kukkakaupa-*)
flow *v.* virrata (*virtaa-*)
flower *n.* kukka (*kuka-*)
fluent *adj.* sujuva; **-ly** *adv.* sujuvasti
flush *v.* punastua (*punastu-*) [redden]
fly *n.* kärpänen (*kärpäse-*); *v.* lentää (*lennä-*)
fog *n.* sumu
foil *n.* folio
fold *v.t.* taitella (*taittele-*); *v.i.* taittua (*taitu-*)
follow *v.* seurata (*seuraa-*)
following *adj.* seuraava
food *n.* ruoka (*ruoa-*), elintarvike (*elintarvikkee-*)
food poisoning *n.* ruokamyrkytys (*ruokamyrkytykse-*)
foot *n.* jalka (*jala-*)
for *postp.* varten
forbid *v.* kieltää (*kiellä-*)
forbidden *adj.* kielletty (*kielletty-*)
forehead *n.* otsa
foreign *adj.* ulkomainen (*ulkomaise-*); ~ **exchange** valuutta;
    ~ **word** vieras sana
foreigner *n.* ulkomaalainen (*ulkomaalaise-*)
forest *n.* metsä
forget *v.* unohtaa (*unohda-*)
fork *n.* haarukka (*haaruka-*)
form *n.* muoto (*muodo-*) [shape]; lomake (*lomakkee-*)
    [fill in a ~]; *v.* muodostaa (*muodosta-*)
formal *adj.* muodollinen (*muodollise-*)
former *adj.* entinen (*entise-*)
forward *adv.* eteenpäin
fox *n.* kettu (*ketu-*)
framework *n.* runko (*rungo-*)
free *adj.* vapaa; maksuton (*maksuttoma-*), ilmainen (*ilmaise-*)
    [without charge]
freeze *v.i.* jäätyä (*jäädy-*) [turn into ice]; palella (*palele-*)
    [feel cold]; *v.t.* jäädyttää (*jäädytä-*); pakastaa (*pakasta-*)
    [to deep freeze]
freezer *n.* pakastin (*pakastime-*)
freezing *n.* jäätyminen (*jäätymise-*); **below** ~ pakkanen
    (*pakkase-*)
frequently *adv.* usein
friend *n.* ystävä
frog *n.* sammakko (*sammako-*)

from [See grammar section]
front *n.* edusta; *postp.* in ~ of edessä; *adj.* etu- [e.g., ~ **page** etusivu]
front door *n.* etuovi (*etuove-*)
frost *n.* huurre; routa (*rouda-*) [ground ~]; pakkanen (*pakkase-*) [temperature below freezing]
fruit *n.* hedelmä
fry *v.* paistaa (*paista-*)
frying pan *n.* paistinpannu
fuel *n.* polttoaine (*polttoainee-*)
full *adj.* täysi (*täyde-*) [a ~ bus]; *adv.* täynnä [the bus is ~]; *adj.* koko [whole]
fume *n.* savu
fun *n.* huvi; *v.* have ~ pitää hauskaa (*pidä- hauskaa*); *v.* make ~ pilailla (*pilaile-*); *adj.* hauska
function *n.* toiminto (*toiminno-*), toiminta (*toiminna-*); *v.* toimia (*toimi-*)
funeral *n. pl.* hautajaiset (*hautajaisi-*)
funny *adj.* hauska, huvittava; outo (*oudo-*) [strange]
fur *n.* turkki (*turki-*)
furniture *n. pl.* huonekalut (*huonekalui-*)
fuse *n.* sulake (*sulakkee-*), varoke (*varokkee-*) [electrical]
future *n.* tulevaisuus (*tulevaisuude-*)

G

gadfly *n.* paarma
gallery *n.* galleria [art]
game *n.* peli
gap *n.* rako (*rao-*)
garage *n.* autotalli
garbage *n.* roska
garbage can *n.* roskaämpäri
garden *n.* puutarha
gas *n.* kaasu
gasoline *n.* bensiini
gate *n.* portti (*porti-*)
general *adj.* yleinen (*yleise-*)
generous *adj.* avokätinen (*avokätise-*); runsas (*runsaa-*) [large]
gentle *adj.* lempeä
genuine *adj.* aito (*aido-*)
get *v.t.* saada (*saa-*) [receive]; hakea (*hae-*) [fetch]; *v.i.* saapua (*saavu-*) [arrive]; päästä (*pääse-*) [succeed in coming, going]; tulla (*tule-*) [become]
girl *n.* tyttö (*tytö-*)
girlfriend *n.* tyttöystävä
give *v.* antaa (*anna-*)
glad *adj.* iloinen (*iloise-*)
glass *n.* lasi
glasses *n. pl.* silmälasit (*silmälasei-*)

glove *n.* hansikas (*hansikkaa-*)
glue *n.* liima; *v.* liimata (*liimaa-*)
go *v.* mennä (*mene-*)
goal *n.* maali
goat *n.* vuohi (*vuohe-*)
God *n.* jumala
gold *n.* kulta (*kulla-*)
goldsmith *n.* kultaseppä (*kultasepä-*)
golf *n.* golf (*golfi-*)
good *adj.* hyvä
goodbye *interj.* näkemiin; kuulemiin [only on the phone]
good-looking *adj.* hyvännäköinen (*hyvännäköise-*)
goose *n.* hanhi (*hanhe-*)
government *n.* hallitus (*hallitukse-*)
grade *n.* aste (*astee-*)
grain *n.* jyvä [hard seed or particle]; vilja [food plants or their
  seed collectively]
gram *n.* gramma
grammar *n.* kielioppi (*kieliopi-*)
grandfather *n.* isoisä
grandmother *n.* isoäiti (*isoäidi-*)
graph *n.* kaavio, kuva
grass *n.* ruoho
grateful *adj.* kiitollinen (*kiitollise-*)
grave *n.* hauta (*hauda-*)
gray *adj.* harmaa
grease *n.* rasva; *v.* rasvata (*rasvaa-*)
great *adj.* suuri (*suure-*); suurenmoinen (*suurenmoise-*)
  [tremendous]
green *adj.* vihreä
greet *v.* tervehtiä (*tervehdi-*)
greeting card *n.* onnittelukortti (*onnittelukorti-*)
greetings terveisiä [e.g., **Greetings to your mother** Terveisiä
  äidillesi]
grill *n.* grilli
grocery store *n.* ruokakauppa (*ruokakaupa-*)
ground *n.* maa; perusta [foundation]; pohja [bottom]
ground floor *n.* pohjakerros (*pohjakerrokse-*)
group *n.* ryhmä
grove *n.* metsikkö (*metsikö-*)
grow *v.i.* kasvaa (*kasva-*); *v.t.* kasvattaa (*kasvata-*)
guarantee *n.* takuu
guard *n.* vartija
guarded *adj.* vartioitu (*vartioidu-*)
guess *v.* arvata (*arvaa-*)
guest *n.* vieras (*vieraa-*)
guesthouse *n.* täysihoitola
guide *n.* opas (*oppaa-*)
guidebook *n.* opaskirja, opas (*oppaa-*)

guided tour *n.* opastettu kierros (*opastetu- kierrokse-*)
guilty *adj.* syyllinen (*syyllise-*)
guitar *n.* kitara
gulf *n.* merenlahti (*merenlahde-*)
gum *n.* kumi
gums *n. pl.* ikenet (*ikeni-*) [anatomy]
gun *n.* ampuma-ase (*ampuma-asee-*)
gutter *n.* ränni, vesikouru
gym *n.* kuntosali

H

hair *n.* tukka (*tuka-*), hius (*hiukse-*) [a single ~]; *n. pl.* hiukset
    [human head]; karva [e.g., animal ~, body ~]
hairbrush *n.* hiusharja
haircut *n.* tukanleikkuu
hairdo *n.* kampaus (*kampaukse-*)
hairdresser *n.* kampaaja
hairdresser's *n.* kampaamo
half *adj.* puoli (*puole-*)
ham *n.* kinkku (*kinku-*)
hammer *n.* vasara
hand *n.* käsi (*käde-*)
handbag *n.* käsilaukku (*käsilauku-*)
handicapped *adj.* vammainen (*vammaise-*)
handicraft *n.* käsityö
handkerchief *n.* nenäliina
handle *n.* kahva
handmade *adj.* käsin tehty (*käsin tehdy-*)
handshake *n.* kädenpuristus (*kädenpuristukse-*)
handsome *adj.* komea
hang *v.t.* ripustaa (*ripusta-*); *v.i.* riippua (*riipu-*), roikkua
    (*roiku-*)
hangover *n.* krapula
happen *v.* tapahtua [**What is happening?** Mitä tapahtuu?];
    sattua [~ by chance]
happy *adj.* onnellinen (*onnellise-*) [blissful]; tyytyväinen
    (*tyytyväise-*) [pleased]; iloinen (*iloise-*) [delighted]
harass *v.* ahdistella (*ahdistele-*)
harbor *n.* satama
hard *adj.* kova; vaikea [difficult]; *adv.* kovaa
hardworking *adj.* ahkera
hare *n.* jänis (*jänikse-*)
harvest *n.* sadonkorjuu, elonkorjuu
hat *n.* hattu (*hatu-*)
hate *v.* vihata (*vihaa-*); *n.* viha
have *v.* olla (*ole-*); [I ~ minulla on)
hawk *n.* haukka (*hauka-*)
hay *n.* heinä
hay fever *n.* heinänuha

hazard *n.* vaara, riski
head *n.* pää
heal *v.t.* parantaa (*paranna-*); *v.i.* parantua (*parannu-*)
health *n.* terveys (*terveyde-*)
healthy *adj.* terve (*tervee-*) [in good health]; terveellinen (*terveellise-*) [healthful]
hear *v.* kuulla (*kuule-*)
heart *n.* sydän (*sydäme-*)
heat *n.* lämpö (*lämmö-*) [warmth]; kuumuus (*kuumuude-*) [hotness]; *v.* lämmittää (*lämmitä-*); kuumentaa (*kuumenna-*)
heater *n.* lämmityslaite (*lämmityslaittee-*)
heating *n.* lämmitys (*lämmitykse-*)
heavy *adj.* painava, raskas (*raskaa-*)
hedge *n.* pensasaita (*pensasaida-*)
heel *n.* kantapää [anatomy]; korko (*koro-*) [of a shoe]
height *n.* korkeus (*korkeude-*); pituus (*pituude-*) [of a person]
helicopter *n.* helikopteri
hello *interj.* hei!
help *v.* auttaa (*auta-*); *n.* apu (*avu-*); Help! Apua!
hen *n.* kana
herb *n.* yrtti (*yrti-*)
here *adv.* täällä [in this place]; tässä [at this spot/point]; tänne [hither]
hide *v.t.* piilottaa (*piilota-*); *v.i.* piiloutua (*piiloudu-*)
high *adj.* korkea
highchair *n.* syöttötuoli
high-class *adj.* korkealuokkainen (*korkealuokkaise-*)
high season *n.* sesonki (*sesongi-*), lomakausi (*lomakaude-*)
hill *n.* kukkula, mäki (*mäe-*)
hip *n.* lanne (*lantee-*)
hire *v.* vuokrata (*vuokraa-*)
history *n.* historia
hit *v.* lyödä (*lyö-*), iskeä (*iske-*); osua (*osu-*) [a target]
hitchhike *v.* liftata (*liftaa-*)
hobby *n.* harrastus (*harrastukse-*)
hold *v.* pitää (*pidä-*)
hole *n.* reikä (*reiä-*)
holiday *n.* juhlapäivä, pyhäpäivä [religious], vapaapäivä [day off]
hollow *adj.* ontto (*onto-*)
holy *adj.* pyhä
home *n.* koti (*kodi-*)
homesickness *n.* koti-ikävä
honest *adj.* rehellinen (*rehellise-*)
honey *n.* hunaja; *col.* kulta [darling]
honeymoon *n.* häämatka [trip]; kuherruskuukausi [month following marriage]
hood *n.* huppu (*hupu-*)

hook *n.* koukku (*kouku-*)
hope *n.* toivo
horizon *n.* horisontti (*horisonti-*)
horizontal *adj.* vaakasuora
horn *n.* sarvi (*sarve-*) [animal]; torvi (*torve-*) [musical instrument]
horrible *adj.* hirveä, karmea
horse *n.* hevonen (*hevose-*)
hose *n.* letku
hospital *n.* sairaala
host *n.* isäntä (*isännä-*)
hostess *n.* emäntä (*emännä-*)
hot *adj.* kuuma; voimakas (*voimakkaa-*) [flavor]
hotel *n.* hotelli
hot plate *n.* keittolevy
hour *n.* tunti (*tunni-*)
house *n.* talo
household *adj.* talous-, koti- [e.g., ~ **items** taloustarvikkeet]
how *adv.* kuinka, miten
human *n.* ihminen (*ihmise-*)
humor *n.* huumori
hunger *n.* nälkä (*nälä-*)
hungry *adj.* nälkäinen (*nälkäise-*)
hunt *v.* metsästää (*metsästä-*)
hunter *n.* metsästäjä
hunting *n.* metsästys (*metsästykse-*)
hurry *n.* kiire (*kiiree-*); **I'm in a ~** Minulla on kiire
hurt *v.* sattua [something hurts]; satuttaa (*satuta-*), loukata (*loukkaa-*) [to ~ something/somebody], loukkaantua (*loukkaannu-*) [to get injured]
husband *n.* aviomies (*aviomiehe-*)
hut *n.* maja, mökki (*möki-*)
hydrofoil *n.* kantosiipialus (*kantosiipialukse-*)

I

I *pron.* minä (*minu-*)
ice *n.* jää
icebreaker *n.* jäänmurtaja
ice-cold *adj.* jääkylmä
ice cream *n.* jäätelö
ice hockey *n.* jääkiekko (*jääkieko-*)
ice-skate *v.* luistella (*luistele-*)
ice skate *n.* luistin (*luistime-*)
iced tea *n.* jäätee
idea *n.* idea; käsitys (*käsitykse-*) [conception]
identification (ID card) *n.* henkilötodistus (*henkilötodistukse-*)
identity *n.* henkilöllisyys (*henkilöllisyyde-*) [of a person]
if *conj.* jos
ill *adj.* sairas (*sairaa-*)

illness *n.* sairaus (*sairaude-*)
image *n.* kuva
imagine *v.* kuvitella (*kuvittele-*)
immediately *adv.* heti, välittömästi
impolite *adj.* epäkohtelias (*epäkohteliaa-*)
important *adj.* tärkeä
impossible *adj.* mahdoton (*mahdottoma-*)
impractical *adj.* epäkäytännöllinen (*epäkäytännöllise-*)
in *adv.* sisään, sisälle [go inside]; sisällä [be inside]
income *n.pl.* tulot (*tuloi-*)
independent *adj.* riippumaton (*riippumattoma-*)
index *n.* hakemisto
industrial *adj.* teollinen (*teollise-*)
industry *n.* teollisuus (*teollisuude-*)
inexpensive *adj.* edullinen (*edullise-*), halpa (*halva-*)
infection *n.* tartunta (*tartunna-*), infektio
inflammable *adj.* helposti syttyvä, tulenarka (*tulenara-*)
inflatable *adj.* puhallettava
informal *adj.* vapaamuotoinen (*vapaamuotoise-*)
information *n.* tieto (*tiedo-*) [data, knowledge]
information desk *n.* neuvonta (*neuvonna-*)
injection *n.* ruiske (*ruiskee-*)
injury *n.* vahinko (*vahingo-*); vamma [bodily ~]
injustice *n.* epäoikeudenmukaisuus (*epäoikeudenmukaisuude-*)
ink *n.* muste (*mustee-*)
inland *n.* sisämaa
innocent *adj.* viaton (*viattoma-*); syytön (*syyttömä-*) [legal]
inquire *v.* tiedustella (*tiedustele-*)
insect *n.* hyönteinen (*hyönteise-*)
insecticide *n.* hyönteismyrkky (*hyönteismyrky-*)
insect repellent *n.* hyönteiskarkote (*hyönteiskarkottee-*)
insecure *adj.* epävarma
inside *adv.* sisään, sisälle [go ~]; sisällä [be ~]; *n.* sisäpuoli (*sisäpuole-*)
instead *adv.* sen sijaan; *postp.* ~ of sijasta
instruction *n.* ohje (*ohjee-*)
instructor *n.* opettaja, ohjaaja
instrument *n.* väline (*välinee-*); soitin (*soittime-*) [musical]
insult *n.* loukkaus (*loukkaukse-*)
insurance *n.* vakuutus (*vakuutukse-*)
insured *p.p.* vakuutettu (*vakuutetu-*)
intact *adj.* ehjä
intelligent *adj.* älykäs (*älykkää-*)
intention *n.* aikomus (*aikomukse-*)
intercom *n.* sisäpuhelin (*sisäpuhelime-*)
interested *p.p.* kiinnostunut (*kiinnostunee-*)
interesting *adj.* kiinnostava
interior *n.* sisäosa
international *adj.* kansainvälinen (*kansainvälise-*)

interpreter *n.* tulkki (*tulki-*)
intersection *n.* risteys (*risteykse-*); liittymä [highway]
introduce *v.* esitellä (*esittele-*)
invalid *adj.* mitätön (*mitättömä-*) [not valid]
invitation *n.* kutsu
invite *v.* kutsua (*kutsu-*)
invoice *n.* lasku
iron *n.* rauta (*rauda-*); silitysrauta [for clothes]; *v.* silittää (*silitä-*)
irregular *adj.* epäsäännöllinen (*epäsäännöllise-*)
island *n.* saari (*saare-*)
isolation *n.* eristys (*eristykse-*)
it *pron.* se

J

jack *n.* pistorasia [electrical]
jacket *n.* takki (*taki-*)
jam *n.* hillo [strawberry ~]; ruuhka [traffic ~]
jaw *n.* leuka (*leua-*)
jeans *n. pl.* farkut
jersey *n.* villapaita (*villapaida-*) [sweater]
jet plane *n.* suihkukone (*suihkukonee-*)
jeweler *n.* kultaseppä (*kultasepä-*)
jewelry *n. pl.* korut (*korui-*); a piece of ~ koru
job *n.* työ
jogging *n.* hölkkä (*hölkä-*), lenkkeily
join *v.t.* yhdistää (*yhdistä-*), liittää (*liitä-*); liittyä (*liity-*) [e.g., ~ a club]; *v.i.* yhdistyä (*yhdisty-*); osallistua (*osallistu-*), ottaa osaa (ota- osaa) [~ in]
joint *n.* liitos (*liitokse-*); nivel (*nivele-*) [anatomy]
joke *n.* vitsi
journalist *n.* toimittaja
journey *n.* matka
judge *n.* tuomari
juice *n.* mehu
jump *v.* hypätä (*hyppää-*)
junction *n.* risteys (*risteykse-*)
junk *n.* romu
just *adj.* oikea; *adv.* juuri; vain [only]
justice *n.* oikeus (*oikeude-*)
juvenile *n.* nuori (*nuore-*); *adj.* nuoriso- [e.g., ~ books nuorisokirjat]

K

keep *v.* pitää (*pidä-*)
kettle *n.* kattila
key *n.* avain (*avaime-*)

keyboard *n.* näppäimistö; kosketinsoitin (*kosketinsoittime-*) [musical instrument]
kick *v.* potkaista (*potkaise-*); *n.* potku
kidney *n.* munuainen (*munuaise-*)
kill *v.* tappaa (*tapa-*)
kilogram *n.* kilo
kilometer *n.* kilometri
kind *adj.* kiltti (*kilti-*); *n.* laji; **a ~ of** eräänlainen; **what ~ of** minkälainen; **of the ~** sellainen; **all ~s of** kaikenlaisia; **same ~** samanlainen
kindergarten *n.* päiväkoti (*päiväkodi-*), lastentarha
king *n.* kuningas (*kuninkaa-*)
kiosk *n.* kioski
kiss *v.* suudella (*suutele-*); *n.* suudelma, suukko (*suuko-*), pusu
kit *n.* pakkaus (*pakkaukse-*)
kitchen *n.* keittiö
knee *n.* polvi (*polve-*)
knife *n.* veitsi (*veitse-*)
knit *v.* neuloa (*neulo-*)
knitwear *n.* neule (*neulee-*)
knock *v.* koputtaa (*koputa-*) [at the door]
knot *n.* solmu
know *v.* tietää (*tiedä-*)

L

label *n.* etiketti (*etiketi-*); merkki (*merki-*) [brand name]
lace *n.* pitsi [fabric]; nauha [cord]
lacquer *n.* lakka (*laka-*)
ladder *n. pl.* tikkaat (*tikkai-*)
lake *n.* järvi (*järve-*)
lamb *n.* lammas (*lampaa-*)
lamp *n.* lamppu (*lampu-*)
land *n.* maa
landlady *n.* vuokraemäntä (*vuokraemännä-*)
landlord *n.* vuokraisäntä (*vuokraisännä-*)
landowner *n.* maanomistaja
landscape *n.* maisema
lane *n.* kuja [alley]; kaista [traffic]
language *n.* kieli (*kiele-*)
lantern *n.* lyhty (*lyhdy-*)
lap *n.* syli; kierros (*kierrokse-*) [e.g., of a swimming pool, track]
Lapp *n.* lappalainen (*lappalaise-*)
Lappish *adj.* lappalainen (*lappalaise-*)
large *adj.* suuri (*suure-*), iso
last *adj.* viimeinen (*viimeise-*); *v.* kestää (*kestä-*)
last stop *n.* päätepysäkki (*päätepysäki-*)
late *adj.* myöhäinen (*myöhäise-*); *adv.* myöhään; *v.* **be ~** olla myöhässä (*ole- myöhässä*)
later *adv.* myöhemmin

laugh *v.* nauraa (*naura-*); *n.* nauru
launderette *n.* itsepalvelupesula
laundry *n.* pyykki (*pyyki-*)
lavatory *n.* WC, vessa
law *n.* laki (*lai-*)
lawn *n.* nurmikko (*nurmiko-*)
lawyer *n.* asianajaja, lakimies (*lakimiehe-*)
lay *v.* panna (*pane-*), asettaa (*aseta-*)
layer *n.* kerros (*kerrokse-*)
lazy *adj.* laiska
lead *v.* johtaa (*johda-*); *n.* lyijy [metal]
leader *n.* johtaja
leaf *n.* lehti (*lehde-*)
leak *n.* vuoto (*vuodo-*); *v.* vuotaa
learn *v.* oppia (*opi-*)
leash *n.* talutushihna
leather *n.* nahka (*naha-*)
leave *v.* lähteä (*lähde-*) [go away]; jättää (*jätä-*) [let remain]
left *adj.* vasen (*vasemma-*); *adv.* vasemmalla [on the left];
    vasemmalle [to the left]; *adv.* jäljellä [remaining]
leg *n.* jalka (*jala-*)
legal *adj.* laillinen (*laillise-*)
lemon *n.* sitruuna
lend *v.* lainata (*lainaa-*)
length *n.* pituus (*pituude-*); kesto [time]
lens *n.* linssi
less *adv.* vähemmän
lesson *n.* oppitunti (*oppitunni-*)
let *v.* antaa (*anna-*)
let's go mennään
letter *n.* kirje (*kirjee-*)
letter drop *n.* postiluukku (*postiluuku-*)
lettuce *n.* lehtisalaatti (*lehtisalaati-*)
level *n.* taso; *adj.* tasainen (*tasaise-*); vaakasuora [horizontal]
lever *n.* vipu (*vivu-*)
library *n.* kirjasto
license *n.* lupa (*luva-*); ajokortti (*ajokorti-*) [driver's ~]
licorice *n.* lakritsi
lid *n.* kansi (*kanne-*)
lie *n.* vale (*valee-*) [intentional untruth]; *v.* valehdella
    (*valehtele-*) [to tell an untruth]; maata (*makaa-*) [person];
    olla (*ole-*) [object]; sijaita (*sijaitse-*) [be situated]
life *n.* elämä
lifeguard *n.* hengenpelastaja
life insurance *n.* henkivakuutus (*henkivakuutukse-*)
lift *v.* nostaa (*nosta-*)
light *n.* valo; *adj.* kevyt (*kevye-*) [weight]; vaalea [color];
    v.t. sytyttää (*sytytä-*) [e.g., a candle, lamp, match];
    v.i. syttyä (*syty-*)

light bulb *n.* hehkulamppu (*hehkulampu-*)
lighter *n.* sytytin (*sytyttime-*)
lighthouse *n.* majakka (*majaka-*)
lightning *n.* salama
like *prep.* & *conj.* kuin; *v.* pitää (*pidä-*) [e.g., **I like Elvis** pidän Elviksestä]; haluta (*halua-*) [e.g., **do what you like** tee mitä haluat]
likely *adj.* todennäköinen (*todennäköise-*); *adv.* todennäköisesti
limb *n.* raaja [of a body]
limit *n.* raja; *v.* rajoittaa (*rajoita-*)
limited *adj.* rajoitettu (*rajoitetu-*)
line *n.* viiva; linja [*esp.* telephone, transportation]; jono [queue]; rivi [row]
linen *n.* pellava [fabric]; *n. pl.* liinavaatteet [bedding]
lip *n.* huuli (*huule-*)
lipstick *n.* huulipuna
liquid *n.* neste (*nestee-*); *adj.* nestemäinen (*nestemäise-*), sula
liquor *n.* alkoholijuoma, väkijuoma
list *n.* lista
listen *v.* kuunnella (*kuuntele-*)
liter *n.* litra
literature *n.* kirjallisuus (*kirjallisuude-*)
litter *n. pl.* roskat (*roski-*); *v.* roskata (*roskaa-*), sotkea (*sotke-*)
little *adj.* pieni (*piene-*)
live *v.* elää (*elä-*); asua (*asu-*) [reside]; *adj.* elävä; suora [broadcast]
living room *n.* olohuone (*olohuonee-*)
load *n.* kuorma, lasti; kuormitus (*kuormitukse-*) [technical]; *v.* kuormata (*kuormaa-*), lastata (*lastaa-*)
loan *n.* laina; *v.* lainata (*lainaa-*)
local *adj.* paikallinen (*paikallise-*)
location *n.* paikka (*paika-*)
lock *n.* lukko (*luko-*); *v.* lukita (*lukitse-*)
locker *n.* säilytyslokero
lodge *n.* mökki (*möki-*)
log *n.* tukki (*tuki-*)
log cabin *n.* hirsimökki
lonely *adj.* yksinäinen (*yksinäise-*)
long *adj.* pitkä
look *v.* katsoa (*katso-*); näyttää (*näytä-*) [appear]; *n.* katse; ulkonäkö [appearance]; **~ after** *v.* huolehtia (*huolehdi-*) [take care]; **~ for** *v.* etsiä (*etsi-*) [seek, search]
loose *adj.* irtonainen (*irtonaise-*); *adv.* irti
lose *v.* menettää (*menetä-*) [e.g., a hand in an accident]; kadottaa (*kadota-*) [e.g., an umbrella]; hävitä (*häviä-*) [e.g., in a game]
lost *adj.* kadonnut (*kadonnee-*) [missing]; eksynyt (*eksynee-*) [gone astray]
lost and found *n.* löytötavaratoimisto

lot *n.* tontti (*tonti-*) [building ~]
lotion *n.* voide (*voitee-*)
lottery *n. pl.* arpajaiset (*arpajaisi-*)
loud *adj.* äänekäs (*äänekkää-*), kova; *adv.* kovaa
lounge *n.* aula
love *n.* rakkaus; *v.* rakastaa (*rakasta-*); I'd ~ to! Mielelläni!
lovely *adj.* ihana
low *adj.* matala; *adv.* matalalla
luck *n.* onni (*onne-*)
lucky *adj.* onnekas (*onnekkaa-*)
luggage *n. pl.* matkatavarat (*matkatavaroi-*)
lunch *n.* lounas (*lounaa-*)
lung *n.* keuhko
luxury *n.* ylellisyys (*ylellisyyde-*)

M

machine *n.* kone (*konee-*); automaatti (*automaati-*) [automatic ~]
mad *adj.* vihainen (*vihaise-*) [angry]; hullu [crazy]
magazine *n.* aikakauslehti (*aikakauslehde-*)
magician *n.* taikuri
mail *n.* posti
mailbox *n.* postilaatikko (*postilaatiko-*)
main *adj.* pää- [e.g., ~ office pääkonttori]
make *v.* tehdä (*tee-*)
makeup *n.* meikki (*meiki-*)
male *adj.* miespuolinen (*miespuolise-*)
mall *n.* kauppakeskus (*kauppakeskukse-*), ostoskeskus (*ostoskeskukse-*) [shopping ~]
maltreatment *n.* pahoinpitely
man *n.* mies (*miehe-*); ihminen (*ihmise-*) [human]
manage *v.* suoriutua (*suoriudu-*) [e.g., I'll ~ alone]; johtaa (*johda-*) [business]; ~ to do something onnistua (*onnistu-*)
management *n.* johto (*johdo-*)
manager *n.* johtaja
manner *n.* tapa (*tava-*); käytös (*käytökse-*) [behavior]
manual *n.* käsikirja, ohjekirja, *n. pl.* käyttöohjeet (*käyttöohjei-*) [instructions]; *adj.* käsikäyttöinen (*käsikäyttöise-*)
many *adj.* monta (*mone-*)
map *n.* kartta (*karta-*)
marina *n.* venesatama
marine map *n.* merikartta (*merikarta-*)
mark *n.* jälki (*jälje-*) [trace]; merkki (*merki-*) [sign]; *v.* merkitä (*merkitse-*)
market *n.* tori [~ place]; kauppahalli [indoor ~]; *n. pl.* markkinat (*markkinoi-*) [in general]
marriage *n.* avioliitto (*avioliito-*)

married *adj.* naimisissa
match *n.* tulitikku (*tulitiku-*); ottelu [sports]; *v.* sopia yhteen (*sovi- yhteen*)
material *n.* materiaali
matter *n.* aine (*ainee-*) [substance]; asia [affair, business]
mattress *n.* patja
maximum *adj.* enimmäis- [e.g., ~ **load** enimmäiskuormitus], korkein [e.g., ~ **temperature** korkein lämpötila]
may *v.* voida (*voi-*), saattaa (*saata-*) [possibility]; saada (*saa-*) [permission]
maybe *adv.* ehkä
mayor *n.* pormestari
meal *n.* ateria
mean *v.* tarkoittaa (*tarkoita-*); aikoa (*aio-*) [intend]
meaning *n.* merkitys (*merkitykse-*) [sense]; tarkoitus (*tarkoitukse-*) [purpose]
means *n.* keino
measure *n.* mitta (*mita-*); *v.* mitata (*mittaa-*)
meat *n.* liha
mechanic *n.* mekaanikko (*mekaaniko-*), asentaja
mechanism *n.* koneisto, mekanismi
medication *n.* lääkitys (*lääkitykse-*)
medicine *n.* lääke (*lääkkee-*)
medieval *adj.* keskiaikainen (*keskiaikaise-*)
medium *adj.* keskikokoinen [-sized], keski- [e.g., ~ **frequency** keskitaajuus]
meet *v.* tavata (*tapaa-*)
meeting *n.* tapaaminen (*tapaamise-*); kokous (kokoukse-) [business ~]
melt *v.i.* sulaa (*sula-*)
member *n.* jäsen (*jäsene-*)
memorial *n.* muistomerkki (*muistomerki-*)
memory *n.* muisti
mend *v.* korjata (*korjaa-*)
menstruation *n. pl.* kuukautiset (*kuukautis-*)
menu *n.* ruokalista
message *n.* viesti
message board *n.* ilmoitustaulu
metal *n.* metalli
meter *n.* mittari [instrument]; metri [length]
Mickey Mouse *n.* Mikki Hiiri (*Mikki Hiire-*)
microphone *n.* mikrofoni
microwave oven *n.* mikroaaltouuni
middle *n.* keskikohta (*keskikohda-*); *adj.* keskimmäinen (*keskimmäise-*), keski-
middle-aged *adj.* keski-ikäinen (*keski-ikäise-*)
midnight *n.* keskiyö
midnight sun *n.* keskiyön aurinko (*keskiyön auringo-*)

midsummer *n.* keskikesä [middle of summer]; juhannus [summer solstice]
midwife *n.* kätilö
migraine *n.* migreeni
migrate *v.* muuttaa (*muuta-*)
migratory bird *n.* muuttolintu (*muuttolinnu-*)
mild *adj.* mieto (*miedo-*)
military *n.* armeija
milk *n.* maito (*maido-*)
Milky Way *n.* linnunrata (*linnunrada-*)
mind *n.* mieli (*miele-*); järki (*järje-*) [intellect]; *v.* välittää (*välitä-*) [never ~ älä välitä]
minimum *adj.* vähimmäis- [e.g., **minimum age** vähimmäisikä]
minister *n.* ministeri [government]
minor *n.* alaikäinen (*alaikäise-*)
minority *n.* vähemmistö
minute *n.* minuutti (*minuuti-*)
mirror *n.* peili
miserable *adj.* surkea
miss *v.* mennä ohi (*mene- ohi*) [e.g., ~ a target]; myöhästyä (*myöhästy-*) [e.g., ~ a train]
missing *adj.* puuttuva [~ link]; kadonnut (*kadonnee-*) [~ person]
mist *n.* sumu
mistake *n.* erehdys (*erehdykse-*); *v.* erehtyä (erehdy-)
misunderstand *v.* käsittää väärin (*käsitä- väärin*); **-ing** *n.* väärinkäsitys (*väärinkäsitykse-*)
mitten *n.* lapanen (*lapase-*) [usually woolen], kinnas (*kintaa-*)
mix *v.t.* sekoittaa (*sekoita-*); *v.i.* sekoittua (*sekoitu-*)
mixture *n.* sekoitus (*sekoitukse-*), seos (*seokse-*)
mobile phone *n.* matkapuhelin (*matkapuhelime-*), kännykkä (*kännykä-*)
model *n.* malli
modem *n.* modeemi
modern *adj.* nykyaikainen (*nykyaikaise-*) [contemporary]
moist *adj.* kostea
moisturizer *n.* kosteusvoide (*kosteusvoitee-*)
molest *v.* vaivata (*vaivaa-*) [bother]; ahdistella (*ahdistele-*) [sexually]
molten *adj.* sula
moment *n.* hetki (*hetke-*)
money *n.* raha
month *n.* kuukausi (*kuukaude-*), kuu
monument *n.* monumentti (*monumenti-*)
mood *n.* tuuli (*tuule-*); **to be in a good/bad ~** olla (*ole-*) hyvällä/pahalla tuulella
moon *n.* kuu
mop *n.* moppi (*mopi-*)
more *adv.* enemmän, lisää

morning aamu [early ~], aamupäivä [A.M.]
mosque *n.* moskeija
mosquito *n.* hyttynen (*hyttyse-*)
mosquito repellent *n.* hyttyskarkote (*hyttyskarkottee-*), hyttysvoide (*hyttysvoitee-*)
moss *n.* sammal (*sammalee-*)
most *adv.* eniten
motel *n.* motelli
moth *n.* koi
mother *n.* äiti (*äidi-*)
motion *n.* liike (*liikkee-*)
motion picture *n.* elokuva, filmi
motor *n.* moottori
motorboat *n.* moottorivene (*moottorivenee-*)
motorcycle *n.* moottoripyörä
motor vehicle *n.* moottoriajoneuvo
mountain *n.* vuori (*vuore-*)
mouse *n.* hiiri (*hiire-*)
mouth *n.* suu
move *v.i.* siirtyä (*siirry-*) [~ from one place to another]; liikkua (*liiku-*) [be in motion]; muuttaa (*muuta-*) [migrate]; *v.t.* siirtää (*siirrä-*) [~ something from one place to another]; liikuttaa (*liikuta-*) [set or keep something in motion]
movement *n.* liike (*liikkee-*)
movie *n.* elokuvateatteri [~ theater]; elokuva, filmi [film]
Mr. herra
Mrs. rouva
much *adv.* paljon
mud *n.* muta (*muda-*)
mug *n.* muki
municipal *adj.* kunnallinen (*kunnallise-*)
murder *n.* murha; *v.* murhata (*murhaa-*)
muscle *n.* lihas (*lihakse-*)
museum *n.* museo
mushroom *n.* sieni (*siene-*)
music *n.* musiikki (*musiiki-*)
musician *n.* muusikko (*muusiko-*)
must *v.* täytyy
mustache *n. pl.* viikset (*viiksi-*)
mute *adj.* mykkä (*mykä-*) [unable to speak]; äänetön (*äänettömä-*) [silent]

N

nail *n.* kynsi (*kynne-*) [finger]; naula [metal]
nailbrush *n.* kynsiharja
nail file *n.* kynsiviila
nail polish *n.* kynsilakka (*kynsilaka-*)

naked *adj.* alaston (*alastoma-*); *adv.* alasti
name *n.* nimi (*nime-*)
napkin *n.* servietti (*servieti-*), lautasliina [table ~]
narrow *adj.* kapea [not broad], ahdas (*ahtaa-*) [limited in space]
national *adj.* kansallinen (*kansallise-*), kansallis- [e.g., ~ anthem kansallislaulu]
nationality *n.* kansallisuus (*kansallisuude-*)
national park *n.* kansallispuisto
native *adj.* synnyin- [e.g., ~ land synnyinmaa]; kotimainen (*kotimaise-*) [indigenous]
natural *adj.* luonnollinen (*luonnollise-*)
naturally *adv.* tietenkin [of course]
nature *n.* luonto (*luonno-*)
nature conservation *n.* luonnonsuojelu
nature reserve *n.* luonnonsuojelualue (*luonnonsuojelualuee-*)
nature trail *n.* luontopolku (*luontopolu-*)
near *adv.* lähellä [be ~]; lähelle [go ~]
nearly *adv.* lähes, melkein
neat *adj.* siisti
necessary *adj.* välttämätön (*välttämättömä*)
neck *n.* kaula; niska [nape]
necklace *n.* kaulakoru
need *v.* tarvita (*tarvitse-*)
needle *n.* neula
negative *n.* negatiivi [photography]
negotiate *v.* neuvotella (*neuvottele-*)
negotiation *n.* neuvottelu
neighbor *n.* naapuri
neighborhood *n.* lähistö [vicinity]; seutu (*seudu-*) [district]
nerve *n.* hermo
nervous *adj.* hermostunut (*hermostunee-*)
nest *n.* pesä
net *n.* verkko (*verko-*); netto [e.g., income, weight]
nettle *n.* nokkonen (*nokkose-*)
neutral *adj.* puolueeton [politically]; neutraali
never *adv.* ei koskaan
new *adj.* uusi (*uude-*)
newborn *adj.* vastasyntynyt (*vastasyntynee-*)
news *n. pl.* uutiset (*uutisi-*)
newspaper *n.* sanomalehti (*sanomalehde-*)
next *adj.* seuraava; *adv.* seuraavaksi
nice *adj.* mukava, *col.* kiva
night *n.* yö [sleeping time]; ilta (*illa-*) [evening]
nightcap *n.* yömyssy
nightclub *n.* yökerho
night gown *n.* yöpaita (*yöpaida-*)
no *adv.* ei; *adj. & pron.* ei mikään
nobody *pron.* ei kukaan

noise *n.* melu [loud ~]; ääni (*ääne-*) [sound]
noisy *adj.* meluisa
noncommercial *adj.* ei-kaupallinen (*ei-kaupallise-*)
none *pron.* ei yksikään; *adv.* ei yhtään
nonfat *adj.* rasvaton (*rasvattoma-*)
nonflammable *adj.* syttymätön (*syttymättömä-*), palamaton
   (*palamattoma-*)
nonsense *n.* hölynpöly; *interj.* Hölynpölyä!
nonsmoking *adj.* savuton (*savuttoma-*) [~ flight]; *n.* ~ **section**
   tupakoimattomien osasto
normal *adj.* normaali, tavallinen (*tavallise-*)
normally *adv.* normaalisti, tavallisesti, yleensä
north *n.* pohjoinen (*pohjoise-*)
nose *n.* nenä
not *adv.* ei
not at all *adv.* ei lainkaan
note *n.* muistilappu (*muistilapu-*) [brief written record];
   nuotti (*nuoti-*) [musical]
notebook *n.* muistikirja
note pad *n.* muistilehtiö
nothing *pron.* ei mitään, ei mikään
notice *v.* huomata (*huomaa-*); *n.* ilmoitus (*ilmoitukse-*)
   [announcement]
not yet *adv.* ei vielä
novel *n.* romaani
novelty *n.* uutuus (*uutuude-*)
now *adv.* nyt
nowadays *adv.* nykyään
nowhere *adv.* ei missään [be ~]; ei minnekään,
   ei mihinkään [go ~]
nuclear plant *n.* ydinvoimala
nuclear power *n.* ydinvoima
nuisance *n.* kiusa, harmi
numb *adj.* tunnoton (*tunnottoma-*)
number *n.* numero
nurse *n.* sairaanhoitaja [for the sick]; hoitaja [in general]
nursery *n.* lastentarha
nut *n.* pähkinä

O
oar *n.* airo
object *n.* esine (*esinee-*) [thing]; kohde (*kohtee-*) [to which
   action or thought is directed]
obligatory *adj.* pakollinen (*pakollise-*)
obvious *adj.* ilmeinen (*ilmeise-*)
occasion *n.* tilaisuus (*tilaisuude-*) [event; opportunity]
occasionally *adv.* silloin tällöin
occupied *adj.* varattu [taken]
ocean *n.* valtameri (*valtamere-*)

odd *adj.* outo (*oudo-*); pariton (*parittoma-*) [number]
of course! totta kai!
off *adv.* pois [go/take]; poissa [be/keep]
offense *n.* rikkomus (*rikkomukse-*) [law, rules]
offer *n.* tarjous (*tarjoukse-*); *v.* tarjota (*tarjoa-*)
office *n.* toimisto, konttori [place]; virka (*vira-*) [position]
officer *n.* upseeri [military]; poliisi [police]
official *adj.* virallinen (*virallise-*)
often *adv.* usein
oil *n.* öljy
ointment *n.* voide (*voitee-*)
OK selvä, okei, ookoo
old *adj.* vanha
on *postp.* päällä [be ~]; päälle [onto]
once *adv.* kerran
one *n.* yksi (*yhde-*); *pron.* eräs (*erää-*)
onion *n.* sipuli
only *adv.* vain; *adj.* ainoa
open *adj.* avoin; *adv.* auki; *v.* avata (*avaa-*), aukaista
(*aukaise-*); **~-air** ulkoilma-
opening *n. pl.* avajaiset (*avajaisi-*) [e.g., of a new shop]
opera *n.* ooppera
operation *n.* toiminta (*toiminna-*); **in ~** toiminnassa
opposite *adj.* vastapäinen (*vastapäise-*) [situated face-to-face];
vastakkainen (*vastakkaise-*) [contrary]
optician *n.* optikko (*optiko-*)
or *conj.* tai; vai [interrogative]
orange *n.* appelsiini; *adj.* oranssi
orchestra *n.* orkesteri
order *n.* käsky [command]; tilaus (*tilaukse-*) [e.g., in a
restaurant]; järjestys (*järjestykse-*) [law and ~;
alphabetical ~]; *v.* käskeä (*käske-*) [to command]; tilata
(*tilaa-*) [e.g., in a restaurant, from a mail order catalog]
ordinary *adj.* tavallinen (*tavallise-*)
organize *v.* järjestää (*järjestä-*)
original *adj.* alkuperäinen (*alkuperäise-*)
other *pron.* toinen (*toise-*), muu
out *adv.* ulos [go ~]; ulkona [be ~]
outdoor *adj.* ulko-, ulkoilma-; **~s** *adv.* ulos [go ~]; ulkona [be ~]
outlook *n.* näköala
outside *n.* ulkopuoli (*ulkopuole-*); *adj.* ulko-; *adv.*
ulkopuolella [be ~]; ulkopuolelle [go ~]
oven *n.* uuni
over *postp.* yläpuolella [be ~ something]; yläpuolelle
[go ~ something]; yli [pass, cross]; *adv.* ohi [game is ~]
overlook *n.* näköalapaikka (*näköalapaika-*)
overnight *adj.* yön, yö- [e.g., **~ flight** yölento]
owe *v.* olla velkaa (*ole- velkaa*)
owl *n.* pöllö

own *adj.* oma; *v.* omistaa (*omista-*)
owner *n.* omistaja
oxygen *n.* happi (*hape-*)

P

pack *n.* pakkaus (*pakkaukse-*); *v.* pakata (*pakkaa-*)
package *n.* paketti (*paketi-*) [parcel]
paddling pool *n.* lasten allas (*lasten altaa-*)
padlock *n.* riippulukko (*riippuluko-*)
page *n.* sivu
pail *n.* sanko (*sango-*), ämpäri
pain *n.* kipu (*kivu-*)
painful *n.* kipeä
painkiller *n.* särkylääke (*särkylääkkee-*)
paint *n.* maali; *v.* maalata (*maalaa-*)
painter *n.* maalari
painting *n.* maalaus (*maalaukse-*)
pair *n.* pari
pajamas *n.* pyjama
pale *adj.* kalpea [skin], vaalea [color]
pan *n.* pannu
pancake *n.* räiskäle (*räiskälee-*), lettu (*letu-*)
pane *n.* ikkunaruutu (*ikkunaruudu-*)
panties *n. pl.* pikkuhousut (*pikkuhousui-*)
pants *n. pl.* housut (*housui-*)
pantyhose *n. pl.* sukkahousut (*sukkahousui-*)
paper *n.* paperi
paper towel *n.* talouspaperi
paperclip *n.* paperiliitin (*paperiliitti-*)
parcel *n.* paketti (*paketi-*)
parents *n. pl.* vanhemmat (*vanhemmi-*)
park *n.* puisto; *v.* pysäköidä (*pysäköi-*)
parking *n.* pysäköinti (*pysäköinni-*), paikoitus (*paikoitukse-*)
parking lot *n.* pysäköintialue (*pysäköintialuee-*),
   parkkipaikka (*parkkipaika-*)
parking meter *n.* pysäköintimittari
parking ticket *n.* pysäköintisakko (*pysäköintisako-*)
part *n.* osa; *v.* jakaa (*jaa-*)
partly *adv.* osittain
partner *n.* kumppani
party *n. pl.* juhlat (*juhli-*), *col.* bileet (*bilei-*)
pass *v.* ohittaa (*ohita-*) [go by]
passenger *n.* matkustaja
passport *n.* passi
pastry *n.* leivonnainen (*leivonnaise-*)
path *n.* polku (*polu-*)
patient *n.* potilas (*potilaa-*); *adj.* kärsivällinen (*kärsivällise-*)
pattern *n.* kuvio
pay *v.* maksaa (*maksa-*)

payment *n.* maksu
pay phone *n.* yleisöpuhelin (*yleisöpuhelime-*)
peace *n.* rauha
peaceful *adj.* rauhallinen (*rauhallise-*)
pedal *n.* poljin (*polkime-*)
pedestrian *n.* jalankulkija
peel *v.* kuoria (*kuori-*)
pen *n.* kynä
pencil *n.* lyijykynä
penthouse *n.* kattohuoneisto
people *n. pl.* ihmiset (*ihmisi-*)
pepper *n.* pippuri
percent *n.* prosentti (*prosenti-*)
perfect *adj.* täydellinen (*täydellise-*)
perform *v.* suorittaa (*suorita-*) [carry out]; esiintyä (*esiinny-*) [on stage]
performance *n.* esitys (*esitykse-*) [music, theater]; suoritus (*suoritukse-*) [execution]
perfume *n.* hajuvesi (*hajuvede-*), parfyymi
perhaps *adv.* ehkä
period *n.* aika (*aja-*)
permanent *adj.* pysyvä
permit *n.* lupa (*luva-*); **fishing ~** kalastuslupa; *v.* sallia (*salli-*)
person *n.* henkilö, ihminen (*ihmise-*)
personal *adj.* henkilökohtainen (*henkilökohtaise-*) [individual]; yksityinen (*yksityise-*) [private]
personnel *n.* henkilökunta (*henkilökunna-*)
pet *n.* lemmikkieläin (*lemmikkieläime-*)
phone *n.* puhelin (*puhelime-*)
phone box *n.* puhelinkioski, puhelinkoppi (*puhelinkopi-*)
phone call *n.* puhelu
photocopy *n.* valokopio
photograph *n.* valokuva
phrasebook *n.* tulkkisanakirja
piano *n.* piano
pick *v.* poimia (*poimi-*)
pickpocket *n.* taskuvaras (*taskuvarkaa-*)
picnic *n.* piknikki (*pikniki-*)
picture *n.* kuva
pie *n.* piirakka (*piiraka-*)
piece *n.* pala [e.g., of bread, paper]; osa [a part of a machine, structure]; kappale (*kappalee-*) [a unit of goods]
pier *n.* laituri
pig *n.* sika (*sia-*)
pile *n.* pino
pill *n.* pilleri
pillow *n.* tyyny
pillowcase *n.* tyynyliina
pilot *n.* lentäjä [flier]

pin *n.* neula
pine *n.* mänty (*männy-*)
pipe *n.* putki (*putke-*); piippu (*piipu-*) [tobacco]
pitcher *n.* kannu
place *n.* paikka (*paika-*)
place of birth *n.*syntymäpaikka
plain *adj.* selkeä [clear]; pelkkä (*pelkä-*) [simple]
plaintiff *n.* asianomistaja, kantaja
plan *n.* suunnitelma
plane *n.* taso; kone (*konee-*), lentokone [air~]
plant *n.* kasvi; laitos (*laitokse-*), tehdas (*tehtaa-*) [factory];
  v. istuttaa (*istuta-*)
plastic *n.* muovi; *adj.* muovinen (*muovise-*)
plate *n.* lautanen (*lautase-*)
play *v.* pelata (*pelaa-*) [e.g., hockey, cards, chess]; leikkiä
  (*leiki-*) [e.g., war, with toys]; soittaa (*soita-*) [music,
  instrument]; *n.* näytelmä [theater]; leikki (*leiki-*) [fun,
  children's game]
player *n.* pelaaja [e.g., sports, cards, chess]; soittaja [musician]
playground *n.* leikkikenttä (*leikkikentä-*)
playing cards *n. pl.* pelikortit (*pelikortei-*)
pleasant *adj.* miellyttävä
please *sing.* ole hyvä, *pl.* olkaa hyvä; **Yes ~!** kyllä kiitos!
pleased *adj.* tyytyväinen (*tyytyväise-*)
pleasure *n.* ilo, huvi
plenty *n.* paljon
plug *n.* tulppa (*tulpa-*); pistoke (*pistokkee-*) [electrical]; **~ in**
  v. kytkeä (*kytke-*); panna seinään (*pane- seinään*) [to the
  wall socket]
plumber *n.* putkimies (*putkimiehe-*)
plural *n.* monikko (*moniko-*)
plywood *n.* vaneri
pocket *n.* tasku
pocketbook *n.* käsilaukku (*käsilauku-*)
poem *n.* runo
poetry *n.* runous (*runoude-*)
point *n.* kärki (*kärje-*) [sharp end, projecting part]; piste
  (*pistee-*) [period, spot, position]; *v.* osoittaa (*osoita-*)
poison *n.* myrkky (*myrky-*)
poisoning *n.* myrkytys (*myrkytykse-*)
poisonous *adj.* myrkyllinen (*myrkyllise-*)
pole *n.* pylväs (*pylvää-*) [telephone ~]; tanko (*tango-*) [flag ~]
police *n.* poliisi
police officer *n.* poliisi
police station *n.* poliisiasema
polish *v.* kiillottaa (*kiillota-*); *n.* kiilloke (*kiillokkee-*); **shoe ~**
  kenkävoide (*kenkävoitee-*)
polite *adj.* kohtelias (*kohteliaa-*)
political *adj.* poliittinen (*poliittise-*)

politics *n.* politiikka *(politiika-)*
pollen *n.* siitepöly
pollutant *n.* saaste *(saastee-)*
polluted *adj.* saastunut *(saastunee-)*
pollution *n. pl.* saasteet *(saastei-)*; **air** ~ ilmansaasteet
pond *n.* lampi *(lamme-)*
pony *n.* poni
pool *n.* lammikko *(lammiko-)* [puddle]; uima-allas
  (uima-altaa-) [swimming ~]
poor *adj.* köyhä
popular *adj.* suosittu *(suositu-)* [liked]; yleinen *(yleise-)*
  [common, general]
population *n.* väestö [body of inhabitants]; väkiluku
  (väkiluvu-) [number of inhabitants]
porcelain *n.* posliini
pork *n.* sianliha, porsas *(porsaa-)*
port *n.* satamakaupunki *(satamakaupungi-)* [city, town];
  satama [harbor]
portable *adj.* kannettava
portion *n.* osa [part]; annos *(annokse-)* [serving]
position *n.* asento *(asenno-)* [posture]
possible *adj.* mahdollinen *(mahdollise-)*
post *n.* pylväs *(pylvää-)* [column, pole]
postage *n.* postimaksu
postbox *n.* postilaatikko *(postilaatiko-)*
postcard *n.* postikortti *(postikorti-)*
poster *n.* juliste *(julistee-)*
postman *n.* postinkantaja
post office *n.* posti
postpone *v.* lykätä *(lykkää-)*, siirtää *(siirrä-)*
pot *n.* pata *(pada-)*
potato *n.* peruna
pottery *n.* keramiikka *(keramiika-)*
potty *n.* potta *(pota-)*
pour *v.* kaataa *(kaada-)*
powder *n.* jauhe *(jauhee-)*
power *n.* voima
powerful *adj.* voimakas *(voimakkaa-)*
prefer *v.* pitää enemmän *(pidä- enemmän)*
pregnant *adj.* raskaana, odottava
prepare *v.t.* valmistaa *(valmista-)*; *v.i.* valmistautua
  (valmistaudu-)
present *n.* lahja [gift]; *adj.* nykyinen *(nykyise-)* [current]
presentiment *n.* aavistus *(aavistukse-)*
president *n.* presidentti *(presidenti-)*
press *v.* painaa *(paina-)*; *n.* lehdistö [print media]
pretty *adj.* sievä
price *n.* hinta *(hinna-)*
priest *n.* pappi *(papi-)*

prison *n.* vankila
private *adj.* yksityinen (*yksityise-*), yksityis-; ~ property yksityisalue (*yksityisaluee-*)
probably *adv.* luultavasti
problem *n.* ongelma
produce *v.* tuottaa (*tuota-*)
product *n.* tuote (*tuottee-*)
profession *n.* ammatti (*ammati-*)
profit *n.* voitto (*voito-*)
program *n.* ohjelma; *v.* ohjelmoida (*ohjelmoi-*)
progress *n.* edistys (*edistykse-*)
prohibited *adj.* kielletty (*kiellety-*)
promise *n.* lupaus (*lupaukse-*); *v.* luvata (*lupaa-*)
pronounce *v.* ääntää (*äännä-*)
pronunciation *n.* ääntäminen (*ääntämise-*)
proof *adj.* kestävä
property *n.* omaisuus (*omaisuude-*)
propose *v.* ehdottaa (*ehdota-*)
proposition *n.* ehdotus (*ehdotukse-*)
protect *v.* suojella (*suojele-*)
psychiatrist *n.* psykiatri
public *adj.* julkinen (*julkise-*) [e.g., building, sector], yleinen (*yleise-*) [e.g., library, road]
public relations *n.* suhdetoiminta (*suhdetoiminna-*), P.R.
pudding *n.* vanukas (*vanukkaa-*)
puddle *n.* lätäkkö (*lätäkö-*), lammikko (*lammiko-*)
pull *v.* vetää (*vedä-*)
pump *n.* pumppu (*pumpu-*); *v.* pumpata (*pumppaa-*)
pupil *n.* oppilas (*oppilaa-*)
puppet *n.* nukke (*nuke-*)
puppy *n.* koiranpentu (*koiranpennu-*)
purchase *n.* ostos (*ostokse-*)
pure *adj.* puhdas (*puhtaa-*)
purpose *n.* tarkoitus (*tarkoitukse-*); on ~ *adv.* tahallaan
purse *n.* käsilaukku (*käsilauku-*)
push *v.* työntää (*työnnä-*)
put *v.* panna (*pane-*)
puzzle *n.* palapeli [jigsaw puzzle]

Q
qualified *adj.* pätevä
quality *n.* laatu (*laadu-*)
quantity *n.* määrä
quarter *n.* neljäsosa, neljännes (*neljännekse-*)
quay *n.* satamalaituri
quench *v.* sammuttaa (*sammuta-*)
question *n.* kysymys (*kysymykse-*)
quick *adj.* nopea; *adv.* nopeasti
quiet *adj.* hiljainen

quietly *adv.* hiljaa
quilt *n.* peitto (*peito-*), peite (*peittee-*)
quit *v.* lopettaa (*lopeta-*) [stop]; lähteä (*lähde-*) [leave]

R

rabbi *n.* rabbi
rabbit *n.* kani
rabies *n.* vesikauhu
race *n.* kilpailu; kilpa- [e.g., **car race** kilpa-ajo]
rack *n.* hylly, teline (*telinee-*)
racket *n.* maila [e.g., tennis]
radiator *n.* lämpöpatteri
radio *n.* radio
raft *n.* lautta (*lauta-*)
railroad *n.* rautatie
rain *n.* sade (*satee-*)
rainbow *n.* sateenkaari (*sateenkaare-*)
raincoat *n.* sadetakki (*sadetaki-*)
rake *n.* harava
rape *n.* raiskaus (*raiskaukse-*)
rare *adj.* harvinainen (*harvinaise-*)
rat *n.* rotta (*rota-*)
rate *n.* hinta (*hinna-*), maksu [charge]
raw *adj.* raaka (*raa'a-*)
razor *n.* partakone (*partakonee-*), parranajokone
    (*parranajokonee-*)
reach *v.* ojentaa (*ojenna-*) [stretch out]; päästä (*pääse-*)
    [get/come to]; ylettyä (ylety-) [extend to]
read *v.* lukea (*lue-*)
ready *adj.* valmis (*valmii-*)
real *adj.* todellinen (*todellise-*), oikea
really *adv.* todella
reason *n.* syy
receive *v.* saada (*saa-*); ottaa vastaan (*ota- vastaan*) [visitors]
receiver *n.* vastaanottaja [of mail]; maksun saaja [of a
    payment]; vastaanotin (*vastaanottime-*) [TV, radio]
recently *adv.* äskettäin
recognize *v.* tunnistaa (*tunnista-*)
recommend *v.* suositella (*suosittele-*)
record *v.* merkitä muistiin (*merkitse- muistiin*) [document];
    äänittää (*äänitä-*) [sound]; *n.* muistiinpano; levy [LP];
    n. pl. **–s** asiakirjat
rectangle *n.* neliö
rectangular *adj.* suorakulmainen (*suorakulmaise-*)
recycling *n.* kierrätys (*kierrätykse-*)
recreation *n.* ajanviete (*ajanviettee-*)
recreational *adj.* virkistys-, vapaa-ajan; ~ **area** virkistysalue
    (*virkistysaluee-*)

red *adj.* punainen (*punaise-*)
reduction *n.* vähennys (*vähennykse-*); alennus (*alennukse-*) [discount]
refreshments *n. pl.* virvokkeet (*virvokkei-*)
refrigerator *n.* jääkaappi (*jääkaapi-*)
refund *n.* palautus (*palautukse-*), hyvitys (*hyvitykse-*)
refuse *v.* kieltäytyä (*kieltäydy-*)
region *n.* alue (*aluee-*), seutu (*seudu-*)
regional *v.* paikallinen (*paikallise-*)
register *v.* rekisteröidä (*rekisteröi-*); *n.* rekisteri
regular *adj.* säännöllinen (*säännöllise-*) [e.g., intervals, features]; vakituinen (*vakituise-*) [customary, habitual]; tavallinen (*tavallise-*) [normal]
regulation *n.* sääntö (*säännö-*)
reimbursement *n.* korvaus (*korvaukse-*)
relation *n.* yhteys (*yhteyde-*) [connection]; suhde (*suhtee-*) [e.g., the ~ between cause and effect]; *n. pl.* –s suhteet (*suhtei-*) [e.g., foreign ~]
relationship *n.* yhteys; suhde [between people]
relative *n.* sukulainen (*sukulaise-*)
relax *v.* rentoutua (*rentoudu-*)
relaxing *adj.* rentouttava
release *v.* päästää (*päästä-*)
reliable *adj.* luotettava
religion *n.* uskonto (*uskonno-*)
remain *v.* jäädä (*jää-*)
remember *v.* muistaa (*muista-*)
remove *v.* siirtää (*siirrä-*)
rent *v.* vuokrata (*vuokraa-*); *n.* vuokra
repair *v.* korjata (*korjaa-*); *n.* korjaus (*korjaukse-*)
repay *v.* maksaa takaisin (*maksa- takaisin*)
repeat *v.* toistaa (*toista-*)
reply *v.* vastata (*vastaa-*); *n.* vastaus (*vastaukse-*)
representative *n.* edustaja
request *v.* pyytää (*pyydä-*); *n.* pyyntö (*pyynnö-*)
rescue *v.* pelastaa (*pelasta-*); *n.* pelastus (*pelastukse-*); ~ **boat** pelastusvene (*pelastusvenee-*)
reservation *n.* varaus (*varaukse-*)
reserve *v.* varata (*varaa-*)
reserved *adj.* varattu [seat, table]
residence *n.* asuinpaikka (*asuinpaika-*) [place of residence]
resort *n.* lomapaikka (*lomapaika-*), lomakeskus (*lomakeskukse-*)
resort village *n.* lomakylä
responsibility *n.* vastuu
responsible *adj.* vastuussa
rest *v.* levätä (*lepää-*); *n.* lepo (*levo-*); loput [remainder]
restaurant *n.* ravintola
retiree *n.* eläkeläinen (*eläkeläise-*)

return *v.i.* palata (*palaa-*); *v.t.* palauttaa (*palauta-*); *n.* paluu [going/coming back]; palautus (*palautukse-*) [bringing/sending/giving back]
reverse *v.* peruuttaa (*peruuta-*) [in a car]
rhythm *n.* rytmi
ribbon *n.* nauha
rice *n.* riisi
rich *adj.* rikas (*rikkaa-*)
ride *v.* ratsastaa (*ratsasta-*) [a horse]; ajaa (*aja-*) [e.g., bicycle, bus]
right *adj.* oikea
rim *n.* reuna
ring *n.* sormus (*sormukse-*) [jewelry]; rengas (*renkaa-*) [e.g., napkin ~, smoke ~]; kehä [circle]; *v.i.* soida (*soi-*) [telephone]; *v.t.* soittaa (*soita-*) [bell]
rip *v.t.* repiä (*revi-*); *v.t.* revetä (*repeä-*)
ripe *adj.* kypsä
rise *v.* nousta (*nouse-*)
river *n.* joki (*joe-*)
road *n.* tie
rock *n.* kallio; *v.i.* keinua (*keinu-*); *v.t.* keinuttaa (*keinuta-*)
roof *n.* katto (*kato-*)
room *n.* huone (*huonee-*) [living ~]; tila [space]
rooster *n.* kukko (*kuko-*)
root *n.* juuri (*juure-*)
rope *n.* köysi (*köyde-*)
rose *n.* ruusu
rotten *adj.* mätä (*mädä-*)
rough *adj.* karkea [hands]; epätasainen (*epätasaise-*) [road]
round *adj.* pyöreä; *adv. & postp.* ympäri [~ the clock/world]
route *n.* reitti (*reiti-*)
row *n.* rivi [line]; *v.* soutaa (*souda-*)
rowboat *n.* soutuvene (*soutuvenee-*)
rubber *n.* kumi
rubber band *n.* kuminauha
rucksack *n.* reppu (*repu-*)
rude *adj.* töykeä
rug *n.* matto (*mato-*)
ruins *n. pl.* rauniot (*raunioi-*)
run *v.* juosta (*juokse-*)
rush *v.* kiirehtiä (*kiirehdi-*) [hurry]
rush hour *n.* ruuhka-aika (*ruuhka-aja-*)
rust *n.* ruoste (*ruostee-*)

S

sack *n.* säkki (*säki-*); pussi [bag]
sacred *adj.* pyhä
sad *adj.* surullinen (*surullise-*)

safe *adj.* turvallinen (*turvallise-*), varma [secure];
  n. kassakaappi (*kassakaapi-*)
safely *adv.* varmasti, turvallisesti
safety *n.* turvallisuus (*turvallisuude-*)
safety pin *n.* hakaneula
sail *v.* purjehtia (*purjehdi-*)
sailboat *n.* purjevene (*purjevenee-*)
sailing *n.* purjehdus (*purjehdukse-*)
sailor *n.* merimies (*merimiehe-*)
salad *n.* salaatti (*salaati-*)
salary *n.* palkka (*palka-*)
sale *n.* myynti (*myynni-*) [act of selling]; alennusmyynti
  (*alennusmyynni-*) [at reduced prices]; **for ~** myytävänä
sales *adj.* myynti- [e.g., **~ agent** myyntiedustaja]
salesclerk *n.* myyjä
salmon *n.* lohi (*lohe-*)
salt *n.* suola
salty *adj.* suolainen (*suolaise-*)
same *pron.* sama
sand *n.* hiekka (*hieka-*)
sandal *n.* sandaali
sandwich *n.* voileipä (*voileivä-*)
sandy *adj.* hiekkainen (*hiekkaise-*)
sauce *n.* kastike (*kastikkee-*)
saucer *n.* pikkulautanen (*pikkulautase-*)
sauna *n.* sauna
sausage *n.* makkara
save *v.* pelastaa (*pelasta-*) [rescue]; säästää (*säästä-*) [e.g.,
  money, time, fuel]
saving *n.* säästö
saw *n.* saha; *v.* sahata (*sahaa-*)
sawdust *n.* sahajauho
sawmill *n.* saha, sahalaitos (*sahalaitokse-*)
say *v.* sanoa (*sano-*)
scale *n.* suomu [fish]; asteikko (*asteiko-*) [metric ~]; vaaka
  (*vaa'a-*) [for weighing]
scarf *n.* huivi
schedule *n.* aikataulu [timetable]; suunnitelma [plan]
school *n.* koulu
science *n.* tiede (*tietee-*)
scientific *adj.* tieteellinen (*tieteellise-*)
scientist *n.* tutkija
scissors *n. pl.* sakset (*saksi-*)
scream *v.* huutaa (*huuda-*), kirkua (*kiru-*)
screen *n.* valkokangas (*valkokankaa-*) [movie, slides];
  kuvaruutu (*kuvaruudu-*) [TV, computer]
screw *n.* ruuvi
screwdriver *n.* ruuvimeisseli
sculpture *n.* veistos (*veistokse-*)

sea *n.* meri *(mere-)*

seafood *n.* kala- ja äyriäisruoka *(kala- ja äyriäisruoa-)*

seal *n.* hylje *(hylkee-)* [animal]; sinetti *(sineti-)* [wax, lead]; *v.* sinetöidä *(sinetöi-)*

search *v.* etsiä *(etsi-)* [seek]; tutkia (tutki-) [examine]

seaside *n.* merenranta *(merenranna-)*

season *n.* vuodenaika *(vuodenaja-)* [e.g. summer]; kausi *(kaude-)* [rainy ~, deer ~]

seat *n.* istuin *(istuime-)*; paikka *(paika-)* [e.g., airplane, bus, movie]

seat belt *n.* turvavyö, istuinvyö

seaweed *n.* merilevä

second *n.* sekunti; *adj.* toinen *(toise-)*

secondhand *adj.* käytetty *(käytety-)*, vanha

second-rate *adj.* toisluokkainen *(toisluokkaise-)*, sekunda

secret *adj.* salainen *(salaise-)*

secretary *n.* sihteeri

see *v.* nähdä *(nae-)*

seed *n.* siemen *(siemene-)*

seem *v.* näyttää *(näytä-)*

select *v.* valita *(valitse-)*

selection *n.* valikoima [e.g., ~ of clothes]; valinta *(valinna-)* [choice]

self *n.* itse

self-service *n.* itsepalvelu

sell *v.* myydä *(myy-)*

send *v.* lähettää *(lähetä-)*

senior *n.* vanhempi *(vanhemma-)* [elder]

senior citizen *n.* eläkeläinen *(eläkeläise-)*

sensation *n.* tunne *(tuntee-)*

sense *n.* aisti [6th ~]; taju, ~ **of humor** huumorintaju, **come to one's ~s** tulla tajuihinsa

sensible *adj.* järkevä

sentence *n.* lause *(lausee-)*

separate *v.* erottaa *(erota-)*

serious *adj.* vakava

serve *v.* palvella *(palvele-)* [a customer], tarjota *(tarjoa-)* [dinner]

service *n.* palvelu

set *v.* panna *(pane-)*, laittaa *(laita-)*; *n.* sarja, setti *(seti-)*

several *pron.* useat *(usei-)*

sew *v.* ommella *(ompele-)*

sewer *n.* viemäri

sewing machine *n.* ompelukone *(ompelukonee-)*

sex *n.* seksi; sukupuoli *(sukupuole-)* [opposite ~]

sexy *n.* seksikäs *(seksikkää-)*

shade *n.* varjo; sävy [of a color]

shadow *n.* varjo

shaft *n.* varsi *(varre-)*; kuilu [elevator ~]

shake *v.t.* ravistaa (*ravista-*); *v.i.* täristä (*tärise-*)
shallow *adj.* matala
shallows *n.* matalikko (*mataliko-*)
shame *n.* häpeä
shampoo *n.* sampoo
shape *n.* muoto (*muodo-*); *v.t.* muotoilla (*muotoile-*)
share *n.* osuus (*osuude-*); *v.t.* jakaa (*jaa-*)
sharp *adj.* terävä
shave *v.* ~ **beard** ajaa (*aja-*) parta; ~ **legs** ajaa (*aja-*)
    säärikarvat
shaver *n.* parranajokone (*parranajokonee-*) [electric razor]
shaving *n.* lastu [of wood]; parranajo [beard]
shed *n.* vaja
sheep *n.* lammas (*lampaa-*)
sheet *n.* lakana [bed]; arkki (*arki-*) [paper]
shelf *n.* hylly
shelter *n.* suoja; *v.t.* suojata (*suojaa-*)
shine *v.* paistaa [sun]; kiiltää (*kiillä-*) [e.g., metal, shoes];
    loistaa (*loista-*) [light]
ship *n.* laiva, alus (*alukse-*)
shirt *n.* paita (*paida-*)
shock *n.* isku; järkytys (*järkytykse-*) [mental]; **electric ~**
    sähköisku
shoe *n.* kenkä (*kengä-*)
shoelace *n.* kengännauha
shoot *v.* ampua (*ammu-*)
shop *n.* kauppa (*kaupa-*), liike (*liikkee-*), myymälä; *v.* käydä
    ostoksilla (*käy- ostoksilla*) [go shopping]
shopping bag *n.* ostoskassi
shopping cart *n.* ostoskärry
shopping center *n.* ostoskeskus (*ostoskeskukse-*)
shore *n.* rannikko (*ranniko-*)
short *adj.* lyhyt (*lyhye-*)
shortcut *n.* oikotie
shorten *v.t.* lyhentää (*lyhennä-*)
shorts *n. pl.* sortsit (*sortsei-*); alushousut (*alushousui-*)
    [underpants]
shot *n.* laukaus (*laukaukse-*)
shoulder *n.* olkapää, hartia
shout *v.* huutaa (*huuda-*)
shovel *n.* lapio
show *v.t.* näyttää (*näytä-*); *v.i.* näkyä (*näy-*); *n.* esitys
    (*esitykse-*), näytös (*näytökse-*) [e.g., theater, movie];
    ohjelma [e.g., TV, radio]; näyttely [exhibition]
shower *n.* suihku [bath]; sadekuuro [rain]
shrink *v.i.* kutistua (*kutistu-*)
shut *v.t.* sulkea (*sulje-*); *v.i.* sulkeutua (*sulkeudu-*); *adj.* kiinni,
    suljettu (*suljetu-*)
sick *adj.* sairas (*sairaa-*)

side *n.* puoli (*puole-*); kylki (*kylje-*) [anatomy]
sidewalk *n.* jalkakäytävä
sight *n.* näkö (*näö-*) [vision]; nähtävyys (*nähtävyyde-*) [tourist ~]
sight-seeing *n.* kiertoajelu (~ tour); **go** ~ *v.* katsella nähtävyyksiä (*katsele- nähtävyyksiä*)
sign *n.* merkki (*merki-*); *v.* allekirjoittaa (*allekirjoita-*)
signal *n.* merkki, signaali
signature *n.* allekirjoitus (*allekirjoitukse-*)
silence *n.* hiljaisuus (*hiljaisuude-*); **Silence!** Hiljaa!
silent *adj.* hiljainen (*hiljaise-*), äänetön (*äänettömä-*)
silk *n.* silkki (*silki-*)
silver *n.* hopea
similar *adj.* samanlainen (*samanlaise-*)
simple *adj.* yksinkertainen (*yksinkertaise-*)
since *postp.* lähtien; *adv.* siitä lähtien
sing *v.* laulaa (*laula-*)
single *adj.* yksi ainoa; yksittäinen; naimaton [unmarried]; ~ **room** yhden hengen huone
sink *n.* pesuallas (*pesualtaa-*); *v.i.* upota (*uppoa-*)
sister *n.* sisar (*sisare-*), sisko
sit *v.* istua (*istu-*)
site *n.* paikka (*paika-*)
situation *n.* tilanne (*tilantee-*)
size *n.* koko (*koo-*)
skate *n.* luistin (*luistime-*) [ice ~]; rullaluistin (*rullaluistime-*) [roller ~]
skeleton *n.* luuranko (*luurango-*)
sketch *n.* luonnos (*luonnokse-*); *v.* luonnostella (*luonnostele-*)
ski *n.* suksi (*sukse-*); *v.* hiihtää (*hiihdä-*) [cross-country]; *v.* lasketella (*laskettele-*) [downhill]
skiing *n.* hiihto (*hiihdo-*) [cross-country]; laskettelu, alppihiihto (*alppihiihdo-*) [downhill]
skin *n.* iho [mainly human], nahka (*naha-*) [mainly animal]
skirt *n.* hame (*hamee-*)
ski slope *n.* laskettelurinne (*laskettelurintee-*)
ski trail *n.* hiihtolatu (*hiihtoladu-*), latu (*ladu-*)
skull *n.* kallo
sky *n.* taivas (*taivaa-*)
sled *n.* kelkka (*kelka-*)
sleep *n.* uni (*une-*); *v.* nukkua (*nuku-*)
sleeping bag *n.* makuupussi
sleeping car *n.* makuuvaunu
sleeping pill *n.* unitabletti (*unitableti-*)
sleepless *adj* uneton (*unettoma-*)
sleepy *adj.* uninen (*unise-*)
sleeve *n.* hiha
sleigh *n.* reki (*ree-*)
slice *n.* viipale (*viipalee-*)

slide *v.i.* liukua (*liu'u-*); *n.* dia [photography]
slipper *n.* tohveli, tossu [bedroom ~]
slippery *adj.* liukas (*liukkaa-*)
slope *n.* mäki (*mäe-*), rinne (*rintee-*)
slot *n.* aukko (*auko-*)
slow *adj.* hidas (*hitaa-*)
slow down *v.* hidastaa (*hidasta-*)
small *adj.* pieni (*piene-*)
smart *adj.* terävä [sharp, clever]
smart card *n.* älykortti (*älykorti-*)
smell *v.t.* haistaa (*haista-*) [perceive odor]; *v.i.* haista (*haise-*)
   [give off odor]; *n.* haju
smile *n.* hymy; *v.* hymyillä (*hymyile-*)
smoke *n.* savu; *v.* polttaa (*polta-*) [tobacco]; savustaa
   (*savusta-*) [meat, fish]
smoke detector *n.* palovaroitin (*palovaroittime-*),
   savunilmaisin (*savunilmaisime-*)
smoker *n.* tupakoitsija, polttaja [tobacco]
smoking *n.* tupakointi (*tupakoinni-*) [tobacco]; **no ~**
   tupakointi kielletty
smooth *adj.* sileä
smorgasbord *n.* noutopöytä (*noutopöydä-*); seisova pöytä
   (*seisova- pöydä-*)
smuggle *v.* salakuljettaa (*salakuljeta-*)
snack *n.* välipala
snake *n.* käärme (*käärmee-*)
sneaker *n.* lenkkitossu
sneeze *n.* aivastus (*aivastukse-*); *v.* aivastaa (*aivasta-*)
snow *n.* lumi (*lume-*)
snowball *n.* lumipallo
snowbank *n.* lumikinos (*lumikinokse-*)
snow cover *n.* hanki (*hange-*)
snowfall *n.* lumisade (*lumisatee-*)
snowflake *n.* lumihiutale (*lumihiutalee-*)
snowman *n.* lumiukko (*lumiuko-*)
snowmobile *n.* moottorikelkka (*moottorikelka-*)
snowplow *n.* lumiaura
snowy *adj.* luminen (*lumise-*)
so *conj.* niin
soap *n.* saippua
sober *adj.* selvä [not drunk]
so-called *adj.* niin sanottu (*niin sanotu-*)
soccer *n.* jalkapallo
social *adj.* sosiaalinen (*sosiaalise-*)
socialism *n.* sosialismi
society *n.* yhdistys (*yhdistykse-*) [association]
sock *n.* sukka (*suka-*)
socket *n.* pistorasia [electrical]
soda *n.* soodavesi [~ water]; limonadi, *col.* limu [flavored ~]

sofa *n.* sohva
soft *adj.* pehmeä
soft drink *n.* virvoitusjuoma, alkoholiton juoma
software *n.* ohjelmisto
soil *n.* maaperä
soldier *n.* sotilas (*sotilaa-*)
sole *adj.* ainoa; *n.* jalkapohja [underside of the foot]; pohja [bottom of a shoe]
solid *adj.* kiinteä
solitary *adj.* yksinäinen (*yksinäise-*)
solution *n.* ratkaisu
solve *v.* ratkaista (*ratkaise-*)
some *adj.* & *adv.* vähän [e.g., ~ **bread** vähän leipää]; *pron.* jotkut [e.g., ~ **people** jotkut ihmiset]
somehow *adv.* jotenkin
someone *pron.* joku
something *pron.* jotain
sometimes *adv.* joskus
somewhere *adv.* jossain [be ~]; jonnekin [go ~]
son *n.* poika (*poja-*)
song *n.* laulu
soon *adv.* kohta, pian
sore *adj.* kipeä
sorry *adj.* pahoillaan, I'm ~ olen pahoillani
sort *n.* laji
soul *n.* sielu
sound *n.* ääni (*ääne-*); *v.i.* kuulostaa [e.g., **sounds good** kuulostaa hyvältä]
soup *n.* keitto (*keito-*)
sour *n.* hapan (*happame-*)
south *n.* etelä
souvenir *n.* matkamuisto
spa *n.* terveyskylpylä
space *n.* tila [room]; avaruus (*avaruude-*) [astronomy]
spare *v.* säästää (*säästä-*); *adj.* vara- [reserve]
spare part *n.* varaosa
spark *n.* kipinä
speak *v.* puhua (*puhu-*)
special *adj.* erikoinen (*erikoise-*), erikois-
specialist *n.* asiantuntija
speciality *n.* erikoisuus (*erikoisuude-*)
spectator *n.* katsoja
speech *n.* puhe (*puhee-*)
speed *n.* vauhti (*vauhdi-*), nopeus (*nopeude-*) [rapidity]
spell out *v.* tavata (*tavaa-*)
spend *v.* kuluttaa (*kuluta-*)
spice *n.* mauste (*maustee-*)
spider *n.* hämähäkki (*hämähäki-*)

spine *n.* selkäranka (*selkäranga-*) [backbone]; piikki (*piiki-*) [cactus, porcupine]
spirit *n.* henki (*henge-*)
spit *v.* sylkeä (*sylje-*); *n.* sylki (*sylje-*)
split *v.t.* halkaista (*halkaise-*); *v.i.* haljeta (*halkea-*)
spoil *v.t.* pilata (*pilaa-*); *v.i.* mennä pilalle (*mene- pilalle*)
spoiled *adj.* pilalla
spoon *n.* lusikka (*lusika-*)
sport *n.* urheilu
spot *n.* pilkku (*pilku-*); kohta (*kohda-*) [place]
spread *v.t.* levittää (*levitä-*); *v.i.* levitä (*leviä-*)
spring *v.* hypätä (*hyppää-*) [to jump]; *n.* kevät (*kevää-*) [season]; lähde (*lähtee-*) [fountain]
sprinkler *n.* sprinkleri
spy *v.* vakoilla (*vakoile-*); *n.* vakoilija
square *n.* aukio, tori [plaza]; neliö [rectangle]; *adj.* nelikulmainen (*nelikulmaise-*) [shape]; suorakulmainen (*suorakulmaise-*) [rectangular]
square meter *n.* neliömetri
squash *v.t.* murskata (*murskaa-*) [crush]; *n.* kesäkurpitsa [plant]
squeak *v.* vinkua (*vingu-*)
squeeze *v.t.* puristaa (*purista-*)
stab *v.t.* pistää (*pistä-*); puukottaa (*puukota-*) [wound or kill with a knife]
stable *n.* talli; *adj.* vakaa, tukeva
staff *n.* henkilökunta (*henkilökunna-*) [employees]
stage *n.* lava [platform], näyttämö [theater]; vaihe (*vaihee-*) [phase]
stain *n.* tahra
stainless steel *n.* ruostumaton teräs (*ruostumattoma- teräkse-*)
staircase *n.* rappu (*rapu-*), porraskäytävä
stairs *n. pl.* portaat (*portai-*), rappuset (*rappusi-*)
stamp *n.* postimerkki (*postimerki-*) [postage ~]
stand *v.i.* seisoa, seistä (*seiso-*)
standard *n.* standardi, normi
star *n.* tähti (*tähde-*)
stare *v.* tuijottaa (*tuijota-*)
start *v.* alkaa (*ala-*), aloittaa (*aloita-*); käynnistää (*käynnistä-*) [e.g., a car/machine]; *n.* alku (*alu-*) [beginning]; lähtö (*lähdö-*) [of a race]
state *n.* tila [condition]; valtio [e.g., ~ of Finland]; osavaltio [e.g., ~ of Texas]
station *n.* asema
statue *n.* patsas (*patsaa-*)
stay *v.* pysyä (*pysy-*)
steal *v.* varastaa (*varasta-*)
steady *adj.* tukeva [stable]; tasainen (*tasaise-*) [movement, progress]

steak *n.* pihvi
steam *n.* höyry; *v.* höyrytä (*höyryä-*)
steel *n.* teräs (*teräkse-*)
steep *adj.* jyrkkä (*jyrkä-*)
steer *v.* ohjata (*ohjaa-*)
steering wheel *n.* ratti (*rati-*), ohjauspyörä
step *n.* askel (*askelee-*); *v.* astua (*astu-*)
stereo *n.* stereo
stew *n.* pata (*pada-*)
stick *n.* keppi (*kepi-*); *v.t.* pistää (*pistä-*)
sticker *n.* tarra
sticky *adj.* tahmea
stiff *adj.* jäykkä (*jäykä-*)
still *adj.* paikallaan [stay ~]; *adv.* vielä [e.g., are you ~ here?]
sting *n.* pisto; *v.* pistää (*pistä-*)
stir *v.t.* sekoittaa (*sekoita-*)
stock *n.* varasto [inventory]
stocking *n.* sukka (*suka-*)
stomach *n.* vatsa, maha
stone *n.* kivi (*kive-*)
stool *n.* jakkara
stop *v.i.* pysähtyä (*pysähdy-*) [e.g., the bus stops here]; lakata (*lakkaa-*), loppua (*lopu-*) [e.g., the rain stopped]; *v.t.* pysäyttää (*pysäytä-*) [e.g., ~ the car]; lakata (*lakkaa-*), lopettaa (*lopeta-*) [to ~ doing something]
store *n.* kauppa (*kaupa-*), myymälä; varasto [stock]
storm *n.* myrsky
story *n.* tarina, kertomus (*kertomukse-*)
stove *n.* liesi (*liede-*), hella
straight *adj.* suora; *adv.* suoraan
strange *adj.* outo (*oudo-*) [odd]; vieras (*vieraa-*) [unknown]
stranger *n.* vieras (*vieraa-*), tuntematon (*tuntemattoma-*)
strawberry *n.* mansikka (*mansika-*)
stream *n.* virta (*virra-*)
street *n.* katu (*kadu-*)
strength *n.* voimakkuus (*voimakkuude-*)
strengthen *v.* vahvistaa (*vahvista-*)
stretch *v.* ojentaa (*ojenna-*) [e.g., ~ one's arm]; venyttää (*venytä-*) [e.g., a rubber band]
strict *adj.* tiukka (*tiuka-*)
strike *v.* iskeä (*iske-*), lyödä (*lyö-*); *n.* isku; lakko (*lako-*) [workers' ~]; *v.* lakkoilla (*lakkoile-*)
string *n.* naru
stroke *v.* silittää (*silitä-*)
strong *adj.* vahva, voimakas (*voimakkaa-*)
structure *n.* rakenne (*rakentee-*)
student *n.* opiskelija
studio *n.* studio
study *v.* opiskella (*opiskele-*)

stuff *n.* aine (*ainee-*)
stumble *v.* kompastua (*kompastu-*)
stump *n.* kanto (*kanno-*)
stupid *adj.* tyhmä
style *n.* tyyli
subject *n.* aihe (*aihee-*)
subsoil water *n.* pohjavesi (*pohjavede-*)
substitute *n.* sijainen (*sijaise-*) [person]; korvike (*korvikkee-*)
   [thing]
subtitle *n.* tekstitys (*tekstitykse-*) [movies, TV]
subtract *v. t.* vähentää (*vähennä-*)
suburb *n.* esikaupunki (*esikaupungi-*)
subway *n.* metro
succeed *v.* onnistua (*onnistu-*)
success *n.* menestys (*menestykse-*)
such *adj.* sellainen (*sellaise-*)
suck *v.* imeä (*ime-*)
suckling *n.* imeväinen (*imeväise-*)
suddenly *adv.* yhtäkkiä
suffer *v.* kärsiä (*kärsi-*)
sufficient *adj.* riittävä; **be ~** *v.* riittää (*riitä-*)
sugar *n.* sokeri
suggest *v.* ehdottaa (*ehdota-*)
suggestion *n.* ehdotus (*ehdotukse-*)
suicide *n.* itsemurha
suit *n.* puku (*puvu-*)
suitcase *n.* matkalaukku (*matkalauku-*)
sum *n.* summa
summer *n.* kesä
summerhouse *n.* kesämökki (*kesämöki-*)
sun *n.* aurinko (*auringo-*)
sunbathe *v.* ottaa aurinkoa (*ota- aurinkoa*)
sunburn *n.* auringossa palanut iho, auringon polttama
sunglasses *n. pl.* aurinkolasit (*aurinkolasei-*)
sunlight *n.* auringonvalo
sunny *adj.* aurinkoinen (*aurinkoise-*)
sunrise *n.* auringonnousu
sunscreen *n.* aurinkovoide
sunset *n.* auringonlasku
sunshine *n.* auringonpaiste (*auringonpaistee-*)
suntan *n.* rusketus (*rusketukse-*), päivetys (*päivetykse-*)
supermarket *n.* valintamyymälä, supermarketti
   (*supermarketi-*)
supplement *n.* lisä; lisämaksu [~ fee]; *adj.* lisä-
   [supplementary]
supply *n.* jakelu [e.g., **water** ~ vedenjakelu; ~ **of power**
   virranjakelu]
support *n.* tuki (*tue-*); *v.* tukea (*tue-*)
suppose *v.* olettaa (*oleta-*)

sure *adj.* varma
surely *adv.* varmasti
surface *n.* pinta (*pinna-*)
surface mail *n.* pintaposti
surfing *n.* lainelautailu
surgeon *n.* kirurgi
surname *n.* sukunimi (*sukunime-*)
surprise *n.* yllätys (*yllätykse-*)
surprised *adj.* yllättynyt (*yllättynee-*)
suspect *v.* epäillä (*epäile-*)
suspicious *adj.* epäilyttävä [suspect]
swallow *v.* niellä (*niele-*); *n.* nielaisu; pääskynen
  (*pääskyse-*) [bird]
swan *n.* joutsen (*joutsene-*)
sweat *n.* hiki (*hie-*); *v.* hikoilla (*hikoile-*)
sweater *n.* villapaita (*villapaida-*)
sweet *adj.* makea [taste, flavor]; suloinen (*suloise-*) [lovable,
  charming]
swim *v.* uida (*ui-*); **go swimming** mennä uimaan
  (*mene- uimaan*)
swimming pool *n.* uima-allas (*uima altaa-*)
swimming trunks *n. pl.* uimahousut (*uimahousui-*)
swimsuit *n.* uimapuku (*uimapuvu-*)
swing *v.t.* heiluttaa (*heiluta-*); *v.i.* heilua (*heilu-*), keinua
  (*keinu-*); *n.* keinu [~ set]
switch *n.* katkaisin (*katkaisime-*), kytkin (*kytkime-*)
  [electrical]; *v.* vaihtaa (*vaihda-*) [places, sides]
switch off *v.* sammuttaa (*sammuta-*)
switch on *v.* sytyttää (*sytytä-*) [light]; panna päälle
  (*pane- päälle*)
synagogue *n.* synagoga
system *n.* järjestelmä, systeemi

T
table *n.* pöytä (*pöydä-*)
tablecloth *n.* pöytäliina
table of contents *n.* sisällysluettelo
tablespoon *n.* ruokalusikka (*ruokalusika-*)
table tennis *n.* pöytätennis (*pöytätennikse-*)
tailor *n.* räätäli
take *v.* ottaa (*ota-*)
take off *v.* riisua (*riisu-*) [clothes]
talk *v.* puhua (*puhu-*)
tall *adj.* pitkä [person]; korkea [e.g., tree, building]
tame *adj.* kesy
tampon *n.* tamponi
tap *n.* tulppa (*tulpa-*) [plug]; hana [faucet]
tape *n.* nauha; *v.* nauhoittaa (*nauhoita-*)
tape-recorder *n.* nauhuri, kasettisoitin (*kasettisoittime-*)

target *n.* maali
tart *n.* piirakka (*piiraka-*), torttu (*tortu-*); *adj.* kirpeä
taste *n.* maku (*mau-*); *v.t.* maistaa (*maista-*) [e.g., ~ it!];
    v.i. maistua (*maistu-*) [e.g., It ~s good]
tax *n.* vero
taxi *n.* taksi
taxi driver *n.* taksinkuljettaja
taxi stand *n.* taksiasema
tea *n.* tee
teach *v.* opettaa (*opeta-*)
teacher *n.* opettaja
team *n.* joukkue (*joukkuee-*) [sports]; ryhmä, tiimi
tear *n.* kyynel (*kyynelee-*) [~drop]; *v.t.* repiä (*revi-*);
    v.i. repeytyä (*repeydy-*)
teaspoon *n.* teelusikka (*teelusika-*)
technical *adj.* tekninen (*teknise-*)
technics *n.* tekniikka (*tekniika-*)
technique *n.* tekniikka (*tekniika-*)
technological *adj.* teknologinen (*teknologise-*)
teddy bear *n.* nalle
telephone *n.* puhelin (*puhelime-*)
telephone book *n.* puhelinluettelo
telephone box *n.* puhelinkoppi (*puhelinkopi-*)
telephone call *n.* puhelu, puhelinsoitto (*puhelinsoito-*)
telephone line *n.* puhelinlinja
telephone network *n.* puhelinverkko (*puhelinverko-*)
telephone number *n.* puhelinnumero
television *n.* televisio
tell *v.* kertoa (*kerro-*)
temperature *n.* lämpötila
temple *n.* temppeli; ohimo [anatomy]
temporary *adj.* väliaikainen (*väliaikaise-*), tilapäinen (*tilapäise-*)
tender *adj.* murea [steak]
tennis *n.* tennis (*tennikse-*)
tent *n.* teltta (*telta-*)
terminal *n.* asema, terminaali; pääte (*päättee-*) [computer];
    adj. lopullinen (*lopullise-*)
terminus *n.* pääteasema [of a train/subway], päätepysäkki
    [of a bus/streetcar]
terrace *n.* terassi
terrible *n.* kauhea
test *n.* koe (*kokee-*); *v.* kokeilla (*kokeile-*), testata (*testaa-*)
text *n.* teksti
than *conj.* kuin
thank *v.* kiittää (*kiitä-*)
thank you kiitos
that *pron.* tuo; joka [which, who]
thaw *v.i.* sulaa (*sula-*); *v.t.* sulattaa (*sulata-*)
theater *n.* teatteri

then *adv.* silloin [e.g., at that time]; sitten [e.g., you first, ~ me]
therapy *n.* hoito (*hoido-*)
there *adv.* tuolla, tuossa, siellä, siinä [be ~]; tuonne, sinne [go ~]
therefore *adv.* siksi
thermometer *n.* lämpömittari; kuumemittari [for body temperature]
thermos bottle *n.* termospullo
thermostat *n.* termostaatti (*termostaati-*)
these *pron.* nämä (*näi-*)
they *pron.* he [persons]; ne [things, animals]
thick *adj.* paksu
thief *n.* varas (*varkaa-*)
thigh *n.* reisi (*reide-*)
thin *adj.* ohut (*ohue-*)
thing *n.* esine, tavara [object]; asia [affair]
think *v.* ajatella (*ajattele-*); luulla (*luule-*) [I ~, it'll rain]
thirst *n.* jano
thirsty *adj.* janoinen (*janoise-*); **I am ~** Minulla on jano
this *pron.* tämä
those *pron.* nuo, ne
thought *n.* ajatus (*ajatukse-*)
thread *n.* lanka (*langa-*)
threshold *n.* kynnys (*kynnykse-*)
thriftshop *n.* käytettyjen tavaroiden kauppa (*käytettyjen tavaroiden kaupa-*)
throat *n.* kurkku (*kurku-*)
through *postp.* läpi
throw *v.* heittää (*heitä-*)
thumb *n.* peukalo
thunder *n.* ukkonen (*ukkose-*)
ticket *n.* lippu (*lipu-*), pääsylippu [admission], matkalippu [for a bus/train]
ticket office *n.* lippumyymälä, lippukassa
tidy *adj.* siisti
tie *n.* solmio; *v.* sitoa (*sido-*), solmia (*solmi-*)
tight *adj.* tiukka (*tiuka-*)
tights *n. pl.* sukkahousut (*sukkahousui-*)
time *n.* aika (*aja-*)
timetable *n.* aikataulu
timezone *n.* aikavyöhyke (*aikavyöhykkee-*)
tip *n.* pää, kärki (*kärje-*) [end part]; juomaraha, tippi [money]; *v.* antaa juomarahaa (*anna- juomarahaa*)
tire *n.* rengas (*renkaa-*)
tired *adj.* väsynyt (*väsynee-*)
tissue *n.* kudos (*kudokse-*) [anatomy]; nenäliina [for the nose], paperipyyhe (*paperipyyhkee-*) [paper ~]
title *n.* nimi (*nime-*) [book, song, picture]; otsikko (*otsiko-*) [heading]

to [See the grammar section]
toast *n.* paahtoleipä (*paahtoleivä-*) [bread]; *v.* paahtaa
(*paahda-*)
toaster *n.* leivänpaahdin (*leivänpaahtime-*)
tobacco *n.* tupakka (*tupaka-*)
toboggan *n.* pulkka (*pulka-*)
today *adv.* tänään
toddler *n.* pikkulapsi (*pikkulapse-*)
toe *n.* varvas (*varpaa-*)
together *adv.* yhdessä
toilet *n.* WC, vessa, käymälä [public ~]
toilet paper *n.* WC-paperi
toll *n.* maksu
tomato *n.* tomaatti (*tomaati-*)
tomb *n.* hauta (*hauda-*)
tomorrow *adv.* huomenna
tongue *n.* kieli (*kiele-*)
tonight *adv.* tänä iltana [evening]; tänä yönä [late night]
too *adv.* liian; myös [also]
tool *n.* työkalu
tooth *n.* hammas (*hampaa-*)
toothache *n.* hammassärky (*hammassäry-*)
toothbrush *n.* hammasharja
toothpaste *n.* hammastahna
toothpick *n.* hammastikku (*hammastiku-*)
top *n.* huippu (*huipu-*)
topical *adj.* ajankohtainen (*ajankohtaise-*)
torch *n.* soihtu (*soihdu-*)
total *adj.* täydellinen (*täydellise-*) [complete], kokonais-
[e.g., ~ **amount** kokonaismäärä]; *n.* summa, loppusumma
touch *n.* kosketus (*kosketukse-*); *v.* koskettaa (*kosketa-*)
tour *n.* matka [journey]; kiertokäynti (*kiertokäynni-*)
[sightseeing]
tourist *n.* turisti
tourist office *n.* matkailutoimisto, turisti-informaatio
toward *postp.* kohti
towel *n.* pyyhe (*pyyhkee-*)
tower *n.* torni
town *n.* kaupunki (*kaupungi-*)
toxic *adj.* myrkyllinen (*myrkyllise-*)
toy *n.* leikkikalu, lelu
trace *n.* jälki (*jälje-*)
track *n.* rata (*rada-*)
track and field *n.* yleisurheilu
track suit *n.* verryttelypuku (*verryttelypuvu-*)
tractor *n.* traktori
trade *n.* kauppa (*kaupa-*)
trade fair *n. pl.* messut (*messui-*)
traditional *adj.* perinteinen (*perinteise-*)

traffic *n.* liikenne (*liikentee-*)
traffic jam *n.* ruuhka
traffic light *n.* liikennevalo
traffic ticket *n.* sakkolappu (*sakkolapu-*)
trailer *n.* perävaunu [freight]; asuntovaunu [mobile home]
train *n.* juna
training *n.* harjoitus (*harjoitukse-*)
transfer *n.* siirto (*siirro-*); *v.* siirtää (*siirrä-*)
transit *n.* läpikulku (*läpikulu-*), kauttakulku (*kauttakulu-*)
translate *v.* kääntää (*käännä-*)
translation *n.* käännös (*käännökse-*)
translator *n.* kääntäjä
transparent *adj.* läpinäkyvä
transport *n.* kuljetus (*kuljetukse-*); *v.* kuljettaa (*kuljeta-*)
trash *n.* roska
trash can *n.* roskapönttö (*roskapöntö-*), roskalaatikko
  (*roskalaatiko-*)
travel *v.* matkustaa (*matkusta-*)
travel agency *n.* matkatoimisto
traveler's check *n.* matkasekki (*matkaseki-*)
tray *n.* tarjotin (*tarjottime-*)
treat *v.* kohdella (*kohtele-*) [person]; käsitellä (*käsittele-*)
  [matter]; hoitaa (*hoida-*) [a patient]; *n.* my ~ minä tarjoan
tree *n.* puu
triangle *n.* kolmio
trip *n.* matka; retki (*retke-*) [excursion, day-trip]
trouble *n. pl. part.* vaikeuksia; in ~ vaikeuksissa
truck *n.* rekka (*reka-*)
true *adj.* tosi (*tode-*) [a ~ story]; totta [it's ~]
trunk *n.* runko (*rungo-*) [tree]; tavaratila [car]
trunks *n. pl.* urheiluhousut (*urheiluhousui-*); uimahousut
  [swimming]
try *v.* yrittää (*yritä-*), koettaa (*koeta-*); ~ on sovittaa (*sovita-*),
  koettaa; ~ out kokeilla (*kokeile-*); *n.* yritys (*yritykse-*)
T-shirt *n.* T-paita (*T-paida-*)
tube *n.* putkilo, tuubi [e.g., toothpaste]; sisärengas
  (*sisärenkaa-*) [inner tube]
tulip *n.* tulppaani
tune *n.* sävelmä, melodia; *v.t.* virittää (*viritä-*) [adjust]
tunnel *n.* tunneli
turn *v.t.* kääntää (*käännä-*); *v.i.* kääntyä (*käänny-*);
  n. käännös (*käännökse-*); ~ off *v.* sulkea
  (*sulje-*); ~ on *v.* avata (*avaa-*)
tweezers *n. pl.* pinsetit (*pinsetei-*)
twice *adv.* kaksi kertaa
twilight *n.* hämärä
twin *n.* kaksonen (*kaksose-*); *adj.* kaksois- [e.g., ~ brother
  kaksoisveli]

twin bed *n.* erillinen sänky (*erillise- sängy-*)
twist *v.t.* kiertää (*kierrä-*); *v.i.* vääntyä (*väänny-*) [bend, distort]
type *n.* tyyppi (*tyypi-*)
typewrite *v.* kirjoittaa koneella (*kirjoita- koneella*)
typewriter *n.* kirjoituskone (*kirjoituskone-*)
typical *adj.* tyypillinen (*tyypillise-*)

U

ugly *adj.* ruma
umbrella *n.* sateenvarjo
uncle *n.* setä (*sedä-*); eno [mother's side]
uncomfortable *adj.* epämukava
under *postp.* alla [be ~]; alle [go ~]
underneath *postp.* alapuolella [be ~]; alapuolelle [go ~]
underpants *n. pl.* alushousut (*alushousui-*)
underpass *n.* alikäytävä
understand *v.* ymmärtää (*ymmärrä-*)
underwear *n. pl.* alusvaatteet (*alusvaattei-*)
undress *v.i.* riisuutua (*riisuudu-*)
unemployed *n.* työtön (*työttömä-*)
uneven *adj.* epätasainen (*epätasaise-*)
unfortunately *adv.* valitettavasti, ikävä kyllä
unhappy *adj.* onneton (*onnettoma-*)
uniform *n.* virkapuku (*virkapuvu-*)
union *n.* liitto (*liito-*)
unique *adj.* ainutlaatuinen (*ainutlaatuise-*)
United States *n.* Yhdysvallat (*Yhdysvalloi-*)
universal *adj.* yleinen (*yleise-*), yleis- [general]; yhteinen (*yhteise-*) [common]
university *n.* yliopisto
unjust *adj.* epäoikeudenmukainen (*epäoikeudenmukaise-*)
unleaded *adj.* lyijytön (*lyijyttömä-*)
unless *conj.* jollei
unlock *v.* avata (*avaa-*)
unpleasant *adj.* epämiellyttävä
unsteady *adj.* epävakaa
until *postp.* asti, saakka
unusual *adj.* epätavallinen (*epätavallise-*)
up *n.* ylös [go ~]; ylhäällä [be ~]
upside down *adv.* ylösalaisin
upstairs *n.* yläkerta (*yläkerra-*); *adv.* yläkerrassa [be ~]; yläkertaan [go ~]
urgent *adj.* kiireellinen (*kiireellise-*)
urine *n.* virtsa
use *v.* käyttää (*käytä-*)
used *adj.* käytetty (*käytety-*)
useful *n.* hyödyllinen (*hyödyllise-*)
user *n.* käyttäjä

usual *n.* tavallinen (*tavallise-*)
usually *n.* tavallisesti

V

vacancies vapaita huoneita
vacant *adj.* vapaa
vacation *n.* loma
vaccination *n.* rokotus (*rokotukse-*)
vacuum cleaner *n.* pölynimuri
vague *adj.* heikko (*heiko-*)
valid *adj.* voimassa oleva, pätevä
valley *n.* laakso
valuable *n.* arvokas (*arvokkaa-*)
valuables *n. pl.* arvoesineet (*arvoesinei-*)
value *n.* arvo
van *n.* pakettiauto
vapor *n.* höyry
variety *n.* valikoima
various *adj. pl. part.* erilaisia (*erilaisi-*)
vase *n.* vaasi
VAT (value added tax) *n.* alv. (arvonlisävero)
vegetable *n.* vihannes (*vihannekse-*)
vegetarian *n.* kasvissyöjä; *adj* vegetaarinen (*vegetaarise-*),
  kasvis-
vehicle *n.* ajoneuvo
vein *n.* suoni (*suone-*)
velvet *n.* sametti (*sameti-*)
vending machine *n.* automaatti (*automaati-*)
ventilator *n.* tuuletin (*tuulettime-*)
vertical *adj.* pystysuora
very *adv.* erittain, hyvin
version *n.* versio
vest *n. pl.* liivit (*liivei-*)
vice versa *adv.* päinvastoin
victim *n.* uhri
video *n.* video
view *n.* näköala
village *n.* kylä
violin *n.* viulu
virus *n.* virus (*virukse-*)
visa *n.* viisumi
visit *n.* vierailu; *v.* käydä (*käy-*); olla käymässä
  (*ole- käymässä*) [be visiting]; tulla käymään
  (*tule- käymään*) [come visit], vierailla (*vieraile-*)
visitor *n.* vierailija, kävijä
vitamin *n.* vitamiini
voice *n.* ääni (*ääne-*)
voltage *n.* volttimäärä
vomit *v.* oksentaa (*oksenna-*); *n.* oksennus (*oksennukse-*)

W

wade *v.* kahlata (*kahlaa-*)
waffle *n.* vohveli
wage *n.* palkka (*palka-*)
wagon *n.* vaunu
waist *n.* vyötärö
wait *v.* odottaa (*odota-*)
waiter *n.* tarjoilija
waiting room *n.* odotushuone (*odotushuonee-*)
waitress *n.* tarjoilija
wake up *v.i.* herätä (*herää-*); *v.t.* herättää (*herätä-*)
walk *v.* kävellä (*kävele-*); *n.* kävely
walking stick *n.* kävelykeppi (*kävelykepi-*)
wall *n.* seinä
wallet *n.* lompakko (*lompako-*)
want *v.* haluta (*halua-*)
war *n.* sota (*soda-*)
warm *adj.* lämmin; *v.t.* lämmittää (*lämmitä-*); *v.i.* lämmetä (*lämpene-*)
warn *v.* varoittaa (*varoita-*)
warning *n.* varoitus (*varoitukse-*)
wash *v.* pestä (*pese-*); *n.* pesu
washable *adj.* pestävä
washbasin *n.* pesuallas (*pesualtaa-*)
washing *n.* peseminen (*pesemise-*); pyykki (*pyyki-*) [laundry]
washing machine *n.* pesukone (*pesukonee-*)
washing powder *n.* pesujauhe (*pesujauhee-*), pesuaine (*pesuainee-*)
washroom *n.* pesuhuone (*pesuhuonee-*)
wasp *n.* ampiainen (*ampiaise-*)
waste *n.* roska, jäte (*jättee-*)
wastepaper basket *n.* roskakori
watch *n.* kello, rannekello; *v.* katsoa (*katso-*); **be watching** katsella (*katsele-*) [e.g., TV, performance]
water *n.* vesi (*vede-*)
waterfall *n.* vesiputous (*vesiputoukse-*)
water heater *n.* boileri
watermelon *n.* vesimeloni
waterproof *adj.* vesitiivis (*vesitiivii-*), vedenpitävä, vedenkestävä
wave *n.* aalto (*aallo-*)
wax *n.* vaha
way *n.* tapa (*tava-*) [mode, manner]; tie [course, road]
we *pron.* me (*mei-*)
weak *adj.* heikko (*heiko-*)
weapon *n.* ase (*asee-*)
wear *v.* olla päällä **I ~ a jacket** Minulla on takki päällä; käyttää (*käytä-*) [e.g., glasses, perfume]
weather *n.* sää

weather conditions *n.* keli
wedding *n. pl.* häät (*häi-*)
week *n.* viikko (*viiko-*)
weekday *n.* arkipäivä
weekend *n.* viikonloppu (*viikonlopu-*)
weigh *v.* painaa (*paina-*)
weight *n.* paino
welcome! tervetuloa!
well *adv.* hyvin
west *n.* länsi (*länne-*)
wet *adj.* märkä (*märä-*)
what *pron.* mitä [~ did you say?]; mikä [~ is this?]
whatever *pron.* mikä tahansa; mitä tahansa; ~ **you say** ihan
  kuinka haluat
wheat *n.* vehnä
wheel *n.* pyörä
wheelbarrow *n. pl.* kottikärryt
wheelchair *n.* pyörätuoli
when *adv.* koska [what time]; *conj.* kun
where *adv.* missä [be]; minne, mihin [go]
which *pron.* joka (*jo-*); mikä?; kumpi? [·· of the two?]
while *conj.* sillä aikaa kun [~ waiting]
whistle *v.* viheltää (*vihellä-*); *n.* vihellys (*vihellykse-*)
white *adj.* valkoinen (*valkoise-*)
who *pron.* kuka (*kene-*) [~ is it?], joka (*jo-*) [the one ~ sits]
whose *pron.* kenen
why *adv.* miksi
wide *adj.* laaja
widow/-er *n.* leski (*leske-*)
wife *n.* vaimo
wild *adj.* villi
win *v.* voittaa (*voita-*)
wind *n.* tuuli (*tuule-*)
windless *adj.* tuuleton (*tuulettoma-*)
windmill *n.* tuulimylly
window *n.* ikkuna
window seat *n.* ikkunapaikka (*ikkunapaika-*)
window sill *n.* ikkunalauta (*ikkunalauda-*)
windsurfing *n.* purjelautailu
windy *adj.* tuulinen (*tuulise-*)
wine *n.* viini
wing *n.* siipi (*siive-*)
winter *n.* talvi (*talve-*)
winterize *v.t.* panna talvikuntoon (*pane- talvikuntoon*)
winter sports *n.* talviurheilu
wipe *v.* pyyhkiä (*pyyhi-*)
wire *n.* rautalanka (*rautalanga-*)
wish *v.* toivoa (*toivo-*); *n.* toive (*toivee-*)
with *postp.* kanssa

without *prep.* ilman
witness *n.* todistaja
woman *n.* nainen (*naise-*)
wonderful *adj.* ihana
wood *n.* puu
wool *n.* villa
word *n.* sana
work *n.* työ; *v.* tehdä työtä (*tee- työtä*) [do ~]; olla töissä (*ole- töissä*) [be at ~]; toimia (*toimi-*) [machine, plan]
world *n.* maailma
worm *n.* mato (*mado-*)
worried *adj.* huolestunut (*huolestunee-*)
worry *v.t.* huolestuttaa (*huolestuta-*); *v.i.* huolehtia (*huolehdi-*)
worth *n.* arvo; *postp.* arvoinen (*arvoise-*)
worthless *adj.* arvoton (*arvottoma-*)
wrist *n.* ranne (*rantee-*)
write *v.* kirjoittaa (*kirjoita-*)
wrong *adj.* väärä; *adv.* väärin

Y

year *n.* vuosi (*vuode-*)
yell *v.* huutaa (*huuda-*), kiljua (*kilju-*)
yellow *adj.* keltainen (*keltaise-*)
yesterday *adv.* eilen
yet *conj.* vielä
you *pron.* sinä (*sinu-*), te (*tei-*), Te (*Tei-*)
young *adj.* nuori (*nuore-*)
your *pron.* sinun, teidän, Teidän
youth *n.* nuoriso [young persons collectively]
youth hostel *n.* retkeilymaja

Z

zero *n.* nolla
zipcode *n.* postinumero
zipper *n.* vetoketju
zoo *n.* eläintarha

FINNISH-ENGLISH DICTIONARY

How to use this Dictionary

Many Finnish words are followed by their stem in parentheses. This stem is necessary for most declined/conjugated forms of nouns, pronouns, adjectives and verbs, including the nominative plural noun (which gets the ending –t). Plural nouns are also declined, so there are stems after words in plural form as well. To help clarify meanings there are also examples and approximate correspondents in brackets. The abbreviations of the grammatical cases relate to the Finnish words.

A

aakkoset (*aakkosi-*) *n. pl.* alphabet
aallonmurtaja *n.* breakwater, jetty
aalto (*aallo-*) *n.* wave
aamiainen (*aamiaise -*) *n.* breakfast
aamu *n.* morning [early ~]
aamupäivä *n.* morning [A.M.]
aarniometsä *n.* wild forest
aavistus (*aavistukse-*) *n.* presentiment; idea; **ei aavistustakaan** no idea
adapteri *n.* adapter [electrical]
agentuuri *n.* agency
ahdas (*ahtaa-*) *adj.* tight, narrow
ahdistella (*ahdistele-*) *v.* to molest sexually
ahkera *adj.* hardworking
aihe (*aihee-*) *n.* topic, subject
aiheuttaa (*aiheuta-*) *v.* to cause
aika (*aja-*) *n.* time, period; *adv.* quite
aikainen (*aikaise-*) *adj.* early
aikaisemmin *adv.* before [previously]
aikaisin *adv.* early
aikakauslehti (*aikakauslehde-*) *n.* magazine
aikana *postp.* during
aikataulu *n.* timetable, schedule
aikavyöhyke (*aikavyöhykkee-*) *n.* time zone
aikoa (*aio-*) *v.* to intend

aikomus (*aikomukse-*) *n.* intention
aikuinen (*aikuise-*) *n.* adult
aina *adv.* always
ainakin *adv.* at least
aine (*ainee-*) *n.* matter, stuff, substance, material
ainoa *adj.* only, sole
ainutlaatuinen (*ainutlaatuise-*) *adj.* unique
airo *n.* oar
aisti *n.* sense
aita (*aida-*) *n.* fence
aito (*aido-*) *adj.* genuine, authentic
aivan *adv.* just, really, positively, completely
aivastaa (*aivasta-*) *v.* to sneeze
aivastus (*aivastukse-*) *n.* sneeze
ajaa (*aja-*) *v.* to drive, to ride [e.g., a bicycle, bus, etc.]
ajaa parta (*aja- parta*) *v.* to shave beard
ajaa säärikarvat (*aja- säärikarvat*) *v.* to shave legs
ajaja *n.* driver
ajankohtainen (*ajankohtaise-*) *adj.* current, present, topical
ajanviete (*ajanviettee-*) *n.* recreation
ajatella (*ajattele-*) *v.* to think
ajatus (*ajatukse-*) *n.* thought
ajoissa *adv.* in time
ajokortti (*ajokorti-*) *n.* driver's licence
ajoneuvo *n.* vehicle
akateemikko (*akateemiko-*) *n.* academic
akateeminen (*akateemise-*) *adj.* academic
akku (*aku-*) *n.* rechargeable battery
akseli *n.* axle
Aku Ankka (*Aku Anka-*) Donald Duck
alaikäinen (*alaikäise-*) *n.* minor, underage person
alakerta (*alakerra-*) *n.* downstairs
alamäkeen *adv.* downhill
alapuolella *postp.* [be] underneath
alapuolelle *postp.* [go] underneath
alas *adv.* down, downwards
alasti *adv.* naked
alaston (*alastoma-*) *adj.* naked
ale *abbr.* sale, discount
alennus (*alennukse-*) *n.* discount, reduction
alennusmyynti (*alennusmyynni-*) *n.* sale, discount
alentaa (*alenna-*) *v.* to reduce
alhaallla *adv.* down, in a place below; -lle down, to a
    place below
alikulkutunneli *n.* pedestrian underpass
alikäytävä *n.* underpass
alkaa (*ala-*) *v.* to begin, start
alkaen *postp.* from ... on [from Saturday on]
alkoholi *n.* alcohol

alkoholijuoma *n.* alcoholic drink, liquor
alkoholiton juoma *n.* non-alcoholic drink, soft drink
alku (*alu-*) *n.* beginning, start
alkuperäinen (*alkuperäise-*) *adj.* original
alla *postp.* under, in a place underneath
alle *postp.* under, to a place underneath
allekirjoittaa (*allekirjoita-*) *v.* to sign
allekirjoitus (*allekirjoitukse-*) *n.* signature
allergia *n.* allergy
aloittaa (*aloita-*) *v.* to begin, start
alppihiihto *n.* downhill skiing
alue (*aluee-*) *n.* area, district, region
alus (*alukse-*) *n.* ship, vessel
alushousut (*alushousui-*) *n. pl.* shorts, underpants, briefs
alusvaatteet (*alusvaattei-*) *n. pl.* underwear
alv. (= **arvonlisävero**) *abbr.* VAT (Value-added tax)
ambulanssi *n.* ambulance
ammatti (*ammati-*) *n.* profession
ampiainen (*ampiaise-*) *n.* wasp
ampua (*ammu-*) *v.* to shoot
ampuma-ase (*ampuma-asee-*) *n.* gun
ankara *adj.* severe, stern, strong, violent
ankka (*anka-*) *n.* duck
ankkuri *n.* anchor
annos (*annokse-*) *n.* serving, portion
ansaita (*ansaitse-*) *v.* to earn
ansio *n.* earnings, income, merit
antaa (*anna-*) *v.* to give; let
antaa anteeksi (*anna- anteeksi*) *v.* to excuse, forgive
antaa juomarahaa (*anna- juomarahaa*) *v.* to tip [money]
Anteeksi! Sorry! Excuse me!
anteeksipyyntö (*anteeksipyynnö-*) *n.* excuse
antenni *n.* antenna, aerial [electrical]
antiikkiesine (*antiikkiesinee-*) *n.* antique [item]
antiikkinen (*antiikkise-*) *adj.* antique
appelsiini *n.* orange
apteekki (*apteeki-*) *n.* drugstore
apu (*avu-*) *n.* aid, help
Apua! Help!
arkipäivä *n.* weekday
arkisin *adv.* on working days
arkki (*arki-*) *n.* sheet [paper]
arkkitehtuuri *n.* architecture
armeija *n.* army, military
arpajaiset (*arpajaisi-*) *n. pl.* lottery
artikkeli *n.* article [newspaper]
arvata (*arvaa-*) *v.* to guess
arvio *n.* estimate, valuation
arvioida (*arvioi-*) *v.* to estimate, evaluate

arvo *n.* value, worth, rank
arvoesineet (*arvoesinei-*) *n. pl.* valuables
arvoinen (*arvoise-*) *postp.* worth
arvokas (*arvokkaa-*) *n.* valuable
arvostaa (*arvosta-*) *v.* to appreciate
arvostella (*arvostele-*) *v.* to criticize, judge
arvoton (*arvottoma-*) *adj.* worthless
ase (*asee-*) *n.* weapon
asema *n.* station; site, position
asentaja *n.* mechanic
asento (*asenno-*) *n.* position, posture
asettaa (*aseta-*) *v.* to place, put, set, lay
asfaltti (*asfalti-*) *n.* asphalt
asia *n.* matter, thing, affair
asiakas (*asiakkaa-*) *n.* client, customer
asiakirja *n.* document
asiakirjat *n. pl.* documents, records
asianajaja *n.* lawyer, attorney
asianajotoimisto *n.* lawyer's office
asianomainen (*asianomaise-*) *n.* party/person concerned
asianomistaja *n.* plaintiff
asiantuntija *n.* expert
askel (*askelee-*) *n.* step
aste (*astee-*) *n.* degree, grade, stage, level
asteikko (*asteiko-*) *n.* scale [metric ~]
asti *postp.* until; as far as, [up] to
astia *n.* dish, container, vessel
astianpesukone (*astianpesukonee-*) *n.* dishwasher
astua (*astu-*) *v.* to step
asu *n.* dress
asua (*asu-*) *v.* to live, reside
asuinpaikka (*asuinpaika-*) *n.* place of residence
asukas (*asukkaa-*) *n.* inhabitant, resident
asunto *n.* residence, home, accommodation
asuntovaunu *n.* trailer, mobile home
ateria *n.* meal
aterimet (*aterimi-*) *n. pl.* cutlery
aukaista (*aukaise-*) *v.* to open, unlock
auki *adv.* open
aukio *n.* [open] place, square
aukioloaika (*aukioloaja-*) *n.* opening hours, hours of business
aukko (*auko-*) *n.* slot
aula *n.* lounge
auringonlasku *n.* sunset
auringonnousu *n.* sunrise
auringonpaiste (*auringonpaistee-*) *n.* sunshine
auringon polttama *n.* sunburn
auringonvalo *n.* sunlight

aurinko (*auringo-*) *n.* sun
aurinkoinen (*aurinkoise-*) *adj.* sunny
aurinkolasit (*aurinkolasei-*) *n. pl.* sunglasses
aurinkovoide (*aurinkovoitee-*) *n.* sunscreen
auto *n.* car
autokorjaamo *n.* car repair shop
autolautta (*autolauta-*) *n.* car ferry
automaatti (*automaati-*) *n.* automaton, machine [e.g., vending ~, slot ~]
automaattinen (*automaattise-*) *adj.* automatic
autonajaja *n.* car driver
autonkuljettaja *n.* chauffeur, car driver
autotalli *n.* garage
autovuokraamo *n.* car rental agency
auttaa (*auta-*) *v.* to help
avain (*avaime-*) *n.* key
avajaiset (*avajaisi-*) *n. pl.* opening [e.g., of a new shop]
avara *adj.* open, broad
avata (*avaa-*) *v.* to open, unlock; to turn on
avioliitto (*avioliito-*) *n.* marriage
aviomies (*aviomiehe-*) *n.* husband
aviopari *n.* married couple
aviovaimo *n.* wife
avoin (*avoime-*) *adj.* open
avoinna *adv.* open
avojaloin *adv.* barefoot
avokätinen (*avokätise-*) *adj.* generous
avulla *postp.* with [the help of]

B
baari *n.* bar [e.g., lounge bar]
baarimikko (*baarimiko-*) *n.* bartender
baletti (*baleti-*) *n.* ballet
banaani *n.* banana
bensiini *n.* gasoline
betoni *n.* concrete
bikinit *n. pl.* bikini
bileet (*bilei-*) *n. pl. col.* party
boileri *n.* water heater
bussi *n.* bus
bussipysäkki (*bussipysäki-*) *n.* bus stop
bändi *n. col.* [rock ~] band

D
data *n.* data
deodorantti (*deodoranti-*) *n.* deodorant
desimaali *n.* decimal
desinfiointiaine (*desinfiointiainee-*) *n.* disinfectant
dia *n.* slide [photography]
diagnoosi *n.* diagnosis

dieetti (*dieeti-*) *n.* diet
diplomaatti (*diplomaati-*) *n.* diplomat
dokumentti (*dokumenti-*) *n.* document
dollari *n.* dollar
drinkki (*drinki-*) *n.* alcoholic drink

E

edessä *postp.* in front of
edetä (*etene-*) *v.i.* to advance
edistyminen (*edistymise-*) *n.* advance, advancing
edistys (*edistykse-*) *n.* advance, progress
edullinen (*edullise-*) *adj.* inexpensive; advantageous
edusta *n.* front
edustaja *n.* agent, representative
edustus *n.* (*edustukse-*) representation, agency
ehdottaa (*ehdota-*) *v.* to suggest
ehdottomasti *adv.* absolutely
ehdotus (*ehdotukse-*) *n.* suggestion
ehjä *adj.* intact, whole
ehkä *adv.* maybe, perhaps
ehkäisyväline (*ehkäisyvälinee-*) *n.* contraceptive
ehto (*ehdo-*) *n.* condition, requirement
ei *adv.* no; doesn't
ei enää *adv.* not more, not anymore
ei-kaupallinen (*ei-kaupallise-*) *adj.* noncommercial
ei koskaan *adv.* never
ei kukaan *pron.* nobody
eikö? *adv.* doesn't?
ei lainkaan *adv.* not at all
eilen *adv.* yesterday
ei mihinkään *adv.* [go] nowhere
ei mikään *pron.* nothing; *adj. & pron.* no
ei minnekään *adv.* [go] nowhere
ei missään *adv.* [be] nowhere
ei mitään *pron.* nothing
ei ollenkaan *adv.* not at all
ei vielä *adv.* not yet
eivät *adv.* they don't
ei yhtään *adv.* none
ei yksikään *pron.* none
eksyksissä *adv.* astray
eksynyt (*eksynee-*) *adj.* lost, gone astray
eksyä (*eksy-*) *v.* to go astray
elastinen (*elastise-*) *adj.* elastic
elektroninen (*elektronise-*) *adj.* electronic
elementti (*elementi-*) *n.* element
elintarvike (*elintarvikkee-*) *n.* food
elokuva *n.* motion picture
elokuvat (*elokuvi-*) *n. pl.* motion pictures

elokuvateatteri *n.* cinema, movie theater
elonkorjuu *n.* harvest
elossa *adv.* alive
eläin (*eläime-*) *n.* animal
cläintarha *n.* zoo
eläkeläinen (*eläkeläise-*) *n.* retiree, senior citizen
elämä *n.* life
elävä *adj.* alive, live
elää (*elä-*) *v.* to live
emme *adv.* we don't
emäntä (*emännä-*) *n.* hostess
en *adv.* I don't
enemmän *adv.* more
energia *n.* energy
enimmäis- *adj.* maximum
enimmäiskuormitus (*enimmäiskuormitukse-*) *n.*
   maximum load
eniten *adv.* most
enkeli *n.* angel
ennen *adv. & prep. & postp.* before
ennen kaikkea *adv.* above all
eno *n.* uncle [mother's side]
ensi- *adj.* first
ensiapu (*ensiavu-*) *n.* first aid
ensiluokkainen (*ensiluokkaise-*) *adj.* first-rate
ensimmäinen (*ensimmäise-*) *adj.* first
ensin *adv.* first
entinen (*entise-*) *adj.* former, old
epäillä (*epäile-*) *v.* to suspect
epäilyttävä *adj.* suspicious, suspect
epäkohtelias (*epäkohteliaa-*) *adj.* impolite
epäkäytännöllinen (*epäkäytännöllise-*) *adj.* impractical
epämiellyttävä *adj.* unpleasant
epämukava *adj.* uncomfortable
epäoikeudenmukainen *adj.* unjust
epäoikeudenmukaisuus *n.* injustice
epäonnistuminen (*epäonnistumise-*) *n.* failure
epäsäännöllinen (*epäsäännöllise-*) *adj.* irregular
epätasainen (*epätasaise-*) *adj.* uneven, rough
epätavallinen (*epätavallise-*) *adj.* unusual
epävakaa *adj.* unsteady
epävarma *adj.* insecure
erehdys (*erehdykse-*) *n.* mistake
erehtyä (*erehdy-*) *v.* to [make a] mistake
erikoinen (*erikoise-*) *adj.* special
erikois- *adj.* special
erikoisesti *adv.* especially
erikoisuus (*erikoisuude-*) *n.* speciality
erilainen (*erilaise-*) *adj.* different

erilaisia (*erilaisi-*) *adj. pl. part.* various
eristys (*eristykse-*) *n.* isolation
erittäin *adv.* very
eronnut (*eronnee-*) *adj.* divorced
erottaa (*erota-*) *v.* to separate
eräpäivä *n.* due date
eräs (*erää-*) *pron.* one
eräänlainen (*eräänlaise-*) *adj.* a kind of
erääntyvä *adj.* due [bill]
esiintyä (*esiinny-*) *v.i.* to perform [on stage]
esikaupunki (*esikaupungi-*) *n.* suburb
esimerkki (*esimerki-*) *n.* example
esine (*esinee-*) *n.* object, thing, article
esite (*esittee-*) *n.* brochure
esitellä (*esittele-*) *v.* to introduce
esitys (*esitykse-*) *n.* performance, show [e.g., music, theater]
este (*estee-*) *n.* block, hindrance
eteenpäin *adv.* forward
etelä *n.* south
etiketti (*etiketi-*) *n.* label
etsiä (*etsi-*) *v.* to seek, search, look for
etu (*edu-*) *n.* advantage
etu- *adj.* front – [e.g., **etupyörä** front wheel]
etukäteen *adv.* in advance
etunimi (*etunime-*) *n.* first name
etuovi (*etuove-*) *n.* front door
etusivu *n.* front page

F
farkut *n. pl.* (*farkui-*) jeans
festivaali *n.* festival
filmi *n.* film [photo]; motion picture
folio *n.* foil

G
galleria *n.* art gallery
golf (*golfi-*) *n.* golf
gramma *n.* gram
grilli *n.* grill

H
haara *n.* branch, fork [e.g., of a river, road]
haarukka (*haaruka-*) *n.* fork [cutlery]
haista (*haise-*) *v.i.* to smell
haistaa (*haista-*) *v.t.* to smell something
hajota (*hajoa-*) *v.i.* to break
haju *n.* smell
hajuvesi (*hajuvede-*) *n.* perfume
hakaneula *n.* safety pin

hakea (*hae-*) *v.t.* to get, fetch
hakemisto *n.* index
haljeta (*halkea-*) *v.i.* to burst, split
halkaista (*halkaise-*) *v.t.* to split something
halkeama *n.* crack, fissure
hallinto (*hallinno-*) *n.* administration
hallitus (*hallitukse-*) *n.* government
halpa (*halva-*) *adj.* cheap, inexpensive
haluta (*halua-*) *v.* to want; to like [to do/have something]
hammas (*hampaa-*) *n.* tooth
hammasharja *n.* toothbrush
hammaslääkäri *n.* dentist
hammasproteesi *n.* dentures
hammassärky (*hammassäry-*) *n.* toothache
hammastahna *n.* toothpaste
hammastikku *n.* (*hammastiku-*) toothpick
hana *n.* faucet, tap
hanhi (*hanhe-*) *n.* goose
hanki (*hange-*) *n.* snow cover, snow
hansikas (*hansikkaa-*) *n.* glove
hapan (*happama-*) *adj.* sour, acid
happi (*hape-*) *n.* oxygen
happo (*hapo-*) *n.* acid
harava *n.* rake
harja *n.* brush
harjata (*harjaa-*) *v.* to brush
harjoitella (*harjoittele-*) *v.* to exercise, rehearse
harjoitus (*harjoitukse-*) *n.* exercise, training, rehearsal
harmaa *adj.* gray
harmi *n.* nuisance
harrastus (*harrastukse-*) *n.* hobby
hartia *n.* shoulder
harvat (*harvoi-*) *adj. pl.* few
harvinainen (*harvinaise-*) *adj.* rare
hattu (*hatu-*) *n.* hat
haukka (*hauka-*) *n.* hawk
haukkua (*hauku-*) *v.* to bark
hauska *adj.* funny
hauta (*hauda-*) *n.* grave
hautajaiset (*hautajaisi-*) *n. pl.* funeral
hautausmaa *n.* cemetery
he *pron.* they [persons]
hedelmä *n.* fruit
hehkulamppu (*hehkulampu-*) *n.* light bulb
hei! *interj.* hello! hey!
heikko (*heiko-*) *adj.* weak, vague
heilua (*heilu-*) *v.i.* to swing
heiluttaa (*heiluta-*) *v.t.* to swing something
heinä *n.* hay

heinänuha *n.* hay fever
heittää *(heitä-) v.* to throw
helikopteri *n.* helicopter
hella *n.* stove
helposti syttyvä *adj.* inflammable
helppo *(helpo-) adj.* easy
helppopääsyinen *(helppopääsyise-) adj.* of easy access
hengenpelastaja *n.* lifeguard
hengittää *(hengitä-) v.* to breathe
henki *(henge-) n.* spirit
henkilö *n.* person
henkilökohtainen *(henkilökohtaise-) adj.* personal, individual
henkilökunta *(henkilökunna-) n.* personnel, staff
henkilöllisyys *(henkilöllisyyde-) n.* identity [of a person]
henkilötodistus *(henkilötodistukse-) n.* identification, ID card
henkivakuutus *(henkivakuutukse-) n.* life insurance
hereillä *adv.* awake
herkullinen *(herkullise-) adj.* delicious
hermo *n.* nerve
hermostunut *(hermostunee-) adj.* nervous
herra Mr.
herättää *(herätä-) v.t.* to wake somebody up
herätyskello *n.* alarm clock
herätä *(herää-) v.i.* to wake up
heti *adv.* immediately
hetki *(hetke-) n.* moment
hevonen *(hevose-) n.* horse
hidas *(hitaa-) adj.* slow
hidastaa *(hidasta-) v.* to slow down
hiekka *(hieka-) n.* sand
hiekkainen *(hiekkaise-) adj.* sandy
hiekkaranta *(hiekkaranna-) n.* beach
hieno *adj.* fine, delicate
hiha *n.* sleeve
hiihto *(hiihdo-) n.* skiing [usually cross-country]
hiihtolatu *(hiihtoladu-) n.* ski trail
hiihtää *(hiihdä-) v.* to ski [usually cross-country]
hiili *(hiile-) n.* coal
hiiri *(hiire-) n.* mouse
hiki *(hie-) n.* sweat
hikoilla *(hikoile-) v.* to sweat
hiljaa *adv.* quietly
hiljainen *(hiljaise-) adj.* quiet, silent
hiljaisuus *(hiljaisuude-) n.* silence
hillo *n.* jam [e.g., strawberry ~]
hinnasto *n.* price list, catalog
hinta *(hinna-) n.* price, cost, rate
hirsimökki *(hirsimöki-) n.* log cabin
hirveä *adj.* horrible

hirvi (*hirve-*) *n.* elk
hissi *n.* elevator
historia *n.* history
hiukset *n. pl.* hair [human head]
hius (*hiukse-*) *n.* a single hair [human head]
hiusharja *n.* hairbrush
hoitaa (*hoida-*) *v.* to treat [a patient], take care of somebody/something
hoitaja *n.* nurse, attendant
hoito (*hoido-*) *n.* therapy
hoitoaine (*hoitoainee-*) *n.* conditioner [hair ~]
hopea *n.* silver
horisontti (*horisonti-*) *n.* horizon
hotelli *n.* hotel
housut (*housui-*) *n. pl.* pants
huippu (*huipu-*) *n.* top
huivi *n.* scarf
hullu *adj.* crazy, mad
humalainen (*humalaise-*) *n.* drunk person
humalassa *adj.* drunk
hunaja *n.* honey
huolehtia (*huolehdi-*) *v.* to take care, look after; to care, worry
huolellinen (*huolellise-*) *adj.* careful, thorough
huolellisesti *adv.* carefully
huolestunut (*huolestunee-*) *adj.* anxious, worried
huolimaton (*huolimattoma-*) *adj.* careless
huomaavainen (*huomaavaise-*) *adj.* attentive, courteous
huomata (*huomaa-*) *v.* to notice
huomenna *adv.* tomorrow
huomio *n.* attention
huone (*huonee-*) *n.* room [e.g., living ~]
huoneisto *n.* apartment
huonekalut (*huonekalui-*) *n. pl.* furniture
huono *adj.* bad [e.g., ~ weather, ~ music]
huopa (*huova-*) *n.* blanket
huppu (*hupu-*) *n.* hood
huuli (*huule-*) *n.* lip
huulipuna *n.* lipstick
huumausaine (*huumausainee-*) *n.* drug, narcotic
huume (*huumee-*) *n.* drug, narcotic
huumori *n.* humor
huumorintaju *n.* sense of humor
huurre *n.* hoarfrost, frost
huutaa (*huuda-*) *v.* to shout, call
huuto (*huudo-*) *n.* shout, call
huutokauppa (*huutokaupa-*) *n.* auction
huvi *n.* fun, pleasure
huvipuisto *n.* amusement park

huvittaa (*huvita-*) *v.* to amuse
huvittava *adj.* amusing, funny
hylje (*hylkee-*) *n.* seal [animal]
hylly *n.* shelf, cupboard, rack
hymy *n.* smile
hymyillä (*hymyile-*) *v.* to smile
hypätä (*hyppää-*) *v.* to jump, spring
hyttynen (*hyttyse-*) *n.* mosquito
hyttyskarkote (*hyttyskarkottee-*) *n.* mosquito repellent
hyttysvoide (*hyttysvoitee-*) *n.* mosquito repellent ointment
hyvin *adv.* well; very
hyvitys (*hyvitykse-*) *n.* refund
hyvä *adj.* good
hyväksyä (*hyväksy-*) *v.* to accept [e.g., ~ an excuse]
hyväkuntoinen (*hyväkuntoise-*) *adj.* fit, in good condition
hyvännäköinen (*hyvännäköise-*) *adj.* good-looking
hyödyllinen (*hyödyllise-*) *adj.* useful
hyökkäys (*hyökkäykse-*) *n.* attack, assault
hyönteinen (*hyönteise-*) *n.* insect
hyönteismyrkky (*hyönteismyrky-*) *n.* insecticide
häiritsevä *adj.* annoying
häiritä (*häiritse-*) *v.* to disturb
hälytys (*hälytykse-*) *n.* alarm
hämähäkinseitti (*hämähäkinseiti-*) *n.* cobweb
hämähäkki (*hämähäki-*) *n.* spider
hämärä *n.* twilight; *adj.* dim
häpeissään *adj.* ashamed
häpeä *n.* shame
härkä (*härä-*) *n.* bull
hätä- *adj.* emergency – [e.g., **hätävilkku** emergency lights]
hätäjarru *n.* emergency brake
hätätapaus (*hätätapaukse-*) *n.* emergency
hävetä (*häpeä-*) *v.* to be ashamed
hävitä (*häviä-*) *v.* to lose in a game; disappear
häämatka *n.* honeymoon [trip]
häät (*häi-*) *n. pl.* wedding
hölkkä (*hölkä-*) *n.* jogging
hölynpöly *n.* nonsense
höyry *n.* steam, vapor
höyrytä (*höyryä-*) *v.* to steam

I
idea *n.* idea
ihailla (*ihaile-*) *v.* to admire
ihana *adj.* lovely, wonderful
ihminen (*ihmise-*) *n.* man, human, person
ihmiset (*ihmisi-*) *n. pl.* people
iho *n.* skin [mainly human]

ikenet (*ikeni-*) *n. pl.* gums
ikkuna *n.* window
ikkunalauta (*ikkunalauda-*) *n.* window sill
ikkunapaikka (*ikkunapaika-*) *n.* window seat
ikkunaruutu (*ikkunaruudu-*) *n.* pane
ikä (*iä-*) *n.* age
ikävystyttävä *adj.* boring
ikävä kyllä unfortunately
illallinen (*illallise-*) *n.* evening meal
ilma *n.* air
ilmainen (*ilmaise-*) *adj.* free of charge
ilman *prep.* without
ilmansaasteet (*ilmansaastei-*) *n. pl.* air pollution
ilmasto *n.* climate
ilmastointi (*ilmastoinni-*) *n.* air conditioning
ilmeinen (*ilmeise-*) *adj.* obvious
ilmoittaa (*ilmoita-*) *v.* to declare
ilmoitus (*ilmoitukse-*) *n.* announcement, notice
ilmoitustaulu *n.* message board
ilo *n.* pleasure
iloinen (*iloise*) *adj.* glad, delighted, happy
ilotulitus (*ilotulitukse-*) *n.* fireworks
ilta (*illa-*) *n.* evening
iltapuku (*iltapuvu-*) *n.* evening dress
iltapäivä *n.* afternoon
imeväinen (*imeväise-*) *n.* suckling
imeä (*ime-*) *v.* to suck
infektio *n.* infection
insinööri *n.* engineer
irti *adv.* loose
irtonainen (*irtonaise-*) *adj.* loose
iskeä (*iske-*) *v.* to hit, strike
isku *n.* hit, strike, shock
iso *adj.* big; large
isoisä *n.* grandfather
isoäiti (*isoäidi-*) *n.* grandmother
istua (*istu-*) *v.* to sit
istuin (*istuime-*) *n.* seat
istuinvyö *n.* seat belt
istuttaa (*istuta-*) *v.* to plant
isä *n.* father
isäntä (*isännä-*) *n.* host
itikka (*itika-*) *n. col.* bug
itkeä (*itke-*) *v.* to cry
itse *n.* self
itsemurha *n.* suicide
itsepalvelu *n.* self-service
itsepalvelupesula *n.* launderette
itä (*idä-*) *n.* east

J

ja *conj.* and
jakaa *(jaa-)* *v.t.* to share; divide, part
jakelu *n.* supply [**vedenjakelu** water ~; **virranjakelu** ~ of power]
jakkara *n.* stool
jalankulkija *n.* pedestrian
jalka *(jala-)* *n.* foot; leg
jalkakäytävä *n.* sidewalk
jalkapallo *n.* soccer
jalkapohja *n.* sole [of the foot]
jano *n.* thirst
janoinen *(janoise-)* *adj.* thirsty
jatkaa *(jatka-)* *v.t.* to continue something
jatkojohto *(jatkojohdo-)* *n.* extension cord
jatkua *(jatku-)* *v.i.* to continue
jauhe *(jauhee-)* *n.* powder
jo *adv.* already
johdettu retki *(johdetu- retke-)* *n.* organized trip
johtaa *(johda-)* *v.* to lead; manage [e.g., business]
johtaja *n.* manager; leader
johto *(johdo-)* *n.* administration, management; cable, wire
joka *(jo-)* *pron.* that, which, who; every
jokainen *(jokaise-)* *pron.* everyone, each one
joka puolella *adv.* everywhere
joki *(joe-)* *n.* river
joko...tai *conj.* either...or
joku *pron.* someone
jollei *conj.* unless
jompikumpi *(jomma- kumma-)* *pron.* either [e.g., ~ of them]
jonnekin *adv.* [go] somewhere
jono *n.* line, queue
jopa *adv.* even [e.g., ~ I know it]
jos *conj.* if
joskus *adv.* sometimes
jossain *adv.* [be] somewhere
jotain *pron.* something
jotenkin *adv.* somehow
jotkut *pron. pl.* some
joukkoon *postp.* [go] among
joukkue *(joukkuee-)* *n.* team [sports]
joukossa *postp.* [be] among
joulu *n.* Christmas
jousi *(jouse-)* *n.* spring [technical]
joustava *adj.* elastic
joutsen *(joutsene-)* *n.* swan
juhannus *(juhannukse-)* *n.* summer solstice, midsummer
juhla *n.* festival
juhlapäivä *n.* public holiday

juhlat *(juhli-) n. pl.* party
juliste *(julistee-) n.* poster
julkinen *(julkise-) n.* public [e.g., building, sector]
jumala *n.* God
juna *n.* train
juoda *(juo-) v.* to drink
juoma *n.* drink
juomaraha *n.* tip [money]
juomavesi *(juomavede-) n.* drinking water
juosta *(juokse-) v.* to run
juuri *(juure-) n.* root; *adv.* just
juusto *n.* cheese
jyrkkä *(jyrkä-) adj.* steep
jyvä *n.* grain, hard seed or particle
jäljellä *adv.* left, remaining
jäljennös *(jäljennökse-) n.* copy
jaljentää *(jäljennä-) v.* to copy
jälkeen *postp.* after
jälkeenpäin *adv.* afterwards
jälki *(jälje-) n.* mark, trace
jälkiruoka *(jälkiruoa-) n.* dessert
jälleen *adv.* again
jänis *(jänikse-) n.* hare
jännittävä *adj.* exciting
järjestelmä *n.* system
järjestys *(järjestykse-) n.* order [law and ~; alphabetical ~]
järjestää *(järjestä-) v.* to arrange, organize
jarkevä *adj.* sensible
järki *(järje-) n.* mind, intellect
järkytys *(järkytykse-) n.* shock [mental]
järvi *(järve-) n.* lake
jäsen *(jäsene-) n.* member
jäte *(jättee-) n.* waste
jättää *(jätä-) v.* to leave [~ the key at reception; ~ the lights on]
jäykkä *(jäykä-) adj.* stiff
jää *n.* ice
jäädyttää *(jäädytä-) v.t.* to freeze something
jäädä *(jää-) v.* to remain
jääkaappi *(jääkaapi-) n.* refrigerator
jääkiekko *(jääkieko-) n.* ice hockey
jääkylmä *adj.* ice-cold
jäänmurtaja *n.* icebreaker
jäätee *n.* iced tea
jäätelö *n.* ice cream
jäätyminen *(jäätymise-) n.* freezing
jäätyä *(jäädy-) v.i.* to freeze, become into ice

K
kaappi *(kaapi-) n.* closet, cupboard
kaasu *n.* gas

kaataa (*kaada-*) *v.t.* to fell, topple something; to pour
kaatua (*kaadu-*) *v.i.* to fall down, topple over
kaavio *n.* graph
kadonnut (*kadonnee-*) *adj.* lost, missing
kadottaa (*kadota-*) *v.* to lose [e.g., an umbrella]
kahden hengen huone *n.* double room
kahlata (*kahlaa-*) *v.* to wade
kahva *n.* handle
kahvi *n.* coffee
kahvila *n.* café
kaikenlaisia all kinds of
kaikki (*kaiki-*) *pron.* all, everything, everyone
kaikkialla *adv.* everywhere
kaiku (*kaiu-*) *n.* echo
kaista *n.* lane [traffic]
kaivaa (*kaiva-*) *v.* to dig
kakku (*kaku-*) *n.* cake
kaksi kertaa *adv.* twice
kaksinkertainen (*kaksinkertaise-*) *adj.* double
kaksois- *adj.* double
kaksoissänky *n.* double bed
kaksonen (*kaksose-*) *n.* twin
kala *n.* fish
kala- ja äyriäisruoka (*kala- ja äyriäisruoa-*) *n.* seafood
kalastuslupa (*kalastusluva-*) *n.* fishing permit
kalenteri *n.* calendar
kalju *adj.* bald
kallio *n.* rock
kalliojyrkänne (*kalliojyrkäntee-*) *n.* cliff
kallis (*kallii-*) *adj.* expensive
kallo *n.* skull
kalpea *adj.* pale [skin]
kalvo *n.* film, layer, coating
kamala *adj.* awful
kamera *n.* camera
kammata (*kampaa-*) *v.* to comb
kampa (*kamma-*) *n.* comb
kampaaja *n.* hairdresser
kampaamo *n.* hairdresser's
kampaus (*kampaukse-*) *n.* hairdo
kana *n.* hen, chicken
kananpoika (*kananpoja-*) *n.* chicken
kanava *n.* canal, channel
kangas (*kankaa-*) *n.* cloth, fabric
kani *n.* rabbit
kannettava *adj.* portable
kannu *n.* pitcher
kansainvälinen (*kansainvälise-*) *adj.* international
kansallinen (*kansallise-*) *adj.* national

kansallis- *adj.* national
kansallislaulu *n.* national anthem
kansallispuisto *n.* national park
kansallisuus *(kansallisuude-)* *n.* nationality
kansi *(kanne-)* *n.* lid; ship's deck
kanssa *postp.* with
kantaa *(kanna-)* *v.* to carry
kantaja *n.* carrier; plaintiff
kantapää *n.* heel [anatomy]
kanto *(kanno-)* *n.* stump
kantosiipialus *(kantosiipialukse-)* *n.* hydrofoil
kapea *adj.* narrow [not broad]
kappale *(kappalee-)* *n.* piece, item
kappeli *n.* chapel
kapteeni *n.* captain
karhu *n.* bear
karkea *adj.* coarse, rough
karkki *(karki-)* *n.* candy
karnevaali *n.* carnival
kartta *(karta-)* *n.* map
karva *n.* hair [other than hair on the human head, e.g., chest
    hair, animal hair]
kasetti *(kaseti-)* *n.* audio/video cassette, cartridge
kasettisoitin *(kasettisoittime-)* *n.* tape recorder
kassa *n.* cashier
kassakaappi *(kassakaapi-)* *n.* safe
kaste *(kastee-)* *n.* dew
kastike *(kastikkee-)* *n.* sauce
kasvaa *(kasva-)* *v.i.* to grow
kasvattaa *(kasvata-)* *v.t.* to grow something
kasvi *n.* plant
kasvis- *adj.* vegetarian
kasvissyöjä *n.* vegetarian
kasvot *(kasvoi-)* *n. pl.* face
katkaisin *(katkaisime-)* *n.* switch [electrical]
katse *n.* look
katsella *(katsele-)* *v.* to be watching [e.g., TV, performance]
katsella nähtävyyksiä *(katsele- nähtävyyksiä)* *v.* to go
    sight-seeing
katsoa *(katso-)* *v.* to look, watch
katsoja *n.* spectator
kattila *n.* kettle
katto *(kato-)* *n.* ceiling; roof
kattohuoneisto *n.* penthouse
katu *(kadu-)* *n.* street
kauas *adv.* [go] far
kauhea *adj.* terrible
kaukana *adv.* [be] far
kaula *n.* neck

kaulakoru *n.* necklace
kaulapanta (*kaulapanna-*) *n.* dog collar
kaulus (*kaulukse-*) *n.* collar
kaunis (*kaunii-*) *adj.* beautiful
kaunokirjallisuus (*kaunokirjallisuude-*) *n.* fiction
kauppa (*kaupa-*) *n.* shop, store; business, trade; deal
  [e.g., hyvä kauppa bargain]
kauppahalli *n.* enclosed market, market hall
kauppias (*kauppiaa-*) *n.* dealer
kaupunki (*kaupungi-*) *n.* city, town
kausi (*kaude-*) *n.* season [rainy ~, deer ~]
kauttakulku (*kauttakulu-*) *n.* passage, transit
kehitys (*kehitykse-*) *n.* development
keho *n.* body
kehä *n.* ring, circle
keilailu *n.* bowling
keilata (*keilaa-*) *v.* to bowl
keino *n.* means
keinotekoinen (*keinotekoise-*) *adj.* artificial
keinu *n.* swing set
keinua (*keinu-*) *v.i.* to rock, swing
keinuttaa (*keinuta-*) *v.t.* to rock something
keittiö *n.* kitchen
keitto (*keito-*) *n.* soup
keittolevy *n.* hot plate
keittää (*keitä-*) *v.t.* to cook, boil something
keli *n.* weather conditions [esp. road conditions]
kelkka (*kelka-*) *n.* sled
kellari *n.* cellar
kello *n.* clock; bell
kellua (*kellu-*) *v.* to float
kelmu *n.* film, layer
keltainen (*keltaise-*) *adj.* yellow
kemiallinen pesula *n.* dry cleaner
kemikaali *n.* chemical
kenen *pron.* whose
kengännauha *n.* shoelace
kenkä (*kengä-*) *n.* shoe
kenkävoide (*kenkävoitee-*) *n.* shoe polish
kenttä (*kentä-*) *n.* field, court [e.g., sports]
keppi (*kepi-*) *n.* stick
keramiikka (*keramiika-*) *n.* pottery
kerho *n.* club [book ~]
kerma *n.* cream
kerran *adv.* once
kerros (*kerrokse-*) *n.* layer; floor [ground ~]
kertakäyttö- *adj.* disposable [e.g. kertakäyttöpullo ~ bottle]
kertakäyttöinen (*kertakäyttöise-*) *adj.* disposable
kertoa (*kerro-*) *v.* to tell

kertomus (*kertomukse-*) *n.* story
kerätä (*kerää-*) *v.* to collect
keskeinen (*keskeise-*) *adj.* central
keski- *adj.* center, middle; medium
keskiaikainen (*keskiaikaise-*) *adj.* medieval
keski-ikäinen (*keski-ikäise-*) *adj.* middle-aged
keskikaupunki (*keskikaupungi-*) *n.* downtown
keskikesä *n.* midsummer, middle of summer
keskikohta (*keskikohda-*) *n.* middle
keskikokoinen (*keskikokoise-*) *adj.* medium-sized
keskimmäinen (*keskimmäise-*) *adj.* middle
keskimäärä *n.* average
keskimääräinen (*keskimääräise-*) *adj.* average
keskitaajuus (*keskitaajuude-*) *n.* medium frequency
keskiyö *n.* midnight
keskiyön aurinko (*keskiyön auringo-*) *n.* midnight sun
keskus- *adj.* central
keskus *n.* center
keskusta *n.* center; downtown
kesto *n.* length [time]
kestävä *adj.* proof
kestää (*kestä-*) *v.* to last
kesy *adj.* tame
kesä *n.* summer
kesäaika (*kesäaja-*) *n.* daylight saving time
kesämökki (*kesämöki-*) *n.* summerhouse
ketju *n.* chain
kettu (*ketu-*) *n.* fox
keuhko *n.* lung
kevyt (*kevye-*) *adj.* light [weight]
kevät (*kevää-*) *n.* spring [season]
kiehua (*kiehu-*) *v.i.* to boil
kieli (*kiele-*) *n.* language; tongue
kielioppi (*kieliopi-*) *n.* grammar
kielletty (*kiellety-*) *adj.* forbidden, prohibited
kieltäytyä (*kieltäydy-*) *v.* to refuse
kieltää (*kiellä-*) *v.* to forbid
kiero *adj.* crooked
kierros (*kierrokse-*) *n.* round, lap [e.g., of a swimming pool, track]
kierrätys (*kierrätykse-*) *n.* recycling
kiertoajelu *n.* sight-seeing tour
kiertokäynti (*kiertokäynni-*) *n.* tour [visit through a site]
kiertotie *n.* bypass [road]
kiertää (*kierrä-*) *v.* to circumvent; *v.t.* to twist something
kiertää kehää (*kierrä- kehää*) *v.i.* to circle
kihara *adj.* curly
kihloissa *adj.* engaged [to be wed]
kiihdyttää (*kiihdytä-*) *v.t.* to accelerate something

kiihtynyt (*kiihtynee-*) *adj.* excited
kiihtyä (*kiihdy-*) *v.i.* to accelerate
kiikari *n.* binoculars
kiilloke (*kiillokkee-*) *n.* polish
kiillottaa (*kiillota-*) *v.* to polish
kiiltää (*kiillä-*) *v.* to shine [e.g., metal, shoes]
kiinni *adj.* closed, shut; fastened
kiinnittää (*kiinnitä-*) *v.* to fasten, attach, bind
kiinnostava *adj.* interesting
kiinnostunut (*kiinnostunee-*) *p.p.* interested
kiinteä *adj.* solid
kiire (*kiiree-*) *n.* hurry
kiireellinen (*kiireellise-*) *adj.* urgent
kiirehtiä (*kiirehdi-*) *v.* to hurry, rush
kiireinen *adj.* (*kiireise-*) busy
kiitollinen (*kiitollise-*) *adj.* grateful
kiitos thank you
kiittää (*kiitä-*) *v.* to thank
kiivetä (*kiipeä-*) *v.* to climb
kilo *n.* kilogram
kilometri *n.* kilometer
kilpa- *n.* competition, race [e.g., **kilpa-ajo** car race]
kilpailu *n.* competition; race
kiltti (*kilti-*) *adj.* kind
kinkku (*kinku-*) *n.* ham
kinnas (*kintaa-*) *n.* mitten
kioski *n.* kiosk
kipeä *adj.* sore, painful
kipinä *n.* spark
kippis! *interj.* cheers!
kipu (*kivu-*) *n.* ache, pain
kirja *n.* book
kirjakauppa (*kirjakaupa-*) *n.* bookstore
kirjallisuus (*kirjallisuude-*) *n.* literature
kirjanpitäjä *n.* accountant
kirjasto *n.* library
kirje (*kirjee-*) *n.* letter
kirjekuori (*kirjekuore-*) *n.* envelope
kirjoittaa (*kirjoita-*) *v.* to write
kirjoittaa koneella (*kirjoita- koneella*) *v.* to typewrite
kirjoituspöytä (*kirjoituspöydä-*) *n.* desk
kirjoituskone (*kirjoituskonee-*) *n.* typewriter
kirkas (*kirkkaa-*) *adj.* bright, clear
kirkko (*kirko-*) *n.* church
kirpeä *adj.* tart
kirppu (*kirpu-*) *n.* flea
kirpputori *n.* flea market
kirsikka (*kirsika-*) *n.* cherry
kirurgi *n.* surgeon

kissa *n.* cat
kitara *n.* guitar
kiusa *n.* nuisance
kiusallinen (*kiusallise-*) *adj.* embarrassing
kiva *adj. col.* nice
kivi (*kive-*) *n.* stone
klubi *n.* club [night ~]
kodin- *adj.* domestic
kodinkoneet *n. pl.* domestic appliances
koe (*kokee-*) *n.* test
koettaa (*koeta-*) *v.* to try; to try on
kohde (*kohtee-*) *n.* object [to which action or thought
    is directed]
kohdella (*kohtele-*) *v.* to treat
kohta (*kohda-*) *n.* spot, point, place; *adv.* soon
kohtaus (*kohtaukse-*) *n.* attack [illness]
kohteliaisuus (*kohteliaisuude-*) *n.* compliment
kohtelias (*kohteliaa-*) *adj.* polite
kohti *postp.* toward
koi *n.* moth
koira *n.* dog
koiranpentu (*koiranpennu-*) *n.* puppy
kokeilla (*kokeile-*) *v.* to try, test
kokemus (*kokemukse-*) *n.* experience
kokki (*koki-*) *n.* cook, chef
kokko (*koko-*) *n.* bonfire
koko (*koo-*) *n.* size; *adj.* whole, complete
kokoelma *n.* collection
kokonais- *adj.* total [e.g., **kokonaismäärä** total amount]
kokous (*kokoukse-*) *n.* meeting [e.g., business]
kolari *n.* crash, collision
kolikko (*koliko-*) *n.* coin
kollega *n.* colleague
kolmio *n.* triangle
komea *adj.* handsome
komedia *n.* comedy
kommunikaatio *n.* communication
kompassi *n.* compass
kompastua (*kompastu-*) *v.* to stumble
kone (*konee-*) *n.* machine
koneisto *n.* mechanism
konerikko (*koneriko-*) *n.* breakdown [of an engine]
konferenssi *n.* conference
konsertti (*konserti-*) *n.* concert
konsulaatti (*konsulaati-*) *n.* consulate
kontakti *n.* contact
konttori *n.* office
kopio *n.* copy
kopioida (*kopioi-*) *v.* to copy

koputtaa (*koputa-*) *v.* to knock [at the door]
kori *n.* basket
koripallo *n.* basketball
korjata (*korjaa-*) *v.* to repair, fix, mend
korjaus (*korjaukse-*) *n.* repair
korkea *adj.* high
korkealuokkainen (*korkealuokkaise-*) *adj.* high-class
korkein *adj.* highest, maximum
korkein lämpötila *n.* maximum temperature
korkeus (*korkeude-*) *n.* height
korkki (*korki-*) *n.* cork
korkkiruuvi *n.* corkscrew
korko (*koro-*) *n.* shoe heel
kortteli *n.* street block
kortti (*korti-*) *n.* card
korttipakka (*korttipaka-*) *n.* deck of cards
korttipeli *n.* card game
koru *n.* piece of jewelry
korut *n. pl.* jewelry
korva *n.* ear
korvarengas (*korvarenkaa-*) *n.* earring
korvaus (*korvaukse-*) *n.* reimbursement
korvausvaatimus (*korvausvaatimukse-*) *n.* claim for
    compensation
korvike (*korvikkee-*) *n.* substitute [thing]
koska *conj.* because; *adv.* when? [what time?]
koskaan *adv.* ever
kosketinsoitin (*kosketinsoittime-*) *n.* keyboard [music]
koskettaa (*kosketa-*) *v.* to touch
kosketus (*kosketukse-*) *n.* touch
kosmetiikka (*kosmetiika-*) *n.* cosmetics
kostea *adj.* damp, moist
kosteusvoide (*kosteusvoitee-*) *n.* moisturizer
kotelo *n.* cartridge, case
koti (*kodi-*) *n.* home
koti- *adj.* home, domestic, household [e.g., **kotijoukkue**
    home team]
kotieläin (*kotieläime-*) *n.* domestic animal, pet
koti-ikävä *n.* homesickness
kotimaa *n.* homeland
kotimaan lento (*kotimaan lenno-*) *n.* domestic flight
kotimainen (*kotimaise-*) *adj.* native, indigenous
kotka *n.* eagle
kottikärryt *n. pl.* wheelbarrow
koukku (*kouku-*) *n.* hook
koulu *n.* school
koulutus (*koulutukse-*) *n.* education
kova *adj.* hard; loud
kovaa *adv.* hard; fast; loud

krapula *n.* hangover
kristalli *n.* crystal
kudos (*kudokse-*) *n.* tissue [anatomy]
kuin *adv.* as; *conj.* like; *conj.* than
kuinka *adv.* how
kuiva *adj.* dry
kuivaaja *n.* dryer
kuivapesu *n.* dry cleaning
kuivata (*kuivaa-*) *v.t.* to dry something
kuivua (*kuivu-*) *v.i.* to dry
kuja *n.* lane
kuka? (*kene-*) *pron.* who?
kukaan *adv.* anybody, nobody [in negative and interrogative sentences]
kuka tahansa *pron.* any, anybody
kukin *adj.* each
kukka (*kuha-*) *n.* flower
kukkakauppa (*kukkakaupa-*) *n.* florist's shop
kukko (*kuko-*) *n.* rooster
kukkula *n.* hill
kulho *n.* bowl
kuljettaa (*kuljeta-*) *v.* to transport
kuljettaja *n.* chauffeur, driver
kuljetus (*kuljetukse-*) *n.* transport
kulma *n.* corner
kulta (*kulla-*) *n.* gold; *col.* dear, baby, darling
kultaseppä (*kultasepä-*) *n.* goldsmith, jeweler
kulttuuri *n.* culture
kulua (*kulu-*) *v.i.* to wear out
kuluttaa (*kuluta-*) *v.t.* to spend; to wear something out
kumi *n.* gum, rubber
kuminauha *n.* elastic/rubber band
kumpi? (*kumma-*) *pron.* which [of the two]?
kumpilkin (kumma-lkin) *adj.* both, either [~ side]
kumppani *n.* partner
kun *conj.* when [~ you are ready]
kuningas (*kuninkaa-*) *n.* king
kunnallinen (*kunnallise-*) *adj.* municipal
kunto (*kunno-*) *n.* condition, state
kuntosali *n.* gym
kuolla (*kuole-*) *v.* to die
kuollut (*kuollee-*) *adj.* dead
kuoria (*kuori-*) *v.* to peel
kuorma *n.* load
kuormata (*kuormaa-*) *v.* to load
kuormitus (*kuormitukse-*) *n.* load [technical]
kupari *n.* copper
kuppi (*kupi-*) *n.* cup
kuriiri *n.* courier

kurkku (*kurku-*) *n.* throat; cucumber
kurpitsa *n.* pumpkin, squash
kurssi *n.* course
kuten *adv.* as
kutistua (*kutistu-*) *v.i.* to shrink
kutsu *n.* invitation
kutsua (*kutsu-*) *v.* to invite; to call by name
kuu *n.* moon; month
kuukausi (*kuukaude-*) *n.* month
kuukautiset (*kuukautis-*) *n. pl.* menstruation
kuulakärkikynä *n.* ballpoint pen
kuulemiin *interj.* goodbye [only on phone]
kuulla (*kuule-*) *v.* to hear
kuulokkeet (*kuulokkei-*) *n. pl.* earphones
kuulostaa (*kuulosta-*) *v.i.* to sound
kuulua (*kuulu-*) *v.* to belong
kuuluisa *adj.* famous
kuulutus (*kuulutukse-*) *n.* announcement [public]
kuuma *adj.* hot
kuume (*kuumee-*) *n.* fever
kuumemittari *n.* thermometer for body temperature
kuumentaa (*kuumenna-*) *v.* to heat something
kuumuus (*kuumuude-*) *n.* heat
kuunnella (*kuuntele-*) *v.* to listen
kuuro *adj.* deaf
kuutio *n.* cube
kuva *n.* image, picture
kuvaruutu (*kuvaruudu-*) *n.* screen [TV, computer]
kuvata (*kuvaa-*) *v.* to describe; to film, photograph
kuvaus (*kuvaukse-*) *n.* description
kuvio *n.* pattern
kuvitella (*kuvittele-*) *v.* to imagine
kykenevä *adj.* able
kyky (*kyvy-*) *n.* ability
kylki (*kylje-*) *n.* side [anatomy]
kyllä yes
kylmä *adj.* cold
kylpeä (*kylve-*) *v.* to bathe
kylpy (*kylvy-*) *n.* bath
kylpyamme (*kylpyammee-*) *n.* bathtub
kylpyhuone (*kylpyhuonee-*) *n.* bathroom
kylä *n.* village
kymmenys (*kymmenykse-*) *n.* decimal
kynnys (*kynnykse-*) *n.* threshold
kynsi (*kynne-*) *n.* nail [e.g., finger]
kynsiharja *n.* nailbrush
kynsilakka (*kynsilaka-*) *n.* nail polish
kynsiviila *n.* nail file
kynttilä *n.* candle

kynä n. pen
kypsä adj. ripe
kysymys (kysymykse-) n. question
kysyä (kysy-) v. to ask
kytkeä (kytke-) v. to connect, couple, plug in [electricity]
kytkin (kytkime-) n. switch; clutch
kyynel (kyynelee-) n. tear [drop]
kyynärpää n. elbow
kädenpuristus (kädenpuristukse-) n. handshake
kännykkä (kännykä-) n. cellular phone
kärki (kärje-) n. tip [end]; point [sharp end, projecting part]
kärpänen (kärpäse-) n. fly
kärsivällinen (kärsivällise-) adj. patient
kärsiä (kärsi-) v. to suffer
käsi (käde-) n. hand
käsikirja n. handbook, manual
käsikäyttöinen (käsikäyttöise-) adj. manual
käsilaukku (käsilauku-) n. handbag, pocketbook, purse
käsin tehty (käsin tehdy-) adj. handmade
käsitellä (käsittele-) v. to handle, treat [matter]
käsittää väärin (käsitä- väärin) v. to misunderstand
käsitys (käsitykse-) n. conception, notion, idea
käsityö n. handicraft
käsivarsi (käsivarre-) n. arm
käskeä (käske-) v. to order, command
käsky n. order, command
käteinen (käteise-) n. cash
käteisenä in cash
kätilö n. midwife
kävellä (kävele-) v. to walk
kävely n. walk
kävelykeppi (kävelykepi-) n. walking stick
kävijä n. visitor
käydä (käy-) v. to visit
käydä kauppaa (käy- kauppaa) v. to do business
käydä ostoksilla (käy- ostoksilla) v. to shop, go shopping
käymälä n. public toilet
käynnistää (käynnistä-) v. to start [e.g., car, machine]
käyntikortti (käyntikorti-) n. business card
käyrä n. curve
käytetty (käytety-) adj. used, second-hand
käytettyjen tavaroiden kauppa (käytettyjen tavaroiden kaupa-) n. thrift shop
käyttäjä n. user; operator
käyttää (käytä-) v. to use
käyttöohjeet n. pl. instructions, manual
käytävä n. corridor
käytös (käytökse-) n. behavior, manner

käännös (*käännökse-*) *n.* translation; turn
kääntyä (*käänny-*) *v.i.* to turn
kääntäjä *n.* translator
kääntää (*käännä-*) *v.* to translate; *v.t.* to turn something
käärme (*käärmee-*) *n.* snake
kömpelö *adj.* clumsy
köyhä *adj.* poor
köysi (*köyde-*) *n.* rope

L

laaja *adj.* extensive, broad, wide
laakso *n.* valley
laatikko (*laatiko-*) *n.* box [shoe~], case; drawer [furniture]
laatu (*laadu-*) *n.* quality
ladata (*lataa-*) *v.* to charge [battery, gun]
lahja *n.* present, gift
lahti (*lahde-*) *n.* bay, gulf
laillinen (*laillise-*) *adj.* legal
laina *n.* loan
lainata (*lainaa-*) *v.* to loan, borrow, lend
lainelautailu *n.* surfing
laiska *adj.* lazy
laite (*laittee-*) *n.* device
laitos (*laitokse-*) *n.* plant, works
laituri *n.* pier; [railroad] platform
laiva *n.* ship
laji *n.* sort, kind
lakana *n.* sheet [bed]
lakata (*lakkaa-*) *v.i.* to cease; *v.t.* to stop [to ~ doing something]
laki (*lai-*) *n.* law
lakimies (*lakimiehe-*) *n.* lawyer
lakka (*laka-*) *n.* lacquer
lakki (*laki-*) *n.* cap
lakko (*lako-*) *n.* strike [workers' ~]
lakkoilla (*lakkoile-*) *v.* to strike
lakritsi *n.* licorice
lammas (*lampaa-*) *n.* lamb, sheep, mutton
lammikko (*lammiko-*) *n.* puddle, pool
lampi (*lamme-*) *n.* pond
lamppu (*lampu-*) *n.* lamp
lanka (*langa-*) *n.* thread
lanne (*lantee-*) *n.* hip
lanta (*lanna-*) *n.* dung
lapanen (*lapase-*) *n.* mitten [usually woollen]
lapio *n.* shovel
lappalainen (*lappalaise-*) *n.* Lapp; *adj.* Lappish
lapsenvahti (*lapsenvahdi-*) *n.* baby-sitter
lapsi (*lapse-*) *n.* child
lasi *n.* glass

lasikuitu (*lasikuidu-*) *n.* fiberglass
laskea (*laske-*) *v.* to count; to lower; to slide down a slope; to raft down white water rapids
laskea yhteen (*laske- yhteen*) *v.* to add [mathematics]
lasketella (*laskettele-*) *v.* to ski downhill
laskettelu *n.* downhill skiing
laskettelurinne (*laskettelurintee-*) *n.* ski slope
laskin (*laskime-*) *n.* calculator
lasku *n.* bill, check, invoice
lastata (*lastaa-*) *v.* to load
lasten allas (*lasten altaa-*) *n.* paddling pool
lasten syöttötuoli *n.* high chair
lastentarha *n.* kindergarten, nursery
lastenvaunut *n. pl.* baby carriage
lasti *n.* load
lastu *n.* shaving [of wood]
lataus (*lataukse-*) *n.* charge [electricity]
lattia *n.* floor
latu (*ladu-*) *n.* ski trail
laukaus (*laukaukse-*) *n.* shot
laukku (*lauku-*) *n.* bag
laulaa (*laula-*) *v.* to sing
laulu *n.* song
lause (*lausee-*) *n.* sentence
lautanen (*lautase-*) *n.* plate
lautasliina *n.* table napkin
lautta (*lauta-*) *n.* ferry; raft
lava *n.* platform, stage
lehdistö *n.* press, print media
lehmä *n.* cow
lehti (*lehde-*) *n.* leaf
lehtisalaatti (*lehtisalaati-*) *n.* lettuce
lehto (*lehdo-*) *n.* grove of leafy trees, orchard
leikata (*leikkaa-*) *v.* to cut
leikki (*leiki-*) *n.* childrens' game, play, fun
leikkikalu *n.* toy
leikkikenttä (*leikkikentä-*) *n.* playground
leikkiä (*leiki-*) *v.* to play [games]
leipomo *n.* bakery
leipä (*leivä-*) *n.* bread
leiri *n.* camp
leiripaikka (*leiripaika-*) *n.* camp site
leivonnainen (*leivonnaise-*) *n.* pastry
leivänpaahdin (*leivänpaahtime-*) *n.* toaster
lelu *n.* toy
lemmikkieläin (*lemmikkieläime-*) *n.* pet
lempeä *adj.* gentle
leninki (*leningi-*) *n.* dress, gown
lenkkeily *n.* jogging

lenkkitossu *n.* sneaker
lento (*lenno-*) *n.* flight
lentoasema *n.* airport
lentokenttä (*lentokentä-*) *n.* airport
lentokone (*lentokonee-*) *n.* airplane
lentoyhtiö *n.* airline
lentäjä *n.* flier, pilot
lentää (*lennä-*) *v.* to fly
lepakko (*lepako-*) *n.* bat [animal]
lepo (*levo-*) *n.* rest
leski (*leske-*) *n.* widow/-er
letku *n.* hose
lettu (*letu-*) *n.* pancake
leuka (*leua-*) *n.* chin, jaw
leveä *adj.* broad
levittää (*levitä-*) *v.t.* to spread something
levitä (*leviä-*) *v.i.* to spread
levy *n.* disc, record, disk, plate
levä *n.* algae
levätä (*lepää-*) *v.* to rest
liekki (*lieki-*) *n.* flame
liesi (*liede-*) *n.* stove
liftata (*liftaa-*) *v.* to hitchhike
liha *n.* meat
lihas (*lihakse-*) *n.* muscle
lihava *adj.* fat
liian *adv.* too
liike (*liikkee-*) *n.* motion, movement; shop, business
liikenne (*liikentee-*) *n.* traffic
liikennevalo *n.* traffic light
liiketoiminta *n.* business
liikkua (*liiku-*) *v.i.* to move, be in motion
liikuttaa (*liikuta-*) *v.t.* to move, set/keep something in motion
liima *n.* glue
liimata (*liimaa-*) *v.* to glue
liinavaatteet (*liinavaattei-*) *n. pl.* linens
liitos (*liitokse-*) *n.* joint
liitto (*liito-*) *n.* union
liittymä *n.* highway intersection
liittymätie *n.* access road
liittyä (*liity-*) *v.i.* to join [e.g., ~ a club]
liittää (*liitä-*) *v.t.* to join something
liivit (*liivei-*) *n. pl.* vest
likainen (*likaise-*) *adj.* dirty
limonadi *n.* flavored soda
limu *n.* flavored soda
linja *n.* line
linja-auto *n.* bus
linja-autoasema *n.* bus station

linna *n.* castle
linnunrata (*linnunrada-*) *n.* Milky Way
linssi *n.* lens
lintu (*linnu-*) *n.* bird
lippu (*lipu-*) *n.* flag; ticket
lippukassa *n.* ticket office
lippumyymälä *n.* ticket office
lista *n.* list
lisä *n.* supplement
lisä- *adj.* extra, supplementary
lisämaksu *n.* extra charge, supplement
lisätä (*lisää-*) *v.* to add [~ salt to soup]
lisää *adv.* more
litra *n.* liter
liukas (*liukkaa-*) *adj.* slippery
liukua (*liu'u*) *v.i.* to slide
liukuportaat (*liukuportai-*) *n. pl.* escalator
lohi (*lohe-*) *n.* salmon
loistaa (*loista-*) *v.* to shine [light]
loistava *adj.* excellent
loma *n.* vacation
lomakausi (*lomakaude-*) *n.* high season
lomake (*lomakkee-*) *n.* form [e.g., fill out a ~]
lomakeskus (*lomakeskukse-*) *n.* resort
lomakoti (*lomakodi-*) *n.* association rest home
lomakylä *n.* resort village
lomapaikka (*lomapaika-*) *n.* resort
lommo *n.* dent
lompakko (*lompako-*) *n.* wallet
lopettaa (*lopeta-*) *v.t.* to finish, quit, stop [to ~ doing something]
loppu (*lopu-*) *n.* end
loppua (*lopu-*) *v.i.* to end, cease, stop
loppusumma *n.* total
lopullinen (*lopullise-*) *adj.* terminal
loput *n.pl.* rest, remainder
loukata (*loukkaa-*) *v.t.* to injure, hurt
loukkaantua (*loukkaannu-*) *v.i.* to get hurt/injured
loukkaus (*loukkaukse-*) *n.* insult, offense
lounas (*lounaa-*) *n.* lunch
lude (*lutee-*) *n.* bug [insect]
luettelo *n.* catalog
luistella (*luistele-*) *v.* to ice-skate
luistin (*luistime-*) *n.* ice skate
luja *adj.* firm, fast
lukea (*lue-*) *v.* to read
lukita (*lukitse-*) *v.* to lock
lukko (*luko-*) *n.* lock
lumi (*lume-*) *n.* snow

lumiaura *n.* snowplow
lumihiutale (*lumihiutalee-*) *n.* snowflake
lumikinos (*lumikinokse-*) *n.* snowbank
luminen (*lumise-*) *adj.* snowy
lumipallo *n.* snowball
lumisade (*lumisatee-*) *n.* snowfall
lumiukko (*lumiuko-*) *n.* snowman
luokka (*luoka-*) *n.* class
luola *n.* cave
luona *postp.* at; by
luonne (*luontee-*) *n.* character
luonnollinen (*luonnollise-*) *adj.* natural
luonnonsuojelu *n.* environmental protection
luonnonsuojelualue (*luonnonsuojelualuee-*) *n.* nature reserve
luonnos (*luonnokse-*) *n.* draft, sketch
luonnostella (*luonnostele-*) *v.* to sketch
luonto (*luonno-*) *n.* nature
luontopolku (*luontopolu-*) *n.* nature trail
luotettava *adj.* reliable
luoti (*luodi-*) *n.* bullet
luottamuksellinen (*luottamuksellise-*) *adj.* confidential
luotto (*luoto-*) *n.* credit
luottokortti (*luottokorti-*) *n.* credit card
lupa (*luva-*) *n.* permit, license
lupaus (*lupaukse-*) *n.* promise
lusikka (*lusika-*) *n.* spoon
luu *n.* bone
luulla (*luule-*) *v.* to think, believe
luultavasti *adv.* probably
luuranko (*luurango-*) *n.* skeleton
luuta (*luuda-*) *n.* broom
luvata (*lupaa-*) *v.* to promise
lyhenne (*lyhentee-*) *n.* abbreviation
lyhentää (*lyhennä-*) *v.t.* to shorten
lyhty (*lyhdy-*) *n.* lantern
lyhyt (*lyhye-*) *adj.* short, brief
lyijy *n.* lead [metal]
lyijykynä *n.* pencil
lyijytön (*lyijyttömä-*) *adj.* unleaded
lykätä (*lykkää-*) *v.t.* to delay, postpone
lyödä (*lyö-*) *v.* to hit, strike
lähde (*lähtee-*) *n.* spring, fountain
läheinen (*läheise-*) *adj.* close, near
lähellä *adv.* close, near
lähes *adv.* nearly
lähestyä (*lähesty-*) *v.* to approach
lähetti (*läheti-*) *n.* courier
lähettää (*lähetä-*) *v.* to send
lähistö *n.* vicinity, neighborhood

lähtevät *n.pl.* departures [e.g., trains, airplanes]
lähteä *(lähde-)* *v.* to leave, go away
lähtien *postp.* since
lähtö *(lähdö-)* *n.* departure; start [in a race]
lämmetä *(lämpene-)* *v.i.* to warm
lämmin *adj.* warm
lämmittää *(lämmitä-)* *v.t.* to warm something; to heat [esp. a house/room]
lämmitys *(lämmitykse-)* *n.* heating
lämmityslaite *(lämmityslaittee-)* *n.* heater
lämpö *(lämmö-)* *n.* warmth, heat
lämpömittari *n.* thermometer
lämpöpatteri *n.* radiator
lämpötila *n.* temperature
länsi *(länne-)* *n.* west
läpi *postp.* through
läpikulku *(läpikulu-)* *n.* passage, transit
läpinäkyvä *adj.* transparent
lätäkkö *(lätäkö-)* *n.* puddle
lääke *(lääkkee-)* *n.* medicine
lääkitys *(lääkitykse)* *n.* medication
lääkäri *n.* doctor, physician
löytää *(löydä-)* *v.* to find
löytötavaratoimisto *n.* lost and found

M
maa *n.* country, land, earth, ground
maailma *n.* world
maalari *n.* painter
maalata *(maalaa-)* *v.* to paint
maalaus *(maalaukse-)* *n.* painting
maali *n.* goal, target; paint
maanomistaja *n.* landowner
maantie *n.* main road
maanviljelijä *n.* farmer
maaperä *n.* soil
maaseutu *(maaseudu-)* *n.* countryside
maata *(makaa-)* *v.* to lie [down]
maatila *n.* farm
maha *n.* stomach
mahdollinen *(mahdollise-)* *adj.* possible
mahdollisuus *(mahdollisuude-)* *n.* chance, possibility
mahdoton *(mahdottoma-)* *adj.* impossible
maila *n.* bat, club, racket [sports]
mainos *(mainokse-)* *n.* advertisement, commercial
maisema *n.* landscape
maistaa *(maista-)* *v.t.* to taste something
maistua *(maistu-)* *v.i.* to taste [e.g., tastes good]
maito *(maido-)* *n.* milk

maja *n.* hut
majakka (*majaka-*) *n.* lighthouse
majava *n.* beaver
majoitus (*majoitukse-*) *n.* accommodation
makea *adj.* sweet [taste]
makeinen (*makeise-*) *n.* candy
makkara *n.* sausage
maksaa (*maksa-*) *v.* to pay; to cost
maksaa takaisin (*maksa- takaisin*) *v.* to repay
maksu *n.* charge, fee, fare, toll; payment
maksun saaja *n.* receiver [of a payment]
maksuton (*maksuttoma-*) *adj.* free of charge
maku (*mau-*) *n.* taste, flavor
makuuhuone (*makuuhuonee-*) *n.* bedroom
makuupussi *n.* sleeping bag
makuuvaunu *n.* sleeping car
malja *n.* bowl [dish or basin]
malli *n.* model
mansikka (*mansika-*) *n.* strawberry
marja *n.* berry
markkinat (*markkinoi-*) *n. pl.* fair; market [in general]
masto *n.* mast
matala *adj.* low, shallow
matalikko (*mataliko-*) *n.* shallows
materiaali *n.* material
matka *n.* trip, journey, tour; distance
matkailutoimisto *n.* tourist office
matkalaukku (*matkalauku-*) *n.* suitcase
matkalippu (*matkalipu-*) *n.* ticket [e.g., bus, train]
matkamuisto *n.* souvenir
matkapuhelin (*matkapuhelime-*) *n.* cellular phone
matkasekki (*matkaseki-*) *n.* traveler's check
matkatavarat (*matkatavaroi-*) *n. pl.* luggage
matkatoimisto *n.* travel agency
matkustaa (*matkusta-*) *v.* to travel
matkustaja *n.* passenger
matkustajakoti (*matkustajakodi-*) *n.* modest hotel
mato (*mado-*) *n.* worm
matto (*mato-*) *n.* carpet, rug
mauste (*maustee-*) *n.* spice
me (*mei-*) *pron.* we
mehiläinen (*mehiläise-*) *n.* bee
mehu *n.* juice
meikki (*meiki-*) *n.* makeup
mekaanikko (*mekaaniko-*) *n.* mechanic
mekanismi *n.* mechanism
mekko (*meko-*) *n.* dress, gown
melkein *adv.* almost
melodia *n.* tune

melu *n.* loud noise
meluisa *adj.* noisy
menestys (*menestykse-*) *n.* success
menettää (*menetä-*) *v.* to lose something [often forever]
mennä (*mene-*) *v.* to go
mennä ohi (*mene- ohi*) *v.* to go by; to miss a target
mennä pilalle (*mene- pilalle*) *v.i.* to go bad, spoil
mennä sisään (*mene- sisään*) *v.* to enter, go in
mennä uimaan (*mene- uimaan*) *v.* to go swimming
merenlahti (*merenlahde-*) *n.* gulf
merenranta (*merenranna-*) *n.* seaside
meri (*mere-*) *n.* sea
merikartta (*merikarta-*) *n.* marine map
merilevä *n.* seaweed
merimies (*merimiehe-*) *n.* sailor
merivartiosto *n.* coastguard
merkitys (*merkitykse-*) *n.* meaning
merkitä (*merkitse-*) *v.* to mark, sign
merkitä muistiin (*merkitse- muistiin*) *v.* to write down, record
merkki (*merki-*) *n.* brand, label; mark, sign, signal
messinki (*messingi-*) *n.* brass
messut (*messui-*) *n. pl.* trade fair
metalli *n.* metal
metri *n.* meter [length]
metro *n.* subway
metsikkö (*metsikö-*) *n.* [small] woods
metsä *n.* forest
metsästys (*metsästykse-*) *n.* hunting
metsästäjä *n.* hunter
metsästää (*metsästä-*) *v.* to hunt
miehistö *n.* crew
Mielelläni! I'd love to!
mieli (*miele-*) *n.* mind; mood
miellyttävä *adj.* pleasant
mies (*miehe-*) *n.* man
miespuolinen (*miespuolise-*) *adj.* male
mieto (*miedo-*) *adj.* mild
migreeni *n.* migraine
mihin *adv.* [go] where
Mikki Hiiri (Mikki Hiire-) *n.* Mickey Mouse
mikroaaltouuni *n.* microwave oven
mikrofoni *n.* microphone
miksi *adv.* why
mikä *pron.* what
mikä tahansa *pron.* any, anything, whatever
ministeri *n.* minister [government]
minkälainen what kind of
minne *adv.* [go] where

minuutti (*minuuti-*) *n.* minute
minä (*minu-*) *pron.* I
missä *adv.* [be] where
missä tahansa *adv.* anywhere
mitata (*mittaa-*) *v.* to measure
miten *adv.* how
mitta (*mita-*) *n.* measure
mittari *n.* meter [instrument]
mitä *pron.* what
mitä tahansa *pron.* anything [e.g., ~ can happen]
mitätön (*mitättömä-*) *adj.* invalid [not valid]
mitään *pron.* nothing; anything [e.g., don't have ~]
modeemi *n.* modem
molemmat (*molemmi-*) *pron.* both
monet (*moni-*) *adj. pl.* many
monikko (*moniko-*) *n.* plural
monimutkainen (*monimutkaise-*) *adj.* complicated
monta (*mone-*) *adj.* many
monumentti (*monumenti-*) *n.* monument
moottori *n.* motor, engine
moottoriajoneuvo *n.* motor vehicle
moottorikelkka (*moottorikelka-*) *n.* snowmobile
moottoripyörä *n.* motorcycle
moottoritie *n.* expressway, highway
moottorivene (*moottorivenee-*) *n.* motorboat
moppi (*mopi-*) *n.* mop
morsian (*morsiame-*) *n.* bride
moskeija *n.* mosque
motelli *n.* motel
muistaa (*muista-*) *v.* to remember
muisti *n.* memory
muistiinpano *n.* record [an account in writing]
muistikirja *n.* notebook
muistilappu (*muistilapu-*) *n.* note, brief written record
muistilehtiö *n.* note pad
muistomerkki (*muistomerki-*) *n.* memorial
mukaan *postp.* along, with [e.g., take ~]
mukana *postp.* along, with [be/have ~]
mukava *adj.* comfortable; nice
muki *n.* mug
muna *n.* egg
munuainen (*munuaise-*) *n.* kidney
muodollinen (*muodollise-*) *adj.* formal
muodostaa (*muodosta-*) *v.* to form
muoto (*muodo-*) *n.* form, shape
muotoilla (*muotoile-*) *v.t.* to shape
muovi *n.* plastic
muovinen (*muovise-*) *adj.* plastic

murea *adj.* tender [steak]
murha *n.* murder
murhata (*murhaa-*) *v.* to murder
murskata (*murskaa-*) *v.t.* to squash, crush
murtautua (*murtaudu-*) *v.i.* break in, burglarize
murtovaras (*murtovarkaa-*) *n.* burglar
murtovarkaus (*murtovarkaude-*) *n.* burglary
museo *n.* museum
musiikki (*musiiki-*) *n.* music
musta *adj.* black
muste (*mustee-*) *n.* ink
mustelma *n.* bruise
muta (*muda-*) *n.* mud
mutka *n.* curve, bend
mutta *conj.* but [e.g., poor ~ honest]
muu *pron.* other
muurahainen (*muurahaise-*) *n.* ant
muusikko (*muusiko-*) *n.* musician
muutama *n.* a few
muutos (*muutokse-*) *n.* change, alteration
muuttaa (*muuta-*) *v.t.* to alter something, change; *v.i.* to move, migrate
muuttolintu (*muuttolinnu-*) *n.* migratory bird
muuttua (*muutu-*) *v.i.* to alter, change
mykkä (*mykä-*) *adj.* mute [unable to speak]
myrkky (*myrky-*) *n.* poison
myrkyllinen (*myrkyllise-*) *adj.* poisonous, toxic
myrkytys (*myrkytykse-*) *n.* poisoning
myrsky *n.* storm
myydä (*myy-*) *v.* to sell
myyjä *n.* seller, salesclerk
myymälä *n.* shop, store
myynti (*myynni-*) *n.* sale [act of selling]
myynti- *adj.* sales [e.g., **myyntiedustaja** ~ agent]
myytävänä for sale
myöhemmin *adv.* later
myöhäinen (*myöhäise-*) *adj.* late
myöhässä *adv.* [be] late, delayed
myöhästyä (*myöhästy-*) *v.* to come too late, miss
myöhään *adv.* late
myös *adv.* also, too
mäki (*mäe-*) *n.* hill, slope
mänty (*männy-*) *n.* pine
märkä (*märä-*) *adj.* wet
mätä (*mädä-*) *adj.* rotten
määrä *n.* amount, quantity
määränpää *n.* destination
mökki (*möki-*) *n.* cabin, lodge

N

naama *n.* face
naapuri *n.* neighbor
nahka *(naha-)* *n.* leather; skin [mainly animal]
naimaton *adj.* single, unmarried
naimisissa *adj.* married
nainen *(naise-)* *n.* woman
nais- *adj.* female [e.g., **naisystävä** ~ friend]
naispuolinen *(naispuolise-)* *adj.* female
nalle *n.* teddy bear
nappi *(napi-)* *n.* button
naru *n.* string
naudanliha *n.* beef
nauha *n.* lace, ribbon; tape
nauhoittaa *(nauhoita-)* *v.* to tape
nauhuri *n.* tape-recorder
naula *n.* nail [metal]
nauraa *(naura-)* *v.* to laugh
nauru *n.* laugh
nauttia *(nauti-)* *v.* to enjoy
ne *pron.* they [for objects, animals]
negatiivi *n.* negative [photography]
nelikulmainen *(nelikulmaise-)* *adj.* square, quadrate
neliö *n.* square
neliömetri *n.* square meter
neljännes *(neljännekse-)* *n.* quarter [¼]
neljäsosa *n.* quarter [¼]
nenä *n.* nose
nenäliina *n.* tissue, handkerchief
neste *(nestee-)* *n.* liquid
nestemäinen *(nestemäise-)* *adj.* liquid
netto *adj.* net [e.g., income, weight]
neula *n.* needle, pin
neule *(neulee-)* *n.* knitwear
neuloa (neulo-) *v.* to knit
neutraali *adj.* neutral
neuvo *n.* [piece of] advice
neuvoa *(neuvo-)* *v.* to advise
neuvonta *(neuvonna-)* *n.* information desk
neuvotella *(neuvottele-)* *v.* to negotiate
neuvottelu *n.* negotiation
nielaisu *n.* swallow
niellä *(niele-)* *v.* to swallow
niin *conj.* so
niin sanottu *(niin sanotu-)* *adj.* so-called
nimi *(nime-)* *n.* name; title [e.g, of a book, song, picture]
niska *n.* nape, neck
nivel *(nivele-)* *n.* joint [anatomy]
noin *adv.* about, approximately

nojatuoli *n.* armchair
nokkela *adj.* clever
nokkonen (*nokkose-*) *n.* nettle
nolla *n.* zero
nopea *adj.* fast, quick
nopeasti *adv.* fast, quickly
nopeus (*nopeude-*) *n.* speed [rapidity]
normaali *adj.* normal
normaalisti *adv.* normally
norsu *n.* elephant
nostaa (*nosta-*) *v.* to lift
nosturi *n.* crane, hoist
nousta (*nouse-*) *v.* to rise
nukke (*nuke-*) *n.* doll, puppet
nukkua (*nuku-*) *v.* to sleep
numero *n.* number
nuo (*noi-*) *pron.* those
nuoli (*nuole-*) *n.* arrow
nuori (*nuore-*) *adj.* young; *n.* juvenile
nuoriso *n.* youth [young persons collectively]
nuotti (*nuoti-*) *n.* note [musical]
nurkka (*nurka-*) *n.* corner
nurmikko (*nurmiko-*) *n.* lawn
nykyaikainen (*nykyaikaise-*) *adj.* modern, contemporary
nykyinen (*nykyise-*) *adj.* present, current
nykyään *adv.* nowadays
nyrkkeily *n.* boxing
nyt *adv.* now
nähdä (*näe-*) *v.* to see
nähtävyys (*nähtävyyde-*) *n.* tourist sight
näkemiin *interj.* goodbye
näkyä (*näy-*) *v.i.* to show
näkö (*näö-*) *n.* sight, vision
näköala *n.* view, outlook
näköalapaikka (*näköalapaika-*) *n.* overlook
nälkä (*nälä-*) *n.* hunger
nälkäinen (*nälkäise-*) *adj.* hungry
nämä (*näi-*) *pron.* these
näppäimistö *n.* keyboard
näytellä (*näyttele-*) *v.* to act [e.g., in theater]
näytelmä *n.* play [theater]
näyttelijä *n.* actor
näyttely *n.* exhibition, show
näyttämö *n.* stage [theater]
näyttää (*näytä-*) *v.t.* to show something; *v.i.* to look, seem
näytös (*näytökse-*) *n.* show

O
odottaa (*odota-*) *v.* to wait; expect
odottava *adj.* pregnant

odotushuone (*odotushuonee-*) *n.* waiting room
ohi *adv.* past; over [game is ~]
ohimo *n.* temple [anatomy]
ohittaa (*ohita-*) *v.* to pass, go by, overtake
ohjaaja *n.* instructor
ohjata (*ohjaa-*) *v.* to steer
ohjauspyörä *n.* steering wheel
ohje (*ohjee-*) *n.* instruction
ohjekirja *n.* manual
ohjelma *n.* program; show [TV, radio]
ohjelmisto *n.* software
ohjelmoida (*ohjelmoi-*) *v.* to program
ohut (*ohue-*) *adj.* thin
oikea *adj.* right; correct, just
oikeus (*oikeude-*) *n.* justice
oikeuttaa (*oikeuta-*) *v.* to admit, allow entry
oikotie *n.* shortcut
ojentaa (*ojenna-*) *v.* to reach, stretch out
oksa *n.* branch [tree]
oksennus (*oksennukse-*) *n.* vomit
oksentaa (*oksenna-*) *v.* to vomit
ole hyvä *sing.* please
olettaa (*oleta-*) *v.* to suppose
olkaa hyvä *pl.* please
olkapää *n.* shoulder
olla (*ole-*) *v.* to be; to have
olla käymässä (*ole- käymässä*) *v.* to visit, be visiting
olla töissä (*ole- töissä*) *v.* to work, be at work
olla velkaa (*ole- velkaa*) *v.* to owe
olohuone (*olohuonee-*) *n.* living room
olosuhteet (*olosuhtei-*) *n. pl.* conditions, circumstances
olut (*olue-*) *n.* beer
oma *adj.* own
omaisuus (*omaisuude-*) *n.* property
omena *n.* apple
ominaisuus (*ominaisuude-*) *n.* feature
omistaa (*omista-*) *v.* to own
omistaja *n.* owner
ommella (*ompele-*) *v.* sew
ompelukone (*ompelukonee-*) *n.* sewing machine
ongelma *n.* problem
Onnea! Congratulations!
onnekas (*onnekkaa-*) *adj.* lucky
onnellinen (*onnellise-*) *adj.* happy [blissful]
onneton (*onnettoma-*) *adj.* unhappy
onnettomuus (*onnettomuude-*) *n.* accident; misfortune
onni (*onne-*) *n.* luck; happiness
onnistua (*onnistu-*) *v.* to succeed in, to manage to do
   something

onnittelu *n.* congratulation
onnittelukortti *(onnittelukorti-) n.* greeting card
ontto *(onto-) adj.* hollow
ooppera *n.* opera
opas *(oppaa-) n.* guide; guidebook
opaskirja *n.* guidebook
opastettu kierros *(opastetu- kierrokse-) n.* guided tour
opettaa *(opeta-) v.* to teach
opettaja *n.* teacher, instructor
opiskelija *n.* student
opiskella *(opiskele-) v.* to study
oppia *(opi-) v.* to learn
oppilas *(oppilaa-) n.* pupil
oppitunti *(oppitunni-) n.* lesson
optikko *(optiko-) n.* optician
oranssi *adj.* orange
orkesteri *n.* orchestra
osa *n.* part, portion; part [of a machine]
osallistua *(osallistu-) v.i.* to join in
osasto *n.* department, compartment
osata *(osaa-) v.* can, know how to
osavaltio *n.* federal state
osittain *adv.* partly
osoite *(osoittee-) n.* address
osoittaa *(osoita-) v.* to point
ostaa *(osta-) v.* to buy
ostos *(ostokse-) n.* purchase
ostoskassi *n.* shopping bag
ostoskeskus *(ostoskeskukse-) n.* shopping center, mall
ostoskärryt *(ostoskärryi-) n. pl.* shopping cart
osua *(osu-) v.* to hit a target
osuus *(osuude-) n.* share
otsa *n.* forehead
otsikko *(otsiko-) n.* title, heading
ottaa *(ota-) v.* to take
ottaa aurinkoa *(ota- aurinkoa) v.* to sunbathe
ottaa kiinni *(ota- kiinni) v.* to catch
ottaa mukaan *(ota- mukaan) v.* to bring along
ottaa osaa *(ota- osaa) v.i.* to join in
ottaa vastaan *(ota- vastaan) v.* to receive [visitors]
ottelu *n.* match [sports]
outo *(oudo-) adj.* strange, odd
ovi *(ove-) n.* door
ovikello *n.* doorbell

P
paahtaa *(paahda-) v.* to toast
paahtoleipä *(paahtoleivä-) n.* toast [bread]
paarma *n.* gadfly

paha *adj.* bad
pahoillaan *adj.* sorry
pahoinpitely *n.* maltreatment
pahvi *n.* cardboard
pahvilaatikko *(pahvilaatiko-) n.* cardboard box
paikallaan *adj.* still [motionless]
paikallinen *(paikallise-) adj.* local, regional
paikka *(paika-) n.* place, site, location; seat
paikoitus *(paikoitukse-) n.* parking
painaa *(paina-) v.* to press; to weigh
painava *adj.* heavy
paino *n.* weight
paistaa *(paista-) v.* to fry; to shine [sun]
paistinpannu *n.* frying pan
paita *(paida-) n.* shirt
paitsi *prep.* except
pakastaa *(pakasta-) v.t.* to deep freeze [food]
pakata *(pakkaa-) v.* to pack
paketti *(paketi-) n.* package, parcel
pakettiauto *n.* van
pakkanen *(pakkase-) n.* temperature below freezing
pakkaus *(pakkaukse-) n.* pack, kit
pakollinen *(pakollise-) adj.* obligatory
paksu *adj.* thick
pala *n.* piece [e.g., bread, paper]
palaa *(pala-) v.i.* to burn
palamaton *(palamattoma-) adj.* nonflammable
palapeli *n.* jigsaw puzzle
palata *(palaa-) v.i.* to return
palaute *(palauttee-) n.* feedback
palauttaa *(palauta-) v.t.* to return
palautus *(palautukse-) n.* return [of an item]; refund
palella *(palele-) v.i.* to freeze [feel cold]
paljain jaloin *adv.* barefoot
paljas *(paljaa-) adj.* bare
paljon *adv.* much, plenty
palkka *(palka-) n.* salary, wage
pallo *n.* ball [e.g., tennis ~]
palohälytin *(palohälyttime-) n.* fire alarm [device]
palohälytys *(palohälytykse-) n.* fire alarm
palokunta *(palokunna-) n.* fire department
palovamma *n.* burn [injury]
palovaroitin *(palovaroittime-) n.* smoke detector
paluu *n.* return, going/coming back
palvella *(palvele-) v.* to serve [a customer]
palvelu *n.* service
pankki *(panki-) n.* bank
pankkiautomaatti *(pankkiautomaati-) n.* ATM, cash machine
panna *(pane-) v.* to put, lay; to set

panna päälle (*pane- päälle*) *v.* to switch on
panna seinään (*pane- seinään*) *v.* plug into the wall socket
panna talvikuntoon (*pane- talvikuntoon*) *v. t.* to winterize
pannu *n.* pan
panos *n.* cartridge [firearm]
pantti (*panti-*) *n.* deposit [e.g., bottle ~]
paperi *n.* paper
paperiliitin (*paperiliitti-*) *n.* paperclip
paperipyyhe (*paperipyyhkee-*) *n.* paper tissue
pappi (*papi-*) *n.* priest
papu (*pavu-*) *n.* bean
parantaa (*paranna-*) *v.t.* to cure, heal
parantua (*parannu-*) *v.i.* to heal, cure
paras *adj.* best
paremmin *adv.* better
parempi *adj.* better
parfyymi *n.* perfume
parhaiten *adv.* best
pari *n.* pair, couple
parillinen (*parillise-*) *adj.* even [number]
paristo *n.* battery, cell [electricity]
parisänky (*parisängy-*) *n.* double bed
pariton (*parittoma-*) *adj.* odd [number]
parkkipaikka (*parkkipaika-*) *n.* parking space, parking lot
parkkisakko (*parkkisako-*) *n.* parking ticket
parranajo *n.* shave [beard]
parranajokone (*parranajokonee-*) *n.* razor
parta (*parra-*) *n.* beard
parturi *n.* barber
parveke (*parvekkee-*) *n.* balcony
parvi (*parve-*) *n.* gallery [theater]
passi *n.* passport
passintarkastus (*passintarkastukse-*) *n.* passport control
pata (*pada-*) *n.* stew; pot
patja *n.* mattress
patsas (*patsaa-*) *n.* statue
pehmeä *adj.* soft
peili *n.* mirror
peite (*peittee-*) *n.* cover, blanket, quilt
peitto (*peito-*) *n.* blanket, quilt
peittää (*peitä-*) *v.* to cover
pelaaja *n.* player [sports, games]
pelastaa (*pelasta-*) *v.* to rescue, save
pelastus (*pelastukse-*) *n.* rescue
pelastusvene (*pelastusvenee-*) *n.* rescue boat
pelata (*pelaa-*) *v.* to play [games, sports]
peli *n.* game
pelikortit (*pelikortei-*) *n. pl.* playing cards
pelkkä (*pelkä-*) *adj.* plain, simple

pelko (*pelo-*) *n.* fear
pellava *n.* linen [fabric]
pelokas (*pelokkaa-*) *adj.* afraid
pelto (*pello-*) *n.* field [agriculture]
pelätä (*pelkää-*) *v.* to be afraid; to fear
penkki (*penki-*) *n.* bench
pensas (*pensaa-*) *n.* bush
pensasaita (*pensasaida-*) *n.* hedge
perhe (*perhee-*) *n.* family
perhonen (*perhose-*) *n.* butterfly
perinteinen (*perinteise-*) *adj.* traditional
peruna *n.* potato
perusta *n.* ground, foundation
peruuttaa (*peruuta-*) *v.* to cancel; to reverse [in a car]
perävaunu *n.* trailer [freight]
peseminen (*pesemise-*) *n.* washing
pestä (*pese-*) *v.* to wash
pestävä *adj.* washable
pesu *n.* washing
pesuaine (*pesuainee-*) *n.* washing powder, detergent
pesuallas (*pesualtaa-*) *n.* sink, washbasin
pesuhuone (*pesuhuonee-*) *n.* washroom
pesujauhe (*pesujauhee-*) *n.* washing powder, detergent
pesukone (*pesukonee-*) *n.* washing machine
pesula *n.* cleaner's
pesä *n.* nest
pettynyt (*pettynee-*) *adj.* disappointed
peukalo *n.* thumb
peura *n.* deer
pian *adv.* soon
piano *n.* piano
pieni (*piene-*) *adj.* little, small
piha *n.* yard; courtyard
pihvi *n.* steak
piikki (*piiki-*) *n.* spine [cactus, porcupine]
piilolasit (*piilolasei-*) *n. pl.* contact lenses
piilottaa (*piilota-*) *v.t.* to hide something
piiloutua (*piiloudu-*) *v.i.* to hide
piippu (*piipu-*) *n.* pipe [tobacco]
piirakka (*piiraka-*) *n.* pie, tart
piiri *n.* circle
piirre (*piirtee-*) *n.* feature
piirtäminen (*piirtämise-*) *n.* drawing [act of ~]
piirtää (*piirrä-*) *v.* to draw, make a drawing
piirustus (*piirustukse-*) *n.* drawing [picture]
pikkuhousut (*pikkuhousui-*) *n. pl.* panties
pikkulapsi (*pikkulapse-*) *n.* toddler
pikkulautanen (*pikkulautase-*) *n.* saucer
piknikki (*pikniki-*) *n.* picnic

pilailla (*pilaile-*) *v.* to make fun
pilalla *adj.* spoiled
pilata (*pilaa-*) *v.t.* to spoil something
pilkku (*pilku-*) *n.* spot
pilleri *n.* pill
pilvi (*pilve-*) *n.* cloud
pilvinen (*pilvise-*) *adj.* cloudy
pimeä *adj. & n.* dark, dim
pino *n.* pile
pinsetit (*pinsetei-*) *n. pl.* tweezers
pinta (*pinna-*) *n.* surface
pintaposti *n.* surface mail
pippuri *n.* pepper
pisara *n.* drop [e.g., of water, blood]
piste (*pistee-*) *n.* point, period, spot, position
pisto *n.* sting
pistoke (*pistokkee-*) *n.* plug [electrical]
pistorasia *n.* socket, jack [electrical]
pistää (*pistä-*) *v.* to sting; *v.t.* to stick something
pitkin *postp. & prep.* along [e.g., ~ the coast]
pitkä *adj.* long; tall [person]
pitsi *n.* lace [fabric]
pituus (*pituude-*) *n.* length; height [of a person]
pitää (*pidä-*) *v.* to hold, keep; to like
pitää enemmän (*pidä- enemmän*) *v.* to prefer
pitää hauskaa (*pidä- hauskaa*) *v.* to have fun
pohja *n.* ground, bottom, sole, underside
pohjakerros (*pohjakerrokse-*) *n.* ground floor
pohjavesi (*pohjavede-*) *n.* subsoil water
pohjoinen (*pohjoise-*) *n.* north; *adj.* northern
poika (*poja-*) *n.* boy; son
poikaystävä *n.* boyfriend
poimia (*poimi-*) *n.* to pick
pois *adv.* [go/throw/take/get/come] away, off
poissa *adv.* [be/keep] away, off
poistaa (*poista-*) *v.t.* to remove
poistaa jää (*poista- jää*) *v.t.* to de-ice
poliisi *n.* police, police officer
poliisiasema *n.* police station
poliittinen (*poliittise-*) *adj.* political
politiikka (*politiika-*) *n.* politics
poljin (*polkime-*) *n.* pedal
polku (*polku-*) *n.* path
polkupyörä *n.* bicycle
polttaa (*polta-*) *v.t.* to burn something; *v.* to smoke [tobacco]
polttaja *n.* smoker [tobacco]
polttoaine (*polttoainee-*) *n.* fuel
polvi (*polve-*) *n.* knee
pomo *n.* boss

poni *n.* pony
porkkana *n.* carrot
pormestari *n.* mayor
porraskäytävä *n.* staircase
porsas *(porsaa-) n.* pork
portaat *(portai-) n. pl.* stairs
portti *(porti-) n.* gate
poski *(poske-) n.* cheek
posliini *n.* porcelain
posti *n.* mail; post office
postikortti *(postikorti-) n.* postcard
postilaatikko *(postilaatiko-) n.* mailbox
postiluukku *(postiluuku-) n.* letter drop
postimaksu *n.* postage
postimerkki *(postimerki-) n.* postage stamp
postinkantaja *n.* postman
postinumero *n.* zipcode
potilas *(potilaa-) n.* patient
potkaista *(potkaise-) v.* to kick
potku *n.* kick
potta *(pota-) n.* potty
presidentti *(presidenti-) n.* president
prosentti *(prosenti-) n.* percent
psykiatri *n.* psychiatrist
pudota *(putoa-) v.i.* to drop, fall
pudottaa *(pudota-) v.t.* to drop, let fall
puhallettava *adj.* inflatable
puhaltaa *(puhalla-) v.* to blow
puhdas *(puhtaa-) adj.* clean, pure
puhdistaa *(puhdista-) v.* to clean [e.g., nails, sink, table]
puhdistusaine *(puhdistusainee-) n.* cleanser
puhe *(puhee-) n.* speech
puhelin *(puhelime-) n.* telephone
puhelinkioski *n.* telephone booth
puhelinkoppi *(puhelinkopi-) n.* telephone booth
puhelinlinja *n.* telephone line
puhelinluettelo *n.* telephone book
puhelinnumero *n.* telephone number
puhelinsoitto *(puhelinsoito-) n.* telephone call
puhelinvastaaja *n.* answering machine
puhelinverkko *(puhelinverko-) n.* telephone network
puhelu *n.* telephone call
puhua *(puhu-) v.* to speak, talk
puisto *n.* park
pukea *(pue-) v.* to dress [put on clothes]
puku *(puvu-) n.* suit
pukuhuone *(pukuhuonee-) n.* changing room
pulkka *(pulka-) n.* toboggan

pullo *n.* bottle
pumpata *(pumppaa-) v.* to pump
pumppu *(pumpu-) n.* pump
punainen *(punaise-) adj.* red
punastua *(punastu-) v.* to flush, redden
puoli *(puole-) adj.* half
puolue *(puoluee-) n.* political party
puolueeton *(puolueettoma-) adj.* neutral [politically]
purema *n.* bite
puristaa *(purista-) v.t.* to squeeze
purjehdus *(purjehdukse-) n.* sailing
purjehtia *(purjehdi-) v.* to sail
purjelautailu *n.* windsurfing
purjevene *(purjevenee-) n.* sailboat
purkinavaaja *n.* can opener
purkki *(purki-) n.* can, jar
puro *n.* brook
purra *(pure-) v.* to bite
purukumi *n.* chewing gum
pusero *n.* blouse
pussi *n.* bag, sack
pusu *n.* kiss
putki *(putke-) n.* pipe
putkilo *n.* tube
putkimies *(putkimiehe-) n.* plumber
puu *n.* tree, wood
puukottaa *(puukota-) v.* to stab [with a knife]
puutarha *n.* garden
puuttuva *adj.* missing, lacking
puuvilla *n.* cotton
pyhä *adj.* holy, sacred; *n.* holiday
pyhäpäivä *n.* holiday
pyjama *n.* pajamas
pylväs *(pylvää-) n.* post, column, pole
pystysuora *adj.* vertical
pysyvä *adj.* permanent
pysyä *(pysy-) v.* to stay
pysähtyä *(pysähdy-) v.i.* to stop
pysäköidä *(pysäköi-) v.* to park
pysäköinti *(pysäköinni-) n.* parking
pysäköintialue *(pysäköintialuee-) n.* parking lot
pysäköintimittari *n.* parking meter
pysäyttää *(pysäytä-) v.t.* to stop something/someone
pyyhe *(pyyhkee-) n.* towel
pyyhkiä *(pyyhi-) v.* to wipe
pyykki *(pyyki-) n.* laundry
pyyntö *(pyynnö-) n.* request
pyytää *(pyydä-) v.* to request

pyytää anteeksi *(pyydä- anteeksi)* *v.* to apologize, excuse oneself
pyöreä *adj.* round
pyörä *n.* wheel, cycle
pyörätuoli *n.* wheelchair
pähkinä *n.* nut
päinvastoin *adv.* vice versa
päivittäin *adv.* daily
päivittäinen *(päivittäise-)* *adj.* daily
päivä *n.* day
päivähoito*(päivähoido-)* *n.* day care
päivällinen *(päivällise-)* *n.* dinner
päivämäärä *n.* date [day, month and year]
pätevä *adj.* valid; qualified
pää *n.* head; end [e.g., ~ of rope, table, etc.]
pää- *adj.* main [e.g. **pääkonttori** main office]
pääkaupunki *(pääkaupungi-)* *n.* capital
päälle *postp.* on, onto
päällä *postp.* [be] on
päämäärä *n.* aim
pääsiäinen *(pääsiäise-)* *n.* Easter
pääskynen *(pääskyse-)* *n.* swallow [bird]
päästä *(pääse-)* *v.i.* to reach, get somewhere, succeed in coming or going
päästää *(päästä-)* *v.* to release
pääsy *n.* access
pääsylippu *(pääsylipu-)* *n.* access ticket, admission ticket
pääte *(päättee-)* *n.* computer terminal
pääteasema *n.* terminus, last stop [train, subway]
päätepysäkki *(päätepysäki-)* *n.* terminus, last stop [bus, streetcar]
päättyminen *(päättymise-)* *n.* expiration
päättää *(päätä-)* *v.* to decide
pöllö *n.* owl
pöly *n.* dust
pölynimuri *n.* vacuum cleaner
pöytä *(pöydä-)* *n.* table
pöytäliina *n.* tablecloth
pöytätennis *(pöytätennikse-)* *n.* table tennis

R
raaja *n.* limb [body]
raaka *(raa'a-)* *adj.* raw
raamattu *(raamatu-)* *n.* Bible
rabbi *n.* rabbi
radio *n.* radio
raha *n.* money
rahanvaihto *(rahanvaihdo-)* *n.* money exchange
raiskaus *(raiskaukse-)* *n.* rape

raitiovaunu *n.* cablecar
raja *n.* border, limit
rajoitettu (*rajoitetu-*) *adj.* limited
rajoittaa (*rajoita-*) *v.* to limit
rakas (*rakkaa-*) *adj.* dear; *n.* darling
rakastaa (*rakasta-*) *v.* to love
rakenne (*rakentee-*) *n.* structure
rakennus (*rakennukse-*) *n.* building
rakentaa (*rakenna-*) *v.* to build
rakkaus *n.* love
rako (*rao-*) *n.* gap
ranne (*rantee-*) *n.* wrist
rannerengas (*rannerenkaa-*) *n.* bracelet
rannikko (*ranniko-*) *n.* coast, shore
ranta (*ranna-*) *n.* beach
rappu (*rapu-*) *n.* staircase
rappuset (*rappusi-*) *n. pl.* stairs
rasia *n.* box [e.g., of chocolates, of matches],case
raskaana *adj.* pregnant
raskas (*raskaa-*) *adj.* heavy
rasva *n.* fat, grease
rasvata (*rasvaa-*) *v.* to grease
rasvaton (*rasvattoma-*) *adj.* nonfat
rata (*rada-*) *n.* track
ratkaista (*ratkaise-*) *v.* to solve
ratkaisu *n.* solution
ratsastaa (*ratsasta-*) *v.* to ride [a horse]
ratti (*rati-*) *n.* steering wheel
rattikelkka (*rattikelka-*) *n.* sled with steering wheel
rauha *n.* peace
rauhallinen (*rauhallise-*) *adj.* peaceful, calm [e.g., person,
    situation, sea]
rauniot (*raunioi-*) *n. pl.* ruins
rauta (*rauda-*) *n.* iron
rautalanka (*rautalanga-*) *n.* wire
rautatie *n.* railroad
ravintola *n.* restaurant
ravistaa (*ravista-*) *v.t.* to shake something
rehellinen (*rehellise-*) *adj.* honest
reikä (*reiä-*) *n.* hole
reilu *adj.* fair
reisi (*reide-*) *n.* thigh
reitti (*reiti-*) *n.* route
reki (*ree-*) *n.* sleigh
rekisteri *n.* register
rekisteröidä (*rekisteröi-*) *v.* to register
rekka (*reka-*) *n.* truck
rengas (*renkaa-*) *n.* ring [napkin ~, smoke ~]; tire
rento (*renno-*) *adj.* relaxed, easy [**Ota rennosti!** Take it easy!]

rentouttava *adj.* relaxing
rentoutua *(rentoudu-)* *v.* to relax
repeytyä *(repeydy-)* *v.i.* to tear
repiä *(revi-)* *v.t.* to tear something, rip
reppu *(repu-)* *n.* backpack
retkeilymaja *n.* youth hostel
retki *(retke-)* *n.* excursion, day trip
reuna *n.* edge, rim
revetä *(repeä-)* *v.i.* to rip
riidellä *(riitele-)* *v.* to argue, quarrel
riippua *(riipu-)* *v.i.* to hang; depend
riippulukko *(riippuluko-)* *n.* padlock
riippumaton *(riippumattoma-)* *adj.* independent
riisi *n.* rice
riisua *(riisu-)* *v.t.* to take off [clothes]
riisuutua *(riisuudu-)* *v.i.* to undress
riita *(riida-)* *n.* argument, quarrel
riittävä *adj.* sufficient
riittää *(riitä-)* *v.* to be sufficient
rikas *(rikkaa-)* *adj.* rich
rikki *adj.* broken
rikkoa *(riko-)* *v.t.* to break something
rikkomus *(rikkomukse-)* *n.* offense
rikollinen *(rikollise-)* *n. & adj.* criminal
rinne *(rintee-)* *n.* slope, hill
rinta *(rinna-)* *n.* chest, breast
rintaliivit *n. pl.* bra
rintaneula *n.* brooch
ripuli *n.* diarrhea
ripustaa *(ripusta-)* *v.t.* to hang something
riski *n.* risk, hazard
risteily *n.* cruise
risteys *(risteykse-)* *n.* crossing
risti *n.* cross
rivi *n.* line, row
rohkea *adj.* brave
roikkua *(roiku-)* *v.i.* to hang
rokotus *(rokotukse-)* *n.* vaccination
romaani *n.* novel
romu *n.* junk
roska *n.* trash, garbage
roskakori *n.* waste-paper basket
roskalaatikko *(roskalaatiko-)* *n.* trash can
roskapönttö *(roskapöntö-)* *n.* garbage can
roskat *(roski-)* *n. pl.* litter, trash
roskata *(roskaa-)* *v.* to litter
roska-ämpäri *n.* garbage can
rotta *(rota-)* *n.* rat
routa *(rouda-)* *n.* ground frost

rouva Mrs.
ruiske *(ruiskee-)* *n.* injection
rullaluistin *(rullaluistime-)* *n.* roller skate
ruma *adj.* ugly
rumpu *(rummu-)* *n.* drum
runko *(rungo-)* *n.* trunk [tree]; framework
runo *n.* poem
runous *(runoude-)* *n.* poetry
runsas *(runsaa-)* *adj.* generous, large
ruoho *n.* grass
ruoka *(ruoa-)* *n.* food
ruokakauppa *(ruokakaupa-)* *n.* grocery store
ruokalaji *n.* dish [food]
ruokalista *n.* menu
ruokalusikka *(ruokalusika-)* *n.* tablespoon
ruokamyrkytys *(ruokamyrkytykse-)* *n.* food poisoning
ruokapöytä *(ruokapöydä-)* *n.* dining table
ruokasali *n.* dining room
ruokkia *(ruoki-)* *v.* to feed
ruoste *(ruostee-)* *n.* rust
ruostumaton teräs *(ruostumattoma- teräkse-)* *n.* stainless steel
ruskea *adj.* brown
rusketus *(rusketukse-)* *n.* suntan
ruuhka *n.* traffic jam
ruuhka-aika *(ruuhka-aja-)* *n.* rush hour
ruumis *(ruumii-)* *n.* body; corpse
ruusu *n.* rose
ruuvi *n.* screw
ruuvimeisseli *n.* screwdriver
ryhmä *n.* group, team
rysähdys *(rysähdykse-)* *n.* crash [loud noise]
rytmi *n.* rhythm
ryömiä *(ryömi-)* *v.* to crawl
räiskäle *(räiskälee-)* *n.* pancake
räjähdys *(räjähdykse-)* *n.* explosion
ränni *n.* gutter
räätäli *n.* tailor

S

saada *(saa-)* *v.* to get, receive; may [permission]
saakka *postp.* until; as far as, [up] to
saapas *(saappaa-)* *n.* boot
saapua *(saavu-)* *v.* to arrive
saapuminen *(saapumise-)* *n.* arrival
saapuvat *(saapuvi-)* *adj. pl.* arrivals [e.g., trains, airplanes]
saari *(saare-)* *n.* island
saaste *(saastee-)* *n.* pollutant
saasteet *(saastei-)* *n. pl.* pollution
saastunut *(saastunee-)* *adj.* polluted

saattaa (*saata-*) *v.* to accompany; may [to possibly be/do something]
sade (*satee-*) *n.* rain
sadekuuro *n.* rain shower
sadetakki (*sadetaki-*) *n.* raincoat
saha *n.* saw; sawmill
sahajauho *n.* sawdust
sahalaitos (*sahalaitokse-*) *n.* sawmill
sahata (*sahaa-*) *v.* to saw
saippua *n.* soap
sairaala *n.* hospital
sairaanhoitaja *n.* nurse
sairas (*sairaa-*) *adj.* ill, sick
sairasauto *n.* ambulance
sairaus (*sairaude-*) *n.* illness
sakkolappu (*sakkolapu-*) *n.* traffic ticket
sakset (*saksi-*) *n. pl.* scissors
salaatti (*salaati-*) *n.* salad
salainen (*salaise-*) *adj.* secret
salakuljettaa (*salakuljeta-*) *v.* to smuggle
salama *n.* lightning
salamavalo *n.* flashbulb [photography]
salkku (*salku-*) *n.* briefcase; portfolio
sallia (*salli-*) *v.* to allow, permit
sama *pron.* same
samanarvoinen (*samanarvoise-*) *adj.* equal, of same value
samanlainen (*samanlaise-*) *adj.* similar; same kind
sametti (*sameti-*) *n.* velvet
sammakko (*sammako-*) *n.* frog
sammal (*sammalee-*) *n.* moss
sammuttaa (*sammuta-*) *v.* to quench; to switch off
sampoo *n.* shampoo
sana *n.* word
sanakirja *n.* dictionary
sandaali *n.* sandal
saniainen (*saniaise-*) *n.* fern
sanko (*sango-*) *n.* bucket, pail
sanoa (*sano-*) *v.* to say
sanomalehti (*sanomalehde-*) *n.* newspaper
sarja *n.* set
sarjakuvat (*sarjakuvi-*) *n. pl.* comics
sarvi (*sarve-*) *n.* horn
satama *n.* harbor, port
satamakaupunki (*satamakaupungi-*) *n.* port [city, town]
satamalaituri *n.* quay
sateenkaari (*sateenkaare-*) *n.* rainbow
sateenvarjo *n.* umbrella
sato (*sado-*) *n.* crop
sattua *v.i.* to hurt [something hurts]; to happen by chance

satuttaa (*satuta-*) *v.t.* to hurt [to hurt something/somebody]
sauna *n.* sauna
savu *n.* fume, smoke
savuke (*savukkee-*) *n.* cigarette
savunilmaisin (*savunilmaisime-*) *n.* smoke detector
savupiippu (*savupiipu-*) *n.* chimney
savustaa (*savusta-*) *v.* to smoke [meat, fish]
savuton (*savuttoma-*) *adj.* nonsmoking
se *pron.* it
seikkailu *n.* adventure
seinä *n.* wall
seisoa *v.i.* to stand
seisova pöytä (*seisova- pöydä-*) *n.* smorgasbord
sekki (*seki-*) *n.* check [bank]
sekkivihko (*sekkiviho-*) *n.* check book
sekoittaa (*sekoita-*) *v.t.* to stir, mix something
sekoittua (*sekoitu-*) *v.i.* to mix
sekoitus (*sekoitukse-*) *n.* mixture
seksi *n.* sex
seksikäs (*seksikkää-*) *n.* sexy
sekunti *n.* second
selittää (*selitä-*) *v.* to explain
selkeä *adj.* plain, clear
selkä (*selä-*) *n.* back [anatomy]
selkäranka (*selkäranga-*) *n.* spine, backbone
sellainen (*sellaise-*) *adj.* such, of the kind
selvä *adj.* clear [road, thoughts]; OK, all right; sober
[not drunk]
sen sijaan *adv.* & *postp.* instead
senttimetri *n.* centimeter
seos (*seokse-*) *n.* mixture
serkku (*serku-*) *n.* cousin
setti (*seti-*) *n.* set
setä (*sedä-*) *n.* uncle
seura *n.* company [companions]
seuraava *adj.* next, following
seuraavaksi *adv.* next
seurata (*seuraa-*) *v.* to follow
seutu (*seudu-*) *n.* region, neighborhood, district
shakki (*shaki-*) *n.* chess
sianliha *n.* pork
side (*sitee-*) *n.* bandage
siellä *adv.* [be ~] there
sielu *n.* soul
siemen (*siemene-*) *n.* seed
sieni (*siene-*) *n.* mushroom
sievä *adj.* cute, pretty
signaali *n.* signal
sihteeri *n.* secretary

siinä *adv.* [be ~] right there
siipi (*siive-*) *n.* wing
siirto (*siirro-*) *n.* transfer
siirtyä (*siirry-*) *v.i.* to move [from one place to another]
siirtää (*siirrä-*) *v.t.* to move something [from one place to another], transfer; to rearrange
siisti *adj.* tidy, neat
siitepöly *n.* pollen
siivooja *n.* cleaner [person]
siivota (*siivoa-*) *v.* to clean [e.g., room, house]
sijainen (*sijaise-*) *n.* substitute [person]
sijaita (*sijaitse-*) *v.* to be situated, lie
sijasta *postp.* instead of
sika (*sia-*) *n.* pig
sikari *n.* cigar
siksi *adv.* therefore
sileä *adj.* smooth
silittää (*silitä-*) *v.* to iron; to stroke
silitysrauta (*silitysrauda-*) *n.* iron [for clothes]
silkki (*silki-*) *n.* silk
silloin *adv.* then
silloin tällöin *adv.* occasionally
sillä aikaa kun *conj.* while [e.g., ~ waiting]
silmä *n.* eye
silmälasit (*silmälasei-*) *n. pl.* glasses
silta (*silla-*) *n.* bridge
sinetti (*sineti-*) *n.* seal [e.g., wax, lead]
sinetöidä (*sinetöi-*) *v.* to seal
sininen (*sinise-*) *adj.* blue
sinne *adv.* [go ~] there
sinun *pron.* your
sinä (*sinu-*) *pron.* you
sipuli *n.* onion
sirkus (*sirkukse-*) *n.* circus
sisar (*sisare-*) *n.* sister
sisko *n.* sister
sisälle *adv.* in, into [go inside]
sisällysluettelo *n.* table of contents
sisällä *adv.* in [be inside]
sisältää (*sisällä-*) *v.* to contain
sisämaa *n.* inland
sisäosa *n.* interior
sisäpuhelin (*sisäpuhelime-*) *n.* intercom
sisäpuoli (*sisäpuole-*) *n.* inside
sisärengas (*sisärenkaa-*) *n.* inner tube
sisään *adv.* in, into [go inside]
sisäänkäynti (*sisäänkäynni-*) *n.* entrance
sisäänpääsy *n.* admission
sisäänpääsymaksu *n.* admission fee

sitoa (*sido-*) *v.* to tie, bind
sitruuna *n.* lemon
sitten *postp.* ago; *adv.* then [e.g., you first, ~ me]
sivu *n.* page; side; *adj.* side-
sivujoki (*sivujoe-*) *n.* creek
sohva *n.* couch, sofa
soida (*soi-*) *v.i.* to ring [e.g., telephone, bell]
soihtu (*soihdu-*) *n.* torch
soitin (soittime-) *n.* musical instrument
soittaa (soita-) *v.t.* to play music/instrument; to call by
    phone; to ring something
soittaja *n.* musician, player
sokea *adj.* blind
sokeri *n.* sugar
solmia (*solmi-*) *v.* to tie
solmio *n.* tie
solmu *n.* knot
solu *n.* cell
sonni *n.* bull
soodavesi *n.* soda [~ water]
sopia (*sovi-*) *v.* to agree on; *v.i.* to fit, adapt, suit
sopia yhteen (*sovi- yhteen*) *v.* to match
sopimus (*sopimukse-*) *n.* agreement, contract, deal
sopiva *adj.* appropriate, convenient; adaptable, fit
sormi (*sorme-*) *n.* finger
sormus (*sormukse-*) *n.* ring [jewelry]
sorsa *n.* wild duck
sortsit (*sortsei-*) *n. pl.* shorts
sosiaalinen (*sosiaalise-*) *adj.* social
sosialismi *n.* socialism
sota (*soda-*) *n.* war
sotilas (*sotilaa-*) *n.* soldier
sotkea (*sotke-*) *v.* to litter
soutaa (*souda-*) *v.* to row
soutuvene (*soutuvenee-*) *n.* rowboat
sovittaa (sovita-) *v.t.* to fit, adapt; to try on
sovituskoppi *n.* fitting room
sprinkleri *n.* sprinkler
standardi *n.* standard
stereo *n.* stereo
studio *n.* studio
suhde (*suhtee-*) *n.* affair, romance; relation, relationship
suhdetoiminta (*suhdetoiminna-*) *n.* public relations
suhteet (*suhtei-*) *n. pl.* relations [e.g., foreign relations]
suihku *n.* shower
suihkukone (*suihkukonee-*) *n.* jet plane
sujuva *adj.* fluent
sukeltaa (*sukella-*) *v.* to dive
sukka (*suka-*) *n.* sock; stocking

sukkahousut *(sukkahousui-)* *n. pl.* pantyhose; tights
suklaa *n.* chocolate
suksi *(sukse-)* *n.* ski
sukulainen *(sukulaise-)* *n.* relative
sukunimi *(sukunime-)* *n.* surname
sukupuoli *(sukupuole-)* *n.* sex [opposite ~]
sula *adj.* liquid, molten
sulaa *(sula-)* *v.i.* to melt, thaw
sulake *(sulakkee-)* *n.* fuse [electrical]
sulattaa *(sulata-)* *v.t.* to melt, defrost, thaw something
sulhanen *(sulhase-)* *n.* bridegroom
suljettu *(suljetu-)* *adj.* closed
sulka *(sula-)* *n.* feather
sulkea *(sulje-)* *v.* to close, block; *v.t.* to shut something, turn off
sulkeutua *(sulkeudu-)* *v.i.* to close, shut
suloinen *(suloise-)* *adj.* sweet, lovable, charming
summa *n.* sum, total
sumu *n.* fog, mist
suodatin *(suodattime-)* *n.* filter
suoja *n.* shelter
suojata *(suojaa-)* *v.t.* to shelter something
suojella *(suojele-)* *v.* to protect
suola *n.* salt
suolainen *(suolaise-)* *adj.* salty
suomalainen *(suomalaise-)* *adj.* Finnish; *n.* Finn
suomennos *(suomennokse-)* *n.* translation into Finnish
Suomi *(Suome-)* *n.* Finland
suomi *(suome-)* *n.* Finnish language
suomu *n.* scale [fish]
suoni *(suone-)* *n.* vein
suora *adj.* direct, straight; live [broadcast]
suoraan *adv.* straight
suorakulmainen *(suorakulmaise-)* *adj.* rectangular
suorittaa *(suorita-)* *v.* to perform, carry out, execute
suoritus *(suoritukse-)* *n.* performance, execution
suoriutua *(suoriudu-)* *v.* to manage, to make it
suosikki *(suosiki-)* *n.* favorite
suositella *(suosittele-)* *v.* to recommend
suosittu *(suositu-)* *adj.* popular, liked
suostua *(suostu-)* *v.* to agree to, accept
supermarketti *(supermarketi-)* *n.* supermarket
surkea *adj.* miserable
surullinen *(surullise-)* *adj.* sad
suu *n.* mouth
suudella *(suutele-)* *v.* to kiss
suudelma *n.* kiss
suukko *(suuko-)* *n.* kiss
suunnilleen *adv.* about
suunnitelma *n.* plan

suunta (*suunna-*) *n.* direction
suuntanumero *n.* area code
suurenmoinen (*suurenmoise-*) *adj.* great, tremendous
suuri (*suure-*) *adj.* big, great; large
suurlähettiläs (*suurlähettilää-*) *n.* ambassador
suurlähetystö *n.* embassy
sydän (*sydäme-*) *n.* heart
syksy *n.* autumn
syli *n.* lap
sylkeä (*sylje-*) *v.* to spit
sylki (*sylje-*) *n.* saliva, spit
synagoga *n.* synagogue
synnyin- *adj.* native
synnyinmaa *n.* native land
syntymäaika (*syntymäaja-*) *n.* date of birth
syntymäpaikka (*syntymäpaika-*) *n.* place of birth
syntymäpäivä *n.* birthday
syntynyt (*syntynee-*) *pp.* born
systeemi *n.* system
syttymätön (*syttymättömä-*) *adj.* nonflammable
syttyvä *adj.* flammable
syttyä (*syty-*) *v.i.* to light
sytytin (*sytyttime-*) *n.* lighter
sytyttää (*sytytä-*) *v.t.* to light something, switch on
syvä *adj.* deep
syy *n.* cause, reason
syyllinen (*syyllise-*) *adj.* guilty
syyttää (*syytä-*) *v.* to accuse
syytön (*syyttömä-*) *adj.* innocent [legal]
syytös (*syytökse-*) *n.* accusation
syödä (*syö-*) *v.* to eat
syödä päivällistä (*syö- päivällistä*) *v.* to dine
sähkö *n.* electricity
sähkö- *adj.* electric [e.g., **sähkölämmitys** ~ heating]
sähköasentaja *n.* electrician
sähköisku *n.* electric shock
säilytyslokero *n.* locker
säkki (*säki-*) *n.* sack
sänky (*sängy-*) *n.* bed
särkeä (*särje-*) *v.* to ache; *v.t.* to break something
särky (*säry-*) *n.* ache
särkylääke (*särkylääkkee-*) *n.* painkiller
särkyä (*särky-*) *v.i.* to break
sävelmä *n.* tune
sävy *n.* shade [of a color]
sää *n.* weather
sääkartta (*sääkarta-*) *n.* meteorological chart
säännöllinen (*säännöllise-*) *adj.* regular [intervals, features]
sääntö (*säännö-*) *n.* regulation

säästää (*säästä-*) *v.* to save [e.g., money, time, fuel], spare
säästö *n.* saving
säätää (*säädä-*) *v.* to adjust [e.g., ~ the television}

T

taakse *adv.* back [to the rear]; *postp.* behind [go ~ something or somebody]
taaksepäin *adv.* back, backwards
taas *adv.* again
tahallaan *adv.* on purpose
tahmea *adj.* sticky
tahra *n.* stain
tai *conj.* or
taide (*taitee-*) *n.* art
taikuri *n.* magician
taipua (*taivu-*) *v.i.* to bend
taiteilija *n.* artist
taitella (*taittele-*) *v.t.* to fold something
taittua (*taitu-*) *v.i.* to fold
taivas (*taivaa-*) *n.* sky
taivuttaa (*taivuta-*) *v.t.* to bend something
taju *n.* sense [e.g., of time, rhythm]
tajuissaan *adj.* conscious, awake
takaa *adv.* from behind
takaisin *adv.* back [e.g., come ~, pay ~]
takana *adv.* back [in the rear]; *postp.* behind [be ~ something or somebody]
takaosa *n.* back, rear
takaperin *adv.* backwards [in reverse order]
takka (*taka-*) *n.* fireplace
takki (*taki-*) *n.* coat, jacket
taksi *n.* taxi
taksiasema *n.* taxi stand
taksinkuljettaja *n.* taxi driver
takuu *n.* guarantee
talletus (*talletukse-*) *n.* bank deposit
talli *n.* stable
talo *n.* house
taloudellinen (*taloudellise-*) *adj.* economical
talous (*taloude-*) *n.* economy
talous- *adj.* domestic, household
talouspaperi *n.* paper towel
talutushihna *n.* leash
talvi (*talve-*) *n.* winter
talviurheilu *n.* winter sports
tamponi *n.* tampon
tanko (*tango-*) *n.* bar, rod; pole [e.g., flag ~]
tanssi *n.* dance
tanssia (*tanssi-*) *v.* to dance

tapa (*tava-*) *n.* custom, manner, mode
tapaaminen (*tapaamise-*) *n.* appointment, date; meeting
tapahtua *v.* to happen
tapahtuma *n.* event
tapaus (*tapaukse-*) *n.* occasion
tappaa (*tapa-*) *v.* to kill
tappelu *n.* fight
taputtaa (*taputa-*) *v.* to applaud
tarina *n.* story
tarjoilija *n.* waiter; waitress
tarjota (*tarjoa-*) *v.* to offer; to serve [e.g., dinner]
tarjotin (*tarjottime-*) *n.* tray
tarjous (*tarjoukse-*) *n.* offer
tarkastus (*tarkastukse-*) *n.* inspection, check
tarkistaa (*tarkista-*) *v.* to check
tarkoittaa (*tarkoita-*) *v.* to mean
tarkoitus (*tarkoitukse-*) *n.* meaning, purpose
tarpeeksi *adj.* & *adv.* enough
tarra *n.* sticker
tartunta (tartunna-) *n.* infection
tarvita (*tarvitse-*) *v.* to need
tasainen (*tasaise-*) *adj.* even, level; flat; steady [movement]
tasku *n.* pocket
taskulamppu (*taskulampu-*) *n.* flashlight
taskuvaras (*taskuvarkaa-*) *n.* pickpocket
taso *n.* level; plane
tauko (*tauo-*) *n.* break, pause
tavallinen (*tavallise-*) *adj.* normal, regular, average, common, usual, ordinary
tavallisesti *adv.* usually, normally
tavara *n.* thing, object, article
tavarat *n. pl.* things, belongings
tavaratalo *n.* department store
tavaratila *n.* car trunk
tavata (*tapaa-*) *v.* to meet; (*tavaa-*) spell out
teatteri *n.* theater
te *pron.* you [pl. form or sing. polite form]
tee *n.* tea
teelusikka (*teelusika-*) *n.* teaspoon
tehdas (*tehtaa-*) *n.* factory, plant
tehdä (*tee-*) *v.* to do; make
tehdä työtä (*tee- työtä*) *v.* to work, do work
tehokas (*tehokkaa-*) *adj.* efficient
tehtävä *n.* task, duty, function
teippi (*teipi-*) *n.* adhesive tape
tekijä *n.* author
tekniikka (*tekniika-*) *n.* technique, technics
tekninen (*teknise-*) *adj.* technical
teknologinen (*teknologise-*) *adj.* technological

teko *(teo-)* *n.* action, deed
teksti *n.* text
tekstitys *(tekstitykse-)* *n.* subtitle [movies, TV]
televisio *n.* television
teline *(telinee-)* *n.* rack
teltta *(telta-)* *n.* tent
telttailla *(telttaile-)* *v.* to camp
temppeli *n.* temple
tennis *(tennikse-)* *n.* tennis
teollinen *(teollise-)* *adj.* industrial
teollisuus *(teollisuude-)* *n.* industry
terassi *n.* terrace
terminaali *n.* terminal [e.g., ferry, airplane]
termospullo *n.* thermos bottle
termostaatti *(termostaati-)* *n.* thermostat
terve *(tervee-)* *adj.* healthy, in good health
terveellinen *(terveellise-)* *adj.* healthful
tervehtiä *(tervehdi-)* *v.* to greet
terveiset *(terveisi-)* *n. pl.* greetings, good wishes
tervetuloa! welcome!
terveys *(terveyde-)* *n.* health
terveyskylpylä *n.* spa
terä *n.* cutting edge
teräs *(teräkse-)* *n.* steel
terävä *adj.* sharp; clever
testata *(testaa-)* *v.* to test
tie *n.* road, way, course
tiede *(tietee-)* *n.* science
tiedotus *(tiedotukse-)* *n.* information [act of informing]
tiedustella *(tiedustele-)* *v.* to inquire
tienristeys *(tienristeykse-)* *n.* crossroads
tieteellinen *(tieteellise-)* *adj.* scientific
tietenkin *adv.* of course, naturally
tieto *(tiedo-)* *n.* knowledge, information, data
tietoinen *(tietoise-)* *adj.* aware, conscious, knowing
tietokone *(tietokonee-)* *n.* computer
tietosanakirja *n.* encyclopedia
tietää *(tiedä-)* *v.* to know
tiimi *n.* team
tikkaat *(tikkai-)* *n. pl.* ladder
tila *n.* space, room; condition, state
tilaisuus *(tilaisuude-)* *n.* occasion, event; chance, opportunity
tilanne *(tilantee-)* *n.* situation
tilapäinen *(tilapäise-)* *adj.* temporary
tilata *(tilaa-)* *v.* to order [e.g., restaurant, taxi]
tilaus *(tilaukse-)* *n.* order
tili *n.* account
timantti *(timanti-)* *n.* diamond
tippa *n.* drop

tippi *n.* tip [money]
tippua *(tipu-)* *v.* to drop; to drip
tiski *n.* counter, desk
tiukka *(tiuka-)* *adj.* tight; strict
todella *adv.* really
todellinen *(todellise-)* *adj.* actual, real, veritable
todennäköinen *(todennäköise-)* *adj.* likely
todennäköisesti *adv.* likely
todistaja *n.* witness
todiste *(todistee-)* *n.* evidence
todistus *(todistukse-)* *n.* certificate
tohtori *n.* doctor [title]
tohveli *n.* slipper [bedroom ~]
toimia *(toimi-)* *v.* to work, function; to act, do, perform
toiminnassa in operation
toiminta *(toiminna-)* *n.* action, activity; function, operation
toiminto *(toiminno-)* *n.* function
toimisto *n.* office, agency
toimittaja *n.* journalist
toinen *(toise-)* *adj.* second; *pron.* other, another
toisluokkainen *(toisluokkaise-)* *adj.* second-rate
toistaa *(toista-)* *v.* to repeat
toive *(toivee-)* *n.* wish
toivo *n.* hope
toivoa *(toivo-)* *v.* to wish
tomaatti *(tomaati-)* *n.* tomato
tontti *(tonti-)* *n.* building lot
tori *n.* marketplace, square, plaza
torni *n.* tower
torttu *(tortu-)* *n.* tart
torvi *(torve-)* *n.* horn [musical instrument]
tosi *(tode-)* *adj.* true [e.g., a ~ story]
tosiasia *n.* fact
tossu *n.* sneaker, slipper [any kind of "soft" footwear]
totta *adj.* true [it's ~]
totta kai! of course!
T-paita *(T-paida-)* *n.* T-shirt
traktori *n.* tractor
treffit *n. col.* date [with a girl/boy]
tuhka *n.* ash
tuhkakuppi *(tuhkakupi-)* *n.* ashtray
tuijottaa *(tuijota-)* *v.* to stare
tukanleikkuu *n.* haircut
tukea *(tue-)* *v.* to support
tukeva *adj.* stable, steady
tuki *(tue-)* *n.* support
tukka *(tuka-)* *n.* hair [human head only]
tukki *(tuki-)* *n.* log
tukkia *(tuki-)* *v.* to block

tulenarka *(tulenara-)* adj. flammable
tulevaisuus *(tulevaisuude-)* n. future
tuli *(tule-)* n. fire
tulitikku *(tulitiku-)* n. match
tulkki *(tulki-)* n. interpreter
tulkkisanakirja n. phrasebook
tulla *(tule-)* v. to come, arrive; to become, get [e.g., ill, rich, happy]
tulla käymään *(tule- käymään)* v. to visit, come visit
tulla sisään *(tule- sisään)* v. to enter, come in
tulla tajuihinsa *(tule- tajuihi-)* v. to come to one's senses
tullata *(tullaa-)* v. to declare [customs]
tulli n. customs; duty
tullivapaa adj. duty-free
tullivirkailija n. customs officer
tulo n. arrival
tulppa *(tulpa-)* n. plug, tap
tulppaani n. tulip
tulva n. flood
tumma adj. dark [e.g., eyes, color]
tunne *(tuntee-)* n. emotion; sensation
tunneli n. tunnel
tunnistaa *(tunnista-)* v. to recognize
tunnoton *(tunnottoma-)* adj. numb
tunnustella *(tunnustele-)* v. to feel, examine by touch
tuntea *(tunne-)* v. to feel, sense
tuntematon *(tuntemattoma-)* adj. unknown
tunti *(tunni-)* n. hour
tuo pron. that
tuoda *(tuo-)* v. to bring
tuoli n. chair
tuolla adv. [be] over there
tuomari n. judge
tuomiokirkko *(tuomiokirko-)* n. cathedral
tuonne adv. [go] over there
tuossa adv. [be] right there
tuote *(tuottee-)* n. product
tuotemerkki *(tuotemerki-)* n. brand
tuottaa *(tuota-)* v. to produce
tupakka *(tupaka-)* n. tobacco
tupakoimattomien osasto n. nonsmoking section
tupakointi *(tupakoinni-)* n. smoking [tobacco]; ~ kielletty no smoking
tupakoitsija n. smoker
tupla- adj. double [e.g., **tuplaviski** ~ whisky]
turisti n. tourist
turkki *(turki-)* n. fur
turvallinen *(turvallise-)* adj. safe
turvallisesti adv. safely

turvallisuus (*turvallisuude-*) *n.* safety
turvavyö *n.* seat belt
tutkia (*tutki-*) *v.* to examine, search
tutkija *n.* scientist
tuttava *n.* acquaintance [person]
tuubi *n.* tube [e.g., toothpaste]
tuuletin (*tuulettime-*) *n.* ventilator, fan
tuuleton (*tuulettoma-*) *adj.* calm, windless
tuulettaa (*tuuleta-*) *v.* to air
tuuli (*tuule-*) *n.* wind; mood
tuulimylly *n.* windmill
tuulinen *adj.* (*tuulise-*) windy
tyhjentää (*tyhjennä-*) *v.t.* to empty
tyhjä *adj.* empty
tyhmä *adj.* stupid
tyttö (*tytö-*) *n.* girl
tyttöystävä *n.* girlfriend
tytär (*tyttäre-*) *n.* daughter
tyyli *n.* style
tyyni (*tyyne-*) *adj.* calm [air, sea, person]
tyyny *n.* cushion, pillow
tyynyliina *n.* pillowcase
tyypillinen (*tyypillise-*) *adj.* typical
tyyppi (*tyypi-*) *n.* type
tyytyväinen (*tyytyväise-*) *adj.* pleased
työ *n.* work, job
työkalu *n.* tool
työntää (*työnnä-*) *v.* to push
työtön (*työttömä-*) *n.* unemployed
tähdätä (*tähtää-*) *v.* to aim
tähti (*tähde-*) *n.* star
tämä *pron.* this
tänne *adv.* here, hither
tänä iltana *adv.* tonight, this evening
tänä yönä *adv.* tonight, this night
tänään *adv.* today
täristä (*tärise-*) *v.i.* to shake
tärkeä *adj.* important
tässä *adv.* here [at this spot/point]
täti (*tädi-*) *n.* aunt
täydellinen (*täydellise-*) *adj.* complete; perfect
täynnä *adv.* full [e.g., cup is ~]; crowded
täysi (*täyde-*) *adj.* full [e.g., a ~ cup]
täysihoitola *n.* guesthouse, boarding house
täysin *adv.* completely
täyttää (*täytä-*) *v.* to fill
täytyä (*täytyy*) *v.* must
täällä *adv.* here [in this place]

tölkki (*tölki-*) *n.* can
töykeä *adj.* rude

U

uhri *n.* victim
uida (*ui-*) *v.* to swim
uima-allas (*uima-altaa-*) *n.* swimming pool
uimahousut (*uimahousui-*) *n. pl.* swimming trunks
uimapuku (*uimapuvu-*) *n.* swimsuit
ukkonen (*ukkose-*) *n.* thunder
ulko- *adj.* outdoor, outside
ulkoilma- *adj.* outdoor, open-air [e.g., concert]
ulkomaalainen (*ulkomaalaise-*) *n.* foreigner
ulkomaillla *adv.* abroad [in a place ~], -**lle** [to a place ~]
ulkomainen (*ulkomaise-*) *adj.* foreign
ulkona *adv.* [be] out, outdoors
ulkonäkö (*ulkonäö-*) *n.* appearance, look
ulkopuolella *adv.* [be] outside
ulkopuolelle *adv.* [go] outside
ulkopuoli (*ulkopuole-*) *n.* outside
ulos *adv.* [go] out, outdoors
uloskäynti (*uloskäynni-*) *n.* exit
umpikuja *n.* dead end
unessa *adv.* asleep
uneton (*unettoma-*) *adj.* sleepless
uni (*une-*) *n.* sleep
uninen (*unise-*) *adj.* sleepy
unitabletti (*unitableti-*) *n.* sleeping pill
unohtaa (*unohda-*) *v.* to forget
upota (*uppoa-*) *v.i.* to sink
upseeri *n.* military officer
urheilija *n.* athlete
urheilu *n.* athletics, sport
urheiluhousut (*urheiluhousui-*) *n. pl.* trunks
useat (*usei-*) *pron.* several
usein *adv.* often, frequently
uskaltaa (*uskalla-*) *v.* to dare
usko *n.* faith
uskoa (*usko-*) *v.* to believe
uskonto (*uskonno-*) *n.* religion
uuni *n.* oven
uusi (*uude-*) *adj.* new
uutiset (*uutisi-*) *n. pl.* news
uutuus (*uutuude-*) *n.* novelty

V

vaaka (*vaa'a-*) *n.* scale [for weighing]
vaakasuora *adj.* horizontal, level
vaalea *adj.* blond; light, pale [color]

vaalit (*vaalei-*) *n. pl.* election
vaan *conj.* but [e.g., not difficult ~ easy]
vaara *n.* danger, hazard
vaarallinen (*vaarallise-*) *adj.* dangerous
vaasi *n.* vase
vaateripustin (*vaateripustime-*) *n.* coat hanger
vaatia (*vaadi-*) *v.* to claim
vaatimus (*vaatimukse-*) *n.* claim
vaatteet (*vaattei-*) *n. pl.* clothes
vaha *n.* wax
vahingonkorvausvaatimus (*vahingonkorvausvaatimukse-*) *n.*
   claim for damages
vahingossa by mistake
vahinko (*vahingo-*) *n.* damage, injury; mistake
vahva *adj.* strong
vahvistaa (*vahvista-*) *v.* to confirm; strengthen
vai *conj.* or [interrogative]
vaihe (*vaihee-*) *n.* phase, stage
vaihtaa (*vaihda-*) *v.* to switch [places, sides]
vaihto (*vaihdo-*) *n.* exchange
vaihtoehto (*vaihtoehdo-*) *n.* alternative
vaihtokurssi *n.* exchange rate
vaihtovirtageneraattori *n.* alternator
vaikea *adj.* difficult, complicated
vaikeapääsyinen (*vaikeapääsyise-*) *adj.* of difficult access
vaikeus *n.* difficulty
vaikeuksia *n. pl. part.* trouble
vaikka *conj.* although
vaimo *n.* wife
vain *adv.* only, just
vaippa (*vaipa-*) *n.* diaper
vaivata (*vaivaa-*) *v.* to molest, bother
vaja *n.* shed
vakaa *adj.* stable
vakava *adj.* serious
vakituinen (*vakituise-*) *adj.* regular, customary, habitual
vakoilija *n.* spy
vakoilla (*vakoile-*) *v.* to spy
vakuutettu (*vakuutetu-*) *p.p.* insured
vakuuttaa (*vakuuta-*) *v.* to assure; insure
vakuutus (*vakuutukse-*) *n.* insurance
valehdella (*valehtele-*) *v.* to tell a lie
valhe (*valhee-*) *n.* lie, untruth
valikoima *n.* selection, variety
valinta (*valinna-*) *n.* choice, selection
valintamyymälä *n.* supermarket
valita (*valitse-*) *v.* to choose, elect; to dial [phone]
valitettavasti *adv.* unfortunately
valittaa (*valita-*) *v.* to complain

valitus (*valitukse-*) *n.* complaint
valkoinen (*valkoise-*) *adj.* white
valkokangas (*valkokankaa-*) *n.* screen [movies, slides]
valmis (*valmii-*) *adj.* ready
valmistaa (*valmista-*) *v.t.* to prepare something
valmistautua (*valmistaudu-*) *v.i.* to prepare yourself for
  something
valo *n.* light
valokopio *n.* photocopy
valokuva *n.* photograph
valonheitin (*valonheittime-*) *n.* floodlight
valtameri (*valtamere-*) *n.* ocean
valtio *n.* state [e.g., ~ of Finland]
valuutta (*valuuta-*) *n.* currency, foreign exchange
valvoa (*valvo-*) *v.* to control
valvoja *n.* attendant
valvonta (*valvonna-*) *n.* control
vamma *n.* injury
vammainen (*vammaise-*) *n. & adj.* disabled, handicapped
vaneri *n.* plywood
vanha *adj.* old; used, second-hand
vanhemmat (*vanhemmi-*) *n. pl.* parents
vanhempi (*vanhemma-*) *adj.* elder, senior
vanhus (*vanhukse-*) *n.* senior citizen
vankila *n.* prison
vanukas (*vanukkaa-*) *n.* pudding
vapaa *adj.* free, vacant
vapaa-aika (*vapaa-aja-*) *n.* leisure time
vapaa-ajan *adj.* recreational
vapaamuotoinen (*vapaamuotoise-*) *adj.* informal
vapaapäivä *n.* holiday, day off
vapaita huoneita *n.pl.* vacancies
vara- *adj.* spare, reserve, emergency
varaosa *n.* spare part
varas (*varkaa-*) *n.* thief
varastaa (*varasta-*) *v.* to steal
varasto *n.* store, stock, inventory
varata (*varaa-*) *v.* to reserve
varattu (*varatu-*) *adj.* reserved; occupied, taken; busy
  [telephone line]
varauloskäynti *n.* emergency exit
varaus (*varaukse-*) *n.* reservation; charge [electrical]
varjo *n.* shade, shadow
varma *adj.* certain, sure; secure, safe
varmasti *adv.* certainly, sure; safely
varoittaa (*varoita-*) *v.* to warn
varoitus (*varoitukse-*) *n.* warning
varoke (*varokkee-*) *n.* fuse [electrical]
varomaton (*varomattoma-*) *adj.* careless

varovainen *(varovaise-) adj.* careful, cautious
varovasti *adv.* carefully
varsi *(varre-) n.* shaft
varsinainen *(varsinaise-) adj.* actual
varsinkin *adv.* especially
vartalo *n.* body
varten *postp.* for
vartija *n.* guard
vartioitu *(vartioidu-) adj.* guarded
varusteet *(varustei-) n. pl.* equipment
varvas *(varpaa-) n.* toe
vasara *n.* hammer
vasemmallla *adv.* [be] left; -llle [go] left
vasen *(vasemma-) adj.* left
vastaan *postp.* against, opposed to
vastaanotin *(vastaanottime-) n.* receiver [TV, radio]
vastaanottaja *n.* addressee, receiver
vastakkainen *(vastakkaise-) adj.* opposite, contrary
vastapäinen *(vastapäise-) adj.* opposite [situated face-to-face]
vastapäätä *adv.* across [be ~ from somebody or something[
vastasyntynyt *(vastasyntynee-) adj.* newborn
vastata *(vastaa-) v.* to answer, reply
vastaus *(vastaukse-) n.* answer
vasten *postp.* against [leaning ~]
vastuu *n.* responsibility
vastuussa *adj.* responsible
vatsa *n.* stomach
vauhti *(vauhdi-) n.* speed
vaunu *n.* wagon, car [of a train or trolley]
vauva *n.* baby
vauvanruoka *(vauvanruoa-) n.* baby food
vedenkestävä *adj.* waterproof
vedenpitävä *adj.* waterproof
vegetaarinen *(vegetaarise-) adj.* vegetarian
vehnä *n.* wheat
veistos *(veistokse-) n.* sculpture
veitsi *(veitse-) n.* knife
veli *(velje-) n.* brother
velka *(vela-) n.* debt
veloittaa *(veloita-) v.* to charge [fee]
velvollisuus *(velvollisuude-) n.* duty
vene *(venee-) n.* boat
venesatama *n.* marina
venyttää *(venytä-) v.* to stretch
verho *n.* curtain
veri *(vere-) n.* blood
verkko *(verko-) n.* net
vero *n.* tax
veroton *(verottoma-) adj.* tax-free

verrata *(vertaa-)* *v.* to compare
verryttelypuku *(verryttelypuvu-)* *n.* track suit
versio *n.* version
vesi *(vede-)* *n.* water
vesikauhu *n.* rabies
vesikouru *n.* gutter
vesimeloni *n.* watermelon
vesiputous *(vesiputoukse-)* *n.* waterfall
vesitiivis *(vesitiivii-)* *adj.* waterproof
vessa *n.* toilet
veto *(vedo-)* *n.* draft [current of air]
vetoketju *n.* zipper
vetää *(vedä-)* *v.* to pull, draw
viaton *(viattoma-)* *adj.* innocent
video *n.* video
vielä *conj.* yet; *adv.* still
viemäri *n.* drain, sewer
vierailija *n.* visitor
vierailla *(vieraile-)* *v.* to visit
vierailu *n.* visit
vieras *(vieraa-)* *n.* guest; stranger; *adj.* strange, unknown
vieras sana *n.* foreign word
viesti *n.* message
viha *n.* hate
vihainen *(vihaise-)* *adj.* angry
vihannes *(vihannekse-)* *n.* vegetable
vihata *(vihaa-)* *v.* to hate
vihellys *(vihellykse-)* *n.* whistle
viheltää *(vihellä-)* *v.* to whistle
vihreä *adj.* green
viihde *(viihtee-)* *n.* entertainment
viikko *(viiko-)* *n.* week
viikonloppu *(viikonlopu-)* *n.* weekend
viikset *(viiksi-)* *n. pl.* mustache
viileä *adj.* cool
viimeinen *(viimeise-)* *adj.* last
viini *n.* wine
viipale *(viipalee-)* *n.* slice
viisumi *n.* visa
viiva *n.* line
viivytys *(viivytykse-)* *n.* delay
vika *(via-)* *n.* fault
vilja *n.* grain, food plants or their seed collectively
villa *n.* wool
villapaita *(villapaida-)* *n.* sweater, jersey
villatakki *(villataki-)* *n.* cardigan
villi *adj.* wild
vinkua *(vingu-)* *v.* to squeak
vipu *(vivu-)* *n.* lever

virallinen (*virallise-*) *adj.* official
viranomaiset (*virkamiehe-*) *n. pl.* authorities
virittää (*viritä-*) *v.t.* to tune, adjust
virka (*vira-*) *n.* office, position
virkamies *n.* civil servant
virkapuku (*virkapuvu-*) *n.* uniform
virkistys- *adj.* recreational
virkistysalue (*virkistysaluee-*) *n.* recreational area
virrata (*virtaa-*) *v.* to flow
virta *n.* current, stream
virtsa *n.* urine
virus (*virukse-*) *n.* virus
virvoitusjuoma *n.* soft drink
virvoke (*virvokkee-*) *n.* refreshment
vitamiini *n.* vitamin
vitsi *n.* joke
viulu *n.* violin
vohveli *n.* waffle
voi *n.* butter
voida (*voi-*) *v.* can; may [to be allowed]
voide *n.* (*voitee-*) lotion, ointment
voileipä (*voileivä-*) *n.* sandwich
voima *n.* power, energy
voimakas (*voimakkaa-*) *adj.* powerful, strong
voimakkuus (*voimakkuude-*) *n.* strength
voimassa oleva *adj.* valid
voittaa (*voita-*) *v.* to win
voitto (*voito-*) *n.* profit
volttimäärä *n.* voltage
vuode (*vuotee-*) *n.* bed
vuodenaika (*vuodenaja-*) *n.* season [e.g., summer]
vuodevaatteet *n. pl.* bedclothes
vuohi (*vuohe-*) *n.* goat
vuokra *n.* rent
vuokraemäntä (*vuokraemännä-*) *n.* landlady
vuokraisäntä (*vuokraisännä-*) *n.* landlord
vuokrata (*vuokraa-*) *v.* to hire, rent, charter
vuori (*vuore-*) *n.* mountain
vuosi (*vuode-*) *n.* year
vuosipäivä *n.* anniversary
vuotaa (*vuoda-*) *v.* to leak
vuotaa verta (*vuoda- verta*) *v.* to bleed
vuoto (*vuodo-*) *n.* leak
vuotuinen (*vuotuise-*) *adj.* annual
vyö *n.* belt
vyötärö *n.* waist
väestö *n.* population, body of inhabitants
vähennys (*vähennykse-*) *n.* reduction
vähentää (*vähennä-*) *v.t.* to subtract

vähemmistö *n.* minority
vähemmän *adv.* less
vähimmäis- *adj.* minimum [e.g., vähimmäisikä minimum age]
vähän *adv.* little; some
väkevä *adj.* strong [flavor]
väkijuoma *n.* liquor
väkiluku (*väkiluvu-*) *n.* population, number of inhabitants
väliaikainen (*väliaikaise-*) *adj.* temporary
väliin *postp.* [go] between
välimatka *n.* distance
väline (*välinee-*)
välipala *n.* snack
välissä *postp.* [be] between
välittää (*välitä-*) *v.* to care, mind, be concerned
välittömästi *adv.* immediately
välttämätön (*välttämättömä-*) *adj.* essential, necessary
välttää (*vältä-*) *v.* to avoid
välähdys (*välähdykse-*) *n.* flash
väri *n.* color
värikäs (*värikkää-*) *adj.* colorful
väriliitu (*väriliidu-*) *n.* crayon
värisokea *adj.* color-blind
väsynyt (*väsynee-*) *adj.* tired
vääntyä (*väänny-*) *v.i.* to twist, bend, distort
väärennös (*väärennökse-*) *n.* fake
väärin *adv.* wrongly
väärinkäsitys (*väärinkäsitykse-*) *n.* misunderstanding
väärinkäyttö (*väärinkäytö-*) *n.* abuse [e.g., ~ of power, alcohol ~]
väärä *adj.* wrong

W

WC *n.* toilet
WC-paperi *n.* toilet paper

Y

ydinvoima *n.* nuclear power
ydinvoimala *n.* nuclear plant
yhden hengen huone (*yhden hengen huonee-*) *n.* single room
yhdessä *adv.* together
yhdistelmä *n.* combination
yhdistys (*yhdistykse-*) *n.* association, society
yhdistyä (*yhdisty-*) *v.i.* to connect; combine, join
yhdistää (*yhdistä-*) *v.t.* to connect, combine, join
Yhdysvallat (*Yhdysvalloi-*) *n.* United States
yhteinen (*yhteise-*) *adj.* common, mutual
yhteistyö *n.* cooperation
yhteys (*yhteyde-*) *n.* contact, connection, relation
yhtiö *n.* company, corporation

yhtye (*yhtyee-*) *n.* band
yhtäkkiä *adv.* suddenly
yhtä suuri (*yhtä suure-*) *adj.* equal, as great as
yksi (*yhde-*) *n.* & *adj.* one
yksi ainoa *adj.* single
yksin *adv.* alone
yksinkertainen (*yksinkertaise-*) *adj.* simple
yksinäinen (*yksinäise-*) *adj.* lonely, solitary
yksittäinen (*yksittäise-*) *adj.* single
yksityinen (*yksityise-*) *adj.* private, personal
yksityis- *adj.* private
yksityisalue (*yksityisaluee-*) *n.* private property
yksityiskohta (*yksityiskohda-*) *n.* detail
yleensä *adv.* normally
yleinen (*yleise-*) *adj.* public; common, general, universal
yleis- *adj.* universal, general
yleisurheilu *n.* track and field events
yleisö *n.* audience
yleisöpuhelin (*yleisöpuhelime-*) *n.* pay phone
ylellisyys (*ylellisyyde-*) *n.* luxury
ylettyä (*ylety-*) *v.* to reach, extend to
ylhäällä *adv.* [be] up
yli *postp.* & *adv.* across [go ~ something]; over [pass, cross]
ylimääräinen (*ylimääräise-*) *adj.* extra
yliopisto *n.* university
ylittää (*ylitä-*) *v.* to cross something [e.g., road, river]
yllättynyt (*yllättynee-*) *adj.* surprised
yllätys (*yllätykse-*) *n.* surprise
yläkerrassa *adv.* [be] upstairs
yläkerta (*yläkerra-*) *n.* upstairs
yläkertaan *adv.* [go] upstairs
yläpuolellla *postp.* [be] above; [be] over; -lle [go] above;
   [go] over
ylös *adv.* [go] up
ylösalaisin *adv.* upside down
ymmärtää (*ymmärrä-*) *v.* to understand
ympyrä *n.* circle
ympäri *postp.* round [~ the clock/world]; -llä
   [be ~ something] around
ympäristö *n.* environment
ympäristönsuojelu *n.* environmental protection
ympäröidä (*ympäröi-*) *v.t.* to circle
yrittää (*yritä-*) *v.* to try
yritys (*yritykse-*) *n.* try
yrtti (*yrti-*) *n.* herb
yskiä (*yski-*) *v.* to cough
yskä *n.* cough
ystävä *n.* friend
yö *n.* night, evening

yökerho *n.* nightclub
yömyssy *n.* nightcap
yöpaita (*yöpaida-*) *n.* night gown

Ä

äiti (*äidi-*) *n.* mother
äkillinen (*äkillise-*) *adj.* abrupt
älkää *v. imp. pl.* do not!
älykortti (*älykorti-*) *n.* smart card
älykäs (*älykkää-*) *adj.* intelligent
älä *v. imp. s.* do not!
ämpäri *n.* bucket, pail
äskettäin *adv.* recently
äänekäs (*äänekkää-*) *adj.* loud
äänetön (*äänettömä-*) *adj.* silent, mute
ääni (*ääne-*) *n.* noise, sound, voice
äänimerkki (äänimerki-) *n.* sound signal
äänite (*äänittee-*) *n.* record [music]
äänittää (*äänitä-*) *v.* to record sound
ääntäminen (*ääntämise-*) *n.* pronunciation
ääntää (*äännä-*) *v.* to pronounce

Ö

öljy *n.* oil

PHRASEBOOK CONTENTS

Meetings & Greetings

Most Finns will say "**Hei!**" or "**Päivää!**" to greet you.
The latter is more formal.

Hi!
Hei!
Terve!
Moi!

Good morning!
Hyvää huomenta!
Huomenta!

Good afternoon!
Hyvää päivää!
Päivää!

Good evening!
Hyvää iltaa!
Iltaa!

How are you?
Mitä kuuluu?

> Fine, thanks!
> **Kiitos hyvää!**

What is your name?
Mikä sinun nimesi on?

> My name is...
> **Nimeni on...**

(It was) Nice to meet you!
(Oli) Hauska tavata!

Good-bye!
Näkemiin!

Bye!
Hei!
Moi!
Terve!

See you later!
Nähdään!

Give my regards to your wife / husband / family!
Terveisiä vaimollesi / miehellesi / perheelle!

Saying Good-bye

Good-bye!
Näkemiin! (*formal*); **Hei!** (*informal*)

See you!
Nähdään!

It was nice to meet you!
Oli hauska tutustua!

I hope we meet again!
Toivottavasti tavataan vielä!

Being Polite

Thank you!
Kiitos!

Here you are.
Ole hyvä! (*sing.*)
Olkaa hyvä! (*pl./formal*)

Do you want...?
Haluatko...? (*sing.*)
Haluatteko...? (*pl./formal*)

Yes, thanks!
Kyllä kiitos!

I'd love to.
Mielelläni.

No, thanks!
Ei kiitos!

That's enough, thank you.
Riittää, kiitos.

Excuse me! / Sorry!
Anteeksi!

Can you tell me what time it is?
Voitteko sanoa paljonko kello on?

Excuse me, is this seat taken?
Anteeksi, onko tämä paikka vapaa?

Excuse me, can I get through?
Anteeksi, pääsisinkö ohi?

Sorry, what did you say? / Excuse me?
Anteeksi, mitä sanoit? / Anteeksi mitä?

Sorry, I didn't mean to!
Anteeksi, ei ollut tarkoitus!

I'm so sorry!
Olen pahoillani!

No problem!
Ei se mitään!

Don't worry!
Älä välitä!
Älä huoli!

Basic Words & Phrases

Yes
Kyllä
Joo (*col.*)
[sometimes used together: **kyllä joo** or **joo kyllä**]

No
Ei

Perhaps
Ehkä

I'd love to
Mielelläni

---

but	**mutta**
and	**ja**
or	**tai**
	vai [in questions]

I would like to...   **Haluaisin...**

...stop.	**...pysähtyä.**
...go.	**...lähteä.**
...eat.	**...syödä.**
...drink.	**...juoda.**

I would like to have this / that.
Haluaisin tämän / tuon.

How many?
Kuinka monta?
Montako?

> none / a few
> **ei yhtään / muutama**

> None for me, please.
> **Ei yhtään minulle, kiitos.**

> I'll have some.
> **Otan muutaman.**

How much?
Kuinka paljon?
Paljonko?

> a little / a lot
> **vähän / paljon**

> less / more
> **vähemmän / enemmän**

> Nothing for me, please.
> **Ei mitään minulle, kiitos.**

> nothing / some
> **ei mitään / hiukan**

That's enough.
Riittää.

That's too much.
Se on liikaa.

What does it / this cost?
Paljonko se / tämä maksaa?
Mitä se / tämä maksaa?

big	**iso**
small	**pieni**
new	**uusi**

All right. [agreement]
Hyvä on.

It's all right.
Hyvä.

Of course
Totta kai

Okay
selvä, okei

It is important / not important.
Se on tärkeää / samantekevää.

I am...	Minulla on...
...cold	**...kylmä**
...hot	**...kuuma**
...hungry	**...nälkä**
...thirsty	**...jano**
...busy	**...kiire**

I am tired.
Olen väsynyt.

I am ready.
Olen valmis.

Whose is this?
Kenen tämä on?

> It's mine.
> **Se on minun.**

Common Questions

What / which?
Mikä?

What is this / that?
Mikä tämä / tuo on?

Which one of these?
Mikä näistä?

What?
Mitä?

What are these / those?
Mitä nämä / nuo ovat?

What would you like?
Mitä haluat?

What does this mean?
Mitä tämä tarkoittaa?

Who?
Kuka?

Who are you?
Kuka sinä olet?

Where?
Missä?

Where is the toilet?
Missä on vessa?

I understand / I don't understand
Ymmärrän / En ymmärrä

Do you speak...?	Puhutteko...?
...English	...englantia
...Spanish	...espanjaa
...French	...ranskaa
...German	...saksaa

I don't speak Finnish.
En puhu suomea.

I can only speak a little Finnish.
Osaan vain vähän suomea.

Pronouns

I	**minä**
you	**sinä**
he/she	**hän**
we	**me**
you all	**te** (*also sing. formal*)
they	**he** [for people]
	ne [for things and animals]
it	**se**
this	**tämä**
that	**tuo**
these	**nämä**
those	**nuo**

Telling the Time

Excuse me, can you tell me the time?
Anteeksi, voitteko sanoa, paljonko kello on?

Nine A.M.
Yhdeksän aamulla.

Nine P.M.
Yhdeksän illalla.

It is exactly half past three / quarter past four / quarter to five.
Kello on tasan puoli neljä / viittätoista yli neljä / viittätoista vaille viisi.

I'll meet you tomorrow at nine.
Tapaan teidät huomenna kello yhdeksän.

At ten minutes to six.
Kymmentä vaille kuusi.

At twenty minutes past seven.
Kaksikymmentä yli seitsemän.

I'm sorry I'm late.
Anteeksi, että olen myöhässä.

At what time does... open?
Mihin aikaan... avataan?

At what time does... close?
Mihin aikaan... suljetaan?

At what time should I be there?
Mihin aikaan minun pitäisi olla siellä?

At what time will you be there?
Mihin aikaan te olette siellä?

May I come...?	**Voinko tulla...?**
...at 8 o'clock	**...kello kahdeksalta**
...at 2:30	**...puoli kolmelta**

after (prep.)	jälkeen
afterwards	jälkeenpäin
at night	yöllä
before	ennen
during the day	päivällä
early	aikaisin
half an hour	puoli tuntia
hour	tunti
in the afternoon	iltapäivällä
in the evening	illalla
in the morning	aamulla, aamupäivällä
in time	ajoissa
late	myöhään
midnight	keskiyö
minute	minuutti

noon	keskipäivä
second	sekunti
15 minutes	viisitoista minuuttia, vartti

When?
Koska?
Milloin?

now
nyt

immediately
heti

today
tänään

tomorrow
huomenna

yesterday
eilen

Problems

Help!
Apua!

Hey!!
Hei!!

Watch out!
Varo! (*sing.*) / **Varokaa!** (*pl.*)

Watch out, will you! / Watch your step!
Varo vähän! / Katso minne astut!

It's mine. / They are mine. / That is my space.
Se on minun. / Ne ovat minun. / Se on minun paikkani.

I don't understand.
En ymmärrä.

Do you speak English?
Puhutko (*sing.*) / **Puhutteko** (*pl.*) **englantia?**

Just a moment!
Hetkinen!

Where is...?
Missä on...?

Do you know where ... is?
Tiedättekö (*pl.*) / **Tiedätkö** (*sing.*) **missä ... on?**

   ...the toilet / men's room / ladies' room
   ...vessa / miesten vessa / naisten vessa
   [normally on signs: **WC, M** for men, **N** for women]

   ...the exit
   ...uloskäynti
   [on signs often just **ulos**]

   ...the entrance
   ...sisäänkäynti
   [on signs often just **sisään**]

   ...elevator
   ...hissi

I don't know.
En tiedä.

Weather

What's the temperature today?
Mikä on lämpötila tänään?

What is the weather going to be like today / tomorrow?
Millainen sää on tänään / huomenna?

It's going to be warm / cold.
Tulee lämmin / kylmä ilma.

It's going to get warmer / colder.
Tulee lämpimämpää / kylmempää.

It's going to rain / snow.
On tulossa sadetta / lumisadetta.

It looks like there is going to be a storm.
Näyttää tulevan myrsky.

air	ilma
bad ice conditions warning	kelivaroitus
black ice	musta jää
changeable weather	vaihteleva sää
clear	kirkas
climate	ilmasto
cloud	pilvi
cloudy	pilvinen
cold	kylmä
cool	viileä
damp	kostea
degree	aste
downpour	kaatosade
dry	kuiva
flood	tulva
fog	sumu
forest fire warning	kulovaroitus
frost	pakkanen / halla
gust	tuulenpuuska
hailstones	rakeet
[to] hail	sataa rakeita
hazy	utuinen
heat [hot weather]	helle
hot	kuuma
ice	jää
thin ice!	Heikkoa jäätä!
lightning	salama
rain	sade
[to] rain	sataa
rough sea	kova merenkäynti / kova aallokko
snow	lumi
[to] snow	sataa lunta
snowbank	hanki, lumikinos, nietos
snowdrift	lumikinos
snowfall	lumisade
snowstorm	lumimyrsky, lumipyry
snow crust	hanki
snow line	lumiraja

snow slush	**sohjo, loska**
storm	**myrsky**
storm warning	**myrskyvaroitus**
sun	**aurinko**
sunrise	**auringonnousu**
sunset	**auringonlasku**
surf	**aallokko**
temperature	**lämpötila**
thaw	**suojasää**
thunder	**ukkonen**
thunderstorm	**ukkosmyrsky**
warm	**lämmin**
wave	**aalto**
weather	**sää, ilma**
weather conditions	**keli**
weather forecast	**sääennuste**
weather report	**säätiedotus**
wet	**märkä**
wet snow	**räntä, loska, sohjo, nuoska**
wind	**tuuli**
wind force	**tuulen voimakkuus**
wind warning	**tuulivaroitus**
windy	**tuulinen**

Directions

Excuse me, <u>where</u> is...?
Anteeksi, <u>missä</u> on...?

>...the National Museum.
>**...Kansallismuseo.**

>...the marketplace.
>**...kauppatori.**

>...the train station.
>**...rautatieasema.**

>...the tourist information office.
>**...turistineuvonta.**

Can you tell me...?
Voitteko sanoa...?

Where is <u>the nearest</u>...? **Missä on <u>lähin</u>...?**

>...(bus/streetcar)   ...(bussi-/raitiovaunu-)
>   stop   **pysäkki**
>...telephone booth   **...puhelinkioski**
>...grocery store   **...ruokakauppa**

<u>How can I get</u> to the train station / town center /
   marketplace?
<u>Kuinka pääsen</u> rautatieasemalle / keskustaan / torille?

Can you show me where we are <u>on the map</u>?
Voitteko näyttää <u>kartalta</u>, missä olemme?

<u>In which direction</u> should I go?
<u>Mihin suuntaan</u> minun on mentävä?

How far is it...?   **Kuinka pitkä matka on...?**

>...to the beach   **...uimarannalle**
>...the mall   **...ostoskeskukseen**
>...a taxi stand   **...taksiasemalle**

Thank you very much for your help!
Paljon kiitoksia avustanne

You Might Hear:

Tähän / tuohon suuntaan.
In this / that direction.

Se on kaukana.
Sinne on pitkä matka.
It is far away.

Se on lähellä.
Sinne on lyhyt matka.
It is nearby.

Se on kahden / kolmen korttelin päässä.
It is two / three blocks away.

Menkää / Kävelkää tästä <u>suoraan</u> / <u>vasemmalle</u> /
<u>oikealle</u>.
Go / Walk from here <u>straight ahead</u> / <u>left</u> / right.

Sitten...
Then...

Ensimmäinen / Toinen katu <u>vasemmalle</u> / <u>oikealle</u>.
First / Second street <u>to the left</u> / <u>to the right.</u>

Ylittäkää silta / aukio / katu.
Cross a bridge / square / street.

Kävelkää puiston läpi.
Walk through the park.

Sinne on helppo / vaikea löytää.
It is easy / hard to find.

Ette voi eksyä.
You can't go wrong.

Note: There are often two different words to indicate a direction or position in Finnish—one used with a stationary position and the other used with verbs of movement. For example, <u>go behind</u> the tree *mene puun* *<u>taakse</u>*; <u>stay behind</u> it *pysy sen <u>takana</u>*.

address	**osoite**
[be] behind / [go] behind	**takana / taakse**
[be] beside / [go] beside	**vieressä / viereen**
direction	**suunta**
in this direction	**tähän suuntaan**
in that direction	**tuohon suuntaan**
[be] down / [go] down	**alhaalla / alas**
excuse me	**anteeksi**
[be] far away / [go] far	**kaukana / kauas**
in the front / to the front	**edessä / eteen**
[be] here / [come] here	**täällä / tänne**
left / right	**vasen / oikea**
to the left / on the left	**vasemmalle/ vasemmalla**
map	**kartta**
[be] near / [go] near	**lähellä / lähelle**
opposite	**vastapäätä**
parallel	**samansuuntainen**
to the right / on the right	**oikealle /oikealla**
straight ahead	**suoraan**
that / that way	**tuo** (*col.* **toi**) **/ tuota tietä**
[be] there / [go] there	**tuolla / tuonne** [someplace in your range of sight] **siellä / sinne** [someplace out of sight]
this / this way	**tämä** (*col.* **tää**) **/ tätä tietä**
[be] up / [go] up	**ylhäällä / ylös**
where / where to	**missä / mihin**

Places

alley	**kuja**
amusement park	**huvipuisto**
art gallery	**taidegalleria**
beach	**uimaranta**
block	**kortteli**
botanical gardens	**kasvitieteellinen puutarha**
bridge	**silta**

building	**rakennus**
castle	**linna**
corner	**kulma**
cathedral	**tuomiokirkko**
cemetery	**hautausmaa**
center	**keskusta**
church	**kirkko**
city hall	**kaupungintalo**
department store	**tavaratalo**
dirt road	**hiekkatie, soratie**
downtown	**keskusta**
embassy	**suurlähetystö**
factory	**tehdas**
fortress	**linnoitus**
fountain	**suihkulähde**
gardens	**puutarha**
gravel road	**soratie**
harbor	**satama**
hospital	**sairaala**
house	**talo**
house number	**talon numero**
intersection, junction	**risteys**
lake	**järvi**
library	**kirjasto**
main street	**pääkatu**
market hall	**kauppahalli**
marketplace	**tori;**
	kauppatori [*esp.* the main marketplace in Helsinki]
memorial	**muistomerkki**
monument	**monumentti**
mosque	**moskeija**
museum	**museo**
observatory	**observatorio**
old town	**vanhakaupunki**
opera house	**oopperatalo**
park	**puisto**
parliament building	**eduskuntatalo**
pedestrian crossing	**suojatie**

pedestrian zone	**kävelykatu**
presidential palace	**presidentinlinna**
river	**joki**
road	**tie**
ruins	**rauniot** (*pl.*)
school	**koulu**
seafront	**merenranta**
shop	**kauppa**
shopping center	**ostoskeskus**
sidewalk	**jalkakäytävä**
square	**aukio, tori**
stadium	**stadion**
station	**asema**
statue	**patsas**
street	**katu**
suburb	**esikaupunki**
synagogue	**synagoga**
theater	**teatteri**
T-junction	**T-risteys**
tower	**torni**
track	**rata, raide, kiskot** (*pl.*)
traffic light	**liikennevalot** (*pl.*)
university	**yliopisto**
waterside	**ranta**
zoo	**eläintarha**

By Plane

Note: See **Basic Grammar** for a list of **cities and place names** with the corresponding endings to express a direction.

<u>I want</u> to make / to cancel a reservation.
<u>Haluaisin</u> varata liput / peruuttaa varauksen.

May I make the reservation by telephone?
Voinko tehdä varauksen puhelimitse?

Is there a flight to...
Onko ... lentoa?

Is it a direct flight?
Onko se suora lento?

How long is the stopover?
Kauanko välilasku kestää?

How long does the flight take?
Kauanko lento kestää?

When is the next flight to...?
Milloin on seuraava lento...?

When does the plane arrive...?
Milloin kone saapuu...?

At what time should we check-in?
Milloin pitää olla lähtöselvityksessä?

Will food be served?
Tarjoillaanko koneessa ruokaa?

Is there bus service to / from the airport?
Onko lentokentälle / lentokentältä bussiyhteys?

Where is check-in for flight...?
Missä on lähtöselvitys lennolle...?

Where do the buses depart?
Mistä bussit lähtevät?

Where can I get a taxi?
Mistä saan taksin?

How long does it take from my hotel to the airport?
Kauanko matka hotellista lentokentälle kestää?

Where is baggage claim?
Missä on matkatavaroiden luovutus?

Is there a hotel information desk here?
Onko täällä hotelli-informaatiota?

Where is the way out?
Mistä pääsee ulos?

airport tax lentokenttävero
arrivals saapuvat (*saapuvi-*)
baggage matkatavarat (*matkatavaroi-*)
boarding pass tarkastuskortti (*tarkastuskorti-*)
cancelled *adj.* peruutettu (*peruutetu-*)
check-in *n.* lähtöselvitys (*lähtöselvitykse-*)
customs tulli
delayed *adj.* myöhässä
departures lähtevät (*lähtevi-*)
domestic flights *pl.* kotimaan lennot (*kotimaan lennoi-*)
emergency exit varauloskäytävä
flight attendant lentoemäntä (*lentoemännä-*)
   [stewardess]; stuertti (*stuerti-*) [steward]
flight lento (*lenno-*)
flight number lennon numero
international flights *pl.* ulkomaan lennot (*ulkomaan
   lennoi-*)
landing laskeutuminen (*laskeutumise-*)
on board koneessa [inside the plane]; koneeseen
   [to the plane]; koneesta [from the plane]
seat belt turvavyö, istuinvyö
seat *n.* paikka (*paika-*); **window** ~ ikkunapaikka;
   aisle ~ käytäväpaikka
takeoff *n.* nousu (leaving the ground); lähtö (*lähdö-*)
   [start]
ticket *n.* lippu (*lipu-*)

Customs

Where is the customs office?
Missä on tullitoimisto?

This / that belongs to me / to him/her.
Tämä / tuo kuuluu minulle / hänelle.

I have nothing to declare.
Minulla ei ole mitään tullattavaa.

Everything is for my personal use.
Kaikki on omaan käyttööni.

passport
passi

duty
tullimaksu

NOTHING TO DECLARE
EI TULLATTAVAA

GOODS TO DECLARE
TULLATTAVAA

By Taxi

Excuse me! | **Anteeksi!**
Where can I get a taxi? | **Mistä saisin taksin?**
Hello! | **Päivää!**
taxi stand | **taksiasema**

I'd like to go to... | **Haluaisin...**

...downtown. | **...keskustaan.**
...hotel... | **...hotelli...**
...this address. | **...tähän osoitteeseen.**
...the airport. | **...lentokentälle.**
...the railway station. | **...rautatieasemalle.**

Follow that car, please.
Seuratkaa tuota autoa.

How much do you charge for the ride?
Paljonko matka maksaa?

Can I pay with a credit card?
Voinko maksaa luottokortilla?

Take the next street to the left / right.
Seuraavaa katua vasemmalle / oikealle.

It's the next house.
Se on seuraava talo.

Stop at the next corner.
Pysäyttäkää seuraavassa kadunkulmassa.

Could you stop here?
Voitteko pysähtyä tähän?

I'd like to get out here.
Haluaisin jäädä pois tässä.

Wait for me here.
Odottakaa minua tässä.

By Public Transport

On buses, streetcars, the subway and local trains in Helsinki, you are allowed to change lines as often as you please before the printed time expires. You can buy single tickets from the bus or streetcar driver, and reloadable Travel Cards at metro and railway stations as well as "R-kioski" newsstands. The subway in Helsinki is called the metro. There is only one metro line, which goes from the city center to the eastern suburbs. You can ride the local trains within the city limits with the same ticket you use for buses. The local trains depart from the central train station called *rautatieasema*.

Note: See the beginning of **Travel & Transportation** for getting **directions**.

Excuse me!
Anteeksi!

Does this bus / streetcar / train go to...?
Meneekö tämä bussi / raitiovaunu / juna...?

Which bus / streetcar / train goes to...?
Mikä bussi / raitiovaunu / juna menee...?

When does the bus leave / arrive?
Koska bussi lähtee / tulee?

How much is the fare?
Paljonko lippu maksaa?

Would you tell me when to get off?
Voitteko sanoa milloin minun on jäätävä pois?

I'd like a Travel Card.
Haluaisin matkakortti.

Where is the bus stop / terminus?
Missä on bussipysäkki / päätepysäkki?

When is the first / next / last bus to the airport?
Koska lähtee ensimmäinen / seuraava / viimeinen bussi lentokentälle?

How often do the buses run?
Kuinka usein bussit kulkevat?

Do I have to change buses?
Täytyykö minun vaihtaa toiseen bussiin?

How long does the journey take?
Kauanko matka kestää?

bus	**bussi**
central train station	**rautatieasema**
charge	**maksu**
driver	**kuljettaja**
	kuski (*col.*)
bus/streetcar stop	**pysäkki**
end stop	**päätepysäkki**
kiosk, newsstand	**kioski**
local train	**paikallisjuna**
streetcar	**raitiovaunu**
subway	**metro**
subway station	**metroasema**
ticket	**lippu**
single ticket	**kertalippu**
Travel Card	**matkakortti**
timetable	**aikataulu**
to reload (Travel Card)	**ladata (lataa-)**

By Train

Don't be confused by the fact that in the areas of Finland where there is a Swedish-speaking community, signs are in both Finnish and Swedish; for example, a sign reading: "Helsinki Helsingfors" is not referring to two different places, but is saying the same thing in both languages!

Note: See **Basic Grammar** for a list of **cities and place names** with the corresponding endings to express a direction. See the beginning of **Travel & Transportation** for getting **directions**.

I'd like to have a ticket to...
Haluaisin lipun...

When is the next train to...?
Koska on seuraava juna...?

Is there an ... train?   **Onko ... junaa?**

   ...earlier   ...aikaisempaa
   ...later   ...myöhempää
   ...faster   ...nopeampaa

Do I have to change trains? Where?
Onko minun vaihdettava junaa? Missä?

From which track does the train leave?
Miltä raiteelta juna lähtee?

Does the train to ... leave from this track?
Lähteekö juna ... tältä raiteelta?

Excuse me! Does this <u>train</u> / <u>car</u> go to...?
Anteeksi! Meneekö tämä <u>juna</u> / <u>vaunu</u>...?

Is the train <u>late</u>?
Onko juna <u>myöhässä</u>?

Excuse me! Can you tell me where I can find this seat...?
Anteeksi! Osaatteko sanoa, mistä löydän tämän paikan...?

I'm sorry this seat is reserved!
Anteeksi, mutta tämä paikka on varattu!

Is this seat free?
Onko tämä paikka vapaa?

Yes, it's free. / No, it's taken.
Kyllä, se on vapaa. / Ei, se on varattu.

Excuse me! Could you tell me what time the train is going to arrive...?
Anteeksi! Voitteko sanoa, mihin aikaan juna saapuu...?

baggage office matkatavaratoimisto
baggage room matkatavarasäilö
car vaunu
conductor konduktööri
dining car ravintolavaunu
express *n.* pikajuna
information neuvonta (*neuvonna-*)
local train lähijuna (within city limits); paikallisjuna
locker säilytyslokero
long distance kaukoliikenne (*kaukoliikentee-*)
long distance train kaukojuna
one-way ticket menolippu (*menolipu-*)
platform laituri
railroad *n.* rautatie
railroad station rautatieasema
round-trip ticket meno-paluulippu (*meno-paluulipu-*)
seat *n.* paikka (*paika-*)
seat reservation paikkavaraus (*paikkavaraukse-*)
short distance lähiliikenne (*lähiliikentee-*)
sleeping car makuuvaunu
station *n.* asema
stop *n.* pysähdys (*pysähdykse-*)
ticket *n.* lippu (*lipu-*)
ticket office lipunmyynti (*lipunmyynni-*)
timetable aikataulu
track *n.* raide (*raitee-*)

By Boat

There is frequent ship and ferry traffic between Finland, Sweden and Estonia. On a clear day you can see Tallinn, the beautiful, medieval Estonian capital, from Helsinki. Short cruises and overnight shopping trips to Stockholm or Tallinn are popular. There are also various steamboat lines on which you can take scenic day cruises through the inland waterways connecting the different lakes.

I'd like to take a cruise.
Haluaisin risteilylle.

I'd like to take the ferry to...
Haluaisin mennä lautalla...

Do you have a brochure in English?
Onko teillä englanninkielistä esitettä?

I want to make a reservation.
Haluaisin varata liput.

I want to cancel a reservation.
Haluaisin peruuttaa varauksen.

How much for a car?
Paljonko autopaikka maksaa?

How much is the ticket per person?
Paljonko lippu maksaa henkilöä kohden?

A car and ... persons.
Auto ja ... matkustajaa.

Is there a ferry to...
Onko ... lauttaa?

Are there any stops on the way?
Onko välipysähdyksiä?

How long is the stop?
Kauanko pysähdys kestää?

How long does the journey take?
Kauanko matka kestää?

When is the next boat to...?
Milloin on seuraava laiva...?

When should we check in?
Milloin pitää olla lähtöselvityksessä?

How long does it take from my hotel to the port?
Kauanko matka hotellista satamaan kestää?

Is there a bus service to / from the port?
Onko satamaan / satamasta bussiyhteys?

Where is the check-in?
Missä on lähtöselvitys?

How do I get to the ship / ferry?
Mistä pääsen laivaan / lautalle?

I'd like to have a cabin / with a window.
Haluaisin hytin / jossa on ikkuna.

For two / three / four persons.
Kahdelle / kolmelle / neljälle hengelle.

How much does it cost?
Mitä se maksaa?

Is there a bathroom in the cabin?
Onko hytissä vessa ja suihku?

I'd like to reserve a table for dinner / lunch / breakfast.
Haluaisin varata pöydän illalliselle / lounaalle / aamiaiselle.

How do I get to the car deck?
Kuinka pääsen autokannelle?

Where do the buses depart?
Mistä bussit lähtevät?

Where can I get a taxi?
Mistä saan taksin?

How long does it take to the center of town?
Kauanko matka keskustaan kestää?

Where is the way out?
Mistä pääsee ulos?

Is there hotel information on board?
Onko täällä hotelli-informaatiota?

boat laiva (ship); vene (small vessel)
cabin hytti (*hyti-*)
car deck autokansi (*autokanne-*)
car ferry autolautta (*autolauta-*)
deck *n.* kansi (*kanne-*)
ferry *n.* lautta (*lauta-*)
hydrofoil kantosiipialus (*kantosiipialukse-*)
steamboat höyrylaiva
lifeboat pelastusvene (*pelastusvenee-*)
lifebelt pelastusrengas (*pelastusrenkaa-*)
steward stuertti (*stuerti-*)

By Car

The best way to explore the sparsely populated country is by car. There aren't many kilometers of highway, but the roads are generally good and easy to drive, even the smallest dirt roads. You will encounter heavy traffic only in the larger towns and during holidays, especially when Finns head for their cottages in the summer months.

Excuse me!
Anteeksi!

Do you speak English?
Puhutteko englantia?

Can you tell...?
Voitteko sanoa...?

Where is...?
Missä on...?

Where does this road lead?
Minne tämä tie johtaa?

Is this the road to...?
Viekö tämä tie...?

How far is it...?
Kuinka pitkä matka on...?

> ...to the next grocery store
> **...lähimpään kauppaan**

> ...to the next gas station
> **...seuraavalle huoltoasemalle**

Can you show me where we are <u>on the map</u>?
Voitteko näyttää <u>kartalta</u>, missä olemme?

Can you show me where ... is on the map?
Voitteko näyttää kartalta, missä on...?

In which direction?
Mihin suuntaan?

Excuse me, is there a <u>beach</u> near here?
Anteeksi, onko täällä <u>uimarantaa</u> jossain lähellä?

Note: See **Basic Grammar** for a list of **cities and place names** with the corresponding endings to express a direction. See the beginning of **Travel & Transportation** for getting **directions**.

Gas Station

Finnish gas stations are all self-service and many have machines, where you pay directly with cash or by credit card. There are also fully automated gas stations without personnel.

gasoline / diesel
bensiini / diesel

unleaded
lyijytön

Normal unleaded / Super unleaded / Super leaded
95E oktaania / 98E oktaania / 99 oktaania

Where is the nearest <u>gas station</u>?
Missä on lähin <u>huoltoasema</u>?

Can I pay <u>by credit card</u>?
Voinko maksaa <u>luottokortilla</u>?

Pump number 1 / 2 / 3 / 4 / 5 / 6 / 7 / 8 / 9.
**Pumppu numero yksi / kaksi / kolme / neljä / viisi /
kuusi / seitsemän / kahdeksan / yhdeksän.**

Excuse me, where is the <u>toilet</u>?
Anteeksi, missä täällä on <u>vessa</u>?

May I get the key for the toilet, please?
Saisinko avaimen vessaan?

Do you have a local <u>road map</u>?
Onko teillä paikallista <u>tiekarttaa</u>?

Where can I check the tire pressure?
Missä voin tarkastaa rengaspaineen?

I need some water for the radiator.
Tarvitsisin vettä jäähdyttimeen.

Where can I get water for washing the windows?
Mistä saisin vettä ikkunoiden pesua varten?

Can I get the windshield washing set?
Saisinko vesiämpärin ja ikkunanpesulastan?

I'd like to have my car washed.
Haluaisin pesettää autoni.

Can you show me how to operate the car-wash?
Voitteko näyttää, miten pesuautomaattia käytetään?

It's broken. / It doesn't work.
Se on rikki. / Se ei toimi.

I couldn't find it.
En löytänyt sitä.

Parking

Excuse me, are you allowed to park here?
Anteeksi, saako tähän pysäköidä?

Is there a parking lot near here?
Onko täällä lähellä pysäköintialuetta?

Is there a parking fee?
Maksaako pysäköinti?

Where is the parking lot ticket machine?
Missä on pysäköintimaksu-automaatti?

Signs

NO PARKING
PYSÄKÖINTI KIELLETTY

PARKING ONLY FOR RESIDENTS
PYSÄKÖINTI SALLITTU VAIN ASUKKAILLE

PARKING ONLY FOR CARS WITH DIPLOMAT
    LICENSE PLATES
VAIN CD-AUTOILLE

Car Trouble

Where is the nearest car repair shop?
Missä on lähin autokorjaamo?

My car has broken down.
Autoni on mennyt epäkuntoon.

My car won't start.
Autoni ei käynnisty.

Would you help me jump-start my car?
**Voisitteko auttaa käynnistämään autoni
    käynnistyskaapeleilla?**

I have lost my car keys.
Olen kadottanut autoni avaimet.

The locks on my car are frozen.
Autoni lukot ovat jäässä.

Can you send a truck to tow my car?
Voitteko lähettää hinausauton?

Auto Repair Shop

I don't know what's wrong with it.
En tiedä mikä siinä on vikana.

I think there's something **Luulen, että vika on...**
    wrong with the...

...axle	...akselissa
...battery	...akussa
...brakes	...jarruissa
...clutch	...kytkimessä
...cooling system	...jäähdytysjärjestelmässä
...distributor	...virranjakajassa
...electrical system	...sähkölaitteissa
...engine	...moottorissa
...gears	...vaihteissa
...oil system	...voitelujärjestelmässä
...radiator	...jäähdyttimessä
...recharger	...laturissa
...steering	...ohjauksessa
...suspension	...jousituksessa
...wheels	...pyörissä

Accidents

Is anyone hurt?
Onko joku luokkaantunut?

Don't move.
Älkää liikkuko.

It's all right. Don't worry.
Kaikki on kunnossa. Älkää olko huolissanne.

Do you have a first-aid kit?
Onko teillä ensiapupakkausta?

Has someone called an ambulance already?
Onko joku jo soittanut ambulanssin?

Would you please call an ambulance?
Voitteko soittaa ambulanssin?

Do you have a telephone?
Onko teillä puhelinta?

Where is the nearest telephone?
Missä on lähin puhelin?

Can you go get help?
Voitteko mennä hakemaan apua?

I'll go get help.
Menen hakemaan apua.

Can I use your telephone? There's been an accident.
Voinko käyttää puhelintanne? On sattunut onnettomuus.

There are people injured. I need a doctor.
Siellä on loukkaantuneita. Tarvitsen lääkäriä.

Rentals

I'd like to rent...
Haluaisin vuokrata...

...an automobile...
...henkilöauton...

...a van / delivery van...
...tila-auton / pakettiauton...

...4-wheel drive vehicle...
...nelivetoisen auton...

...an all-terrain vehicle...
...maastoauton...

...a mobile home...
...matkailuauton...

...for a day.
...päiväksi.

...for 2 / 3 /4 / 5 / 6 days.
**...kahdeksi / kolmeksi / neljäksi / viideksi /
kuudeksi päiväksi.**

...for a week.
...viikoksi.

...for 2 / 3 weeks.
...kahdeksi / kolmeksi viikoksi.

What's the charge?
Paljonko se maksaa?

Is the <u>mileage</u> / <u>insurance</u> included?
Sisältyykö hintaan <u>kilometrimaksu</u> / <u>vakuutus</u>?

How much is the deposit?
Paljonko takuu on?

What kind of gas does the car run on?
Mitä polttoainetta auto käyttää?

What are your opening hours?
Mitkä ovat aukioloaikanne?

Some colloquial expressions [occur in brackets] after the correct Finnish word. Word stems are in parentheses.

accelerate kiihdyttää (*kiihdytä-*)
accelerator kaasupoljin (*kaasupolkime-*)
accident onnettomuus (*onnettomuude-*)
anticorrosive *n.* ruostesuoja
antifreeze pakkasneste (*pakkasnestee-*)
automatic *adj.* automaatti (*automaati-*)
axle akseli
brake *n.* jarru
brake fluid jarruneste (*jarrunestee-*)
bumper puskuri
bypass *n.* ohitustie, kiertotie

carburetor kaasutin (*kaasuttime-*)
car documents *pl.* auton paperit (*auton paperei-*)
car keys *pl.* auton avaimet (*auton avaimi-*)
car registration rekisteriote (*rekisteriottee-*)
car registration number rekisterinumero
carport autokatos (*autokatokse-*)
car wash autopesu
chassis kori
choke *n.* rikastin (*rikastime-*), [ryyppy (*ryypy-*)]
clutch *n.* kytkin (*kytkime-*)
crash *n.* kolari
dashboard kojelauta (*kojelauda-*)
dent *n.* lommo
detour *n.* kiertotie
diesel diesel
distilled water tislattu vesi (*tislatu- vede-*)
distributor virranjakaja
distributor cap virranjakajan kansi (*virranjakajan kanne-*)
drive *v.* ajaa (*aja-*)
driver ajaja, kuljettaja
driver's license ajokortti (*ajokorti-*)
engine moottori
exhaust fumes pakokaasu
exhaust pipe pakoputki (*pakoputke-*)
fan *n.* tuuletin (*tuulettime-*)
fan belt tuulettimen hihna
filter *n.* suodatin (*suodattime-*), [filtteri]
first-aid kit ensiapupakkaus (*ensiapupakkaukse-*)
fuel *n.* polttoaine (*polttoainee-*)
fuel gauge polttoainemittari
garage *n.* autotalli
gasoline bensiini, [bensa]
gas pedal kaasupoljin (*kaasupolkime-*)
gauge *n.* mittari
gear *n.* vaihde (*vaihtee-*)
gearbox vaihdelaatikko (*vaihdelaatiko-*)
gears *n.* vaihteet (*vaihtei-*)
gearshift vaihdetanko (*vaihdetango-*)
glove compartment hansikaslokero

handbrake käsijarru
hard shoulder päällystetty piennar
headlights *pl.* etuvalot, ajovalot
highway moottoritie
highway intersection [entrance or exit] (moottoritien)
    liittymä
hood *n.* konepelti (*konepelli-*)
ignition sytytys (*sytytykse-*)
ignition key virta-avain (*virta-avaimi-*)
inspect tarkastaa (*tarkasta-*)
inspection tarkastus (*tarkastukse-*)
jack *n.* tunkki (*tunki-*)
jumper cables *pl.* käynnistyskaapelit
    (*käynnistyskaapelei-*)
kit *n.* pakki (*paki-*)
lane kaista
lever *n.* vipu (*vivu-*)
license plate rekisterikilpi (*rekisterikilve-*)
main road päätie
minor road sivutie
multilevel parking garage parkkitalo
oil *n.* öljy
oil filter öljynsuodatin (*öljynsuodattime-*)
one-way *adj.* yksisuuntainen (*yksisuuntaise-*)
overtake *v.* ohittaa (*ohita-*)
park *n.* puisto; *v.* pysäköidä (*pysäköi-*)
parking pysäköinti (*pysäköinni-*), paikoitus
    (*paikoitukse-*)
parking brake käsijarru
parking lot pysäköintialue (*pysäköintialuee-*),
    parkkipaikka (*parkkipaika-*)
parking meter pysäköintimittari
parking ticket parkkisakko (*parkkisako-*)
pedal *n.* poljin (*polkime-*)
piston mäntä (*männä-*)
piston ring männänrengas (*männänrenkaa-*)
piston rod männänvarsi (*männänvarre-*), kiertokanki
    (*kiertokange-*)
reverse *v.* peruuttaa (*peruuta-*), [pakittaa (*pakita-*)]
reverse gear *n.* peruutusvaihde (*peruutusvaihtee-*),
    [pakki]

shoulder *n.* piennar (*pientaree-*), tienreuna
skid *n.* liirto (*liirro-*), sivuluisu
spare part varaosa
spare tire vararengas (*vararenkaa-*)
spark plug sytytystulppa (*sytytystulpa-*)
spring *n.* jousi (*jouse-*)
start *v.t.* käynnistää (*käynnistä-*); *v.i.* käynnistyä
 (*käynnisty-*)
starter *n.* starttimoottori, käynnistin (*käynnistime-*)
throttle *n.* kaasuläppä (*kaasuläpä-*)
tire *n.* rengas (*renkaa-*)
tire pressure rengaspaine (*rengaspainee-*)
T-junction T-risteys (*T-risteykse-*)
tow *v.* hinata (*hinaa-*)
towaway *n.* ajoneuvon siirto (*ajoneuvon siirro-*)
towaway zone pysäköintikieltoalue
 (*pysäköintikieltoaluee-*)
towing *n.* hinaus (*hinaukse-*)
tow rope hinausköysi (*hinausköyde-*)
traffic liikenne (*liikentee-*)
traffic circle liikenneympyrä
traffic jam ruuhka
traffic light *pl.* liikennevalot (*liikennevaloi-*)
traffic offense liikennerikos (*liikennerikokse-*)
traffic ticket sakkolappu (*sakkolapu-*)
traffic violation liikennerikkomus
 (*liikennerikkomukse-*)
trailer [freight] perävaunu; [mobile home]
 asuntovaunu
trunk tavaratila, takaluukku (*takaluuku-*)
tube sisärengas (*sisärenkaa-*)
underpass alikäytävä
U-turn U-käännös (*U-käännökse-*)
valve venttiili
warning triangle varoituskolmio
windscreen tuulilasi
windscreen washer tuulilasinpesin (*tuulilasinpesime-*)
windscreen wiper tuulilasinpyyhin
 (*tuulilasinpyyhkime-*)

Information

I'm looking for..   **Etsin...**

...a good hotel.   **...hyvää hotellia.**
...an inexpensive hotel.   **...edullista hotellia.**
...a boarding house.   **...täysihoitolaa.**

I'd like to stay in a hotel in the town center.
Haluaisin keskustassa olevaan hotelliin.

I'd like to stay in a quiet location.
Haluaisin hotelliin, joka on rauhallisella paikalla.

I'd like a room with...
Haluaisin huoneen, jossa on...

...a bath / shower / television.
...kylpyhuone / suihku / televisio.

Could you make a reservation there for me?
Voisitteko varata minulle sieltä huoneen?

accommodation majoitus
bed and breakfast aamiaismajoitus
boarding house täysihoitola
cabin mökki
Christian hotel hospitsi
farm accommodation maatilamajoitus
guest room perhemajoitus
hotel hotelli
hostel matkustajakoti
hotel open only in summer kesähotelli
information neuvonta
motel motelli
resort village lomakylä
youth hostel retkeilymaja

Hotels, Hostels & B&B's

Reception
Vastaanotto

My name is...
Nimeni on...

I have a reservation...
Minulla on varaus...

We've reserved a double room.
Olemme varanneet kahden hengen huoneen.

I'd like...
Haluaisin...

> ...a single room.
> **...yhden hengen huoneen.**

> ...a double room.
> **...kahden hengen huoneen.**

> ...two single / double rooms.
> **...kaksi yhden / kahden hengen huonetta.**

> ...a suite.
> **...sviitin.**

I am / We are staying one night only.
Olen / Olemme vain yhden yön.

I am / We are staying for two nights / a week / two weeks.
Olen / Olemme kaksi yötä / viikon / kaksi viikkoa.

Could I see the room first?
Voisinko ensin nähdä huoneen?

Do you have a bigger / brighter / quieter room?
Onko teillä isompaa / valoisampaa / rauhallisempaa huonetta?

I'd like a room with a balcony.
Haluaisin huoneen parvekkeella.

Is it the same price?
Onko se samanhintainen?

What's the <u>price</u> per night / week?
Mikä <u>hinta</u> on yöltä / viikolta?

Can I pay by credit card?
Voinko maksaa luottokortilla?

Is breakfast included?
Kuuluuko aamiainen hintaan?

We are full.
Meillä on täyttä.

Extras

I'd like to have a wake-up call.
Haluaisin herätyksen.

I'd like to leave this for laundry / ironing.
Haluaisin antaa tämän pesuun / silitettäväksi.

Do you have a sauna / swimming pool here?
Onko täällä saunaa / uima-allasta?

I'd like to have...
Haluaisin...

...a bath towel / some soap / toilet paper.
...kylpypyyhkeen / saippuaa / vessapaperia.

...an extra blanket.
...ylimääräisen huovan.

...more hangers.
...lisää vaateripustimia.

I'd like to have my sheets changed.
Haluaisin uudet lakanat.

Complaints

There is something wrong with the <u>air conditioner</u> / <u>heating</u> in my room.
Huoneeni <u>ilmastointilaitteessa</u> / <u>lämmityksessä</u> on jotakin vikana.

The <u>window</u> in my room doesn't open / doesn't close.
Huoneeni <u>ikkuna</u> ei aukea / ei mene kiinni.

The ... in my room doesn't work.   **Huoneeni ... ei toimi.**

...lamp	...lamppu
...radio	...radio
...television	...televisio
...toilet	...vessa
...refrigerator	...jääkaappi

Checking Out

May I have my bill, please?
Saisinko laskun?

I'm leaving early tomorrow. Would you have my bill ready?
Lähden huomenna aikaisin. Kirjoittaisitteko laskun valmiiksi?

When is the check-out time?
Mihin aikaan huoneet on luovutettava?

I am in a hurry.
Minulla on kiire.

I think there's an error in my bill.
Luulen, että laskussani on virhe.

Can you get us a taxi?
Tilaisitteko meille taksin?

It has been a very pleasant stay!
Täällä oli oikein mukavaa!

bellboy pikkolo
breakfast *n.* aamiainen (*aamiaise-*)
complain valittaa (*valita-*)
complaint valitus (*valitukse-*)
credit card luottokortti (*luottokorti-*)
double *n.* kahden hengen huone (*kahden hengen huonee-*)
extra *adj.* ylimääräinen (*ylimääräise-*), lisä- [e.g., lisämaksu = extra charge]
extra bed lisävuode (*lisävuotee-*)
full board täysihoito (*täysihoido-*)
given names *pl.* etunimet (*etunimi-*)
half board puolihoito (*puolihoido-*)
hotel manager hotellin johtaja
included in the price kuuluu hintaan (sisältyy hintaan)
key *n.* avain (*avaime-*)
maid kerrossiivooja
night club yökerho
night porter yöportieeri
not included in the price ei kuulu hintaan (ei sisälly hintaan)
overcharge *v.* laskuttaa liikaa (*laskuta- liikaa*)
overnight *adv.* (yhdeksi) yöksi
passport passi
reception vastaanotto (*vastaanoto-*)
registration form ilmoittautumislomake (*ilmoittautumislomakkee-*)
room *n.* huone (*huonee-*)
room number huoneen numero
room service huonepalvelu
safe *n.* tallelokero
signature allekirjoitus (*allekirjoitukse-*)
single *n.* yhden hengen huone (*yhden hengen huonee-*)
surname sukunimi (*sukunime-*)

Vacation Homes & Apartments

I'd like to rent...   Haluaisin vuokrata...

  ...an apartment.   ...huoneiston.
  ...a cabin.   ...mökin.
  ...a vacation home.   ...lomamökin.

Do you have a brochure (in English) with pictures of the houses?
Onko teillä (englanninkielistä) esitettä taloista?

What facilities does the apartment / house have?
Mitä mukavuuksia huoneistossa / talossa on?

Does it have ...?   Onko siellä...

  ...running water   ...juokseva vesi
  ...an indoor toilet   ...sisävessa
  ...a bathtub   ...kylpyamme
  ...shower   ...suihku
  ...a kitchen   ...keittiö
  ...a stove   ...hella
  ...a refrigerator   ...jääkaappi
  ...a kitchenware   ...keittovälineet
  ...dishes   ...astiat
  ...bed linen   ...lakanat
  ...a radio   ...radio
  ...television   ...televisio
  ...telephone   ...puhelin
  ...a sauna   ...sauna
  ...its own beach   ...oma ranta
  ...a pier   ...laituri

How much is the rent ...?   Paljonko vuokra on...?

  ...for a day   ...päivältä
  ...week   ...viikolta
  ...month   ...kuukaudelta

Can I pay by credit card?
Voinko maksaa luottokortilla?

Camping / Youth Hostels

Can we camp here?
Voimmeko telttailla täällä?

Is there some place here we could put our tent for the night?
Onko täällä jossain paikkaa, jonne voisimme pystyttää teltan yöksi?

Is there a campsite around here?
Onko täällä lähellä leirintäaluetta?

Is there a youth hostel around here?
Onko täällä lähellä retkeilymajaa?

Do you have anything availabe?
Onko teillä tilaa?

We would like to stay here <u>tonight</u> / for two days / for three days.
Haluaisimme yöpyä täällä <u>tämän yön</u> / kaksi päivää / kolme päivää.

May we light a fire?
Saammeko tehdä tulen?

Is there firewood / drinking water / picnic area here?
Onko täällä polttopuuta / juomakelpoista vettä / keittokatosta?

Where are the <u>showers</u> / <u>toilets</u>?
Missä <u>suihkut</u> / <u>vessat</u> ovat?

Do they cost extra?
Onko niistä maksettava erikseen?

I'd like to have a token for the showers.
Haluaisin poletin suihkua varten.

Can we leave some valuables for safekeeping?
Voimmeko jättää arvotavaroita säilytykseen?

Could you give me a hand?
Voisitko auttaa minua vähän?

backpack *n.* reppu (*repu-*), rinkka (*rinka-*)
campfire nuotio
cooking area keittokatos (*keittokatokse-*)
fire *n.* tuli (*tule-*)
firewood polttopuu
foam mattress makuualusta
light a fire sytyttää tuli (*sytytä- tulen*)
make a campfire tehdä nuotio (*tee- nuotion*)
put out a fire sammuttaa tuli (*sammuta- tulen*)
rope *n.* naru
sleeping bag *n.* makuupussi
tent *n.* teltta (*telta-*)
tent peg telttavaarna
tent pole telttakeppi (*telttakepi-*)
water *n.* vesi (*vede-*)

You don't need to be an exotic food enthusiast to find something to eat in Finland. In fact, you'll have to make an effort to seek out the Finnish specialities among all the pizza, kebabs, spare ribs, lasagne and French fries you'll encounter. Often Finnish specialities are quite rustic and what some might consider "unsophisticated." However, the ingredients are usually fresh and come directly from the fields and lakes, making the simplest creations taste delicious. As with all national cuisines, Finnish food may not appeal to all palates. Finns like pure flavors, and you may need time to get accustomed to some foods. Getting a milkshake to wash down the taste is easy, though: just ask for "pirtelö."

Eating Out

Making a Reservation

Can you tell me if there is <u>a restaurant</u> [that is open] around here?
Voitteko sanoa, onko täällä lähellä <u>ravintolaa,</u> [joka olisi auki]?

Can you recommend a good / nice restaurant?
Voitteko suositella jotakin hyvää / mukavaa ravintolaa?

I'd like to reserve a table <u>for tonight</u> / <u>tomorrow</u>.
Haluaisin varata pöydän <u>täksi illaksi</u> / <u>huomiseksi</u>.

How many persons?
Montako henkeä?

We are going to be ... persons.
Meitä tulee ... henkeä.

We'd like to have a table for 2 / 3 / 4.
Haluaisimme pöydän kahdelle / kolmelle / neljälle.

At what time are you going to come?
Mihin aikaan tulette?

At ... o'clock.
Tulisimme kello...

Sure. That's ok. You're welcome. / I'm sorry that's
  not possible.
**Selvä. Käyhän se. Tervetuloa. / Olen pahoillani,
  se ei käy.**

We are fully booked. / There are no free tables. /
  The restaurant is closed.
**Meillä on täyttä. / Ei ole yhtään pöytää vapaana. /
  Ravintola on suljettu.**

Under which name?
Millä nimellä?

I have a <u>table reservation</u> under the name of...
Minulla on <u>pöytävaraus</u> nimellä...

Ordering

Can I get the <u>menu</u> / <u>drink list</u> / <u>wine list</u>, please?
Saisinko <u>ruokalistan</u> / <u>juomalistan</u> / <u>viinilistan</u>?

I'd like to <u>eat</u> / <u>drink</u> something.
Haluaisin <u>syödä</u> / <u>juoda</u> jotakin.

I'd like to order.
Haluaisin tilata.

I'll have... / We'll have... and...
Ottaisin... / Ottaisimme... ja...

I'd like to have...
Haluaisin...

    ...a cup of coffee / tea / hot chocolate.
    ...kupin kahvia / teetä / kaakaota.

    ...a beer / a bottle of beer / a pint of beer
    ...oluen / pullon olutta / tuopin OR pitkän.

    ...a glass of water.
    ...lasin vettä.

...a small / large Coca Cola.
...pienen / ison Coca Colan.

...a glass of red wine / white wine.
...lasin punaviiniä / valkoviiniä.

Hearty appetite!
Hyvää ruokahalua!

Complaints & Compliments

Excuse me, I ordered [a beer]. How much longer is it going to be?
Anteeksi! Tilasin [oluen]. Kestääkö se vielä kauan?

This is not what I ordered. I ordered...
En tilannut tätä. Tilasin...

The food is cold / too salty.
Ruoka on kylmää / liian suolaista.

This is undercooked.
Tämä ei ole kypsää.

This isn't fresh / clean.
Tämä ei ole tuoretta / puhdas.

Compliments to the chef.
Kiitokset kokille.

I really enjoyed the meal.
Ruoka maistui tavattoman hyvältä.

Did you enjoy the meal?
Maistuiko ruoka?

Yes I did, thank you.
Kyllä maistui, kiitos.

The Bill

Can I have the bill, please?
Saisinko laskun?

I'd like to have the bill, please.
Haluaisin laskun.

I'd like to pay [with my credit card].
Haluaisin maksaa [luottokortillani].

Do you accept [Visa / American Express] card?
Käykö [Visa / American Express] -kortti?

We'd like to pay separately.
Haluaisimme maksaa erikseen.

What is this amount for?
Mikä tämä summa on?

I think there is a mistake in the bill.
Luulen, että laskussa on virhe.

Keep the change.
Pitäkää loput.

bill	**lasku**
breakfast	**aamiainen**
dinner	**illallinen**
excuse me	**anteeksi**
good evening	**päivää**
hello	**hei**
lunch	**lounas**
menu	**ruokalista**
thank you	**kiitos**

Invitations

Here, these flowers are for you.
Ajattelin (*sing.*) / **Ajattelimme** (*pl.*) **tuoda hieman kukkia.**

Your home is beautiful.
Onpas kaunis koti.

It smells delicious.
Tuoksuu hyvältä.

This looks delicious.
Näyttää herkulliselta.

What is this food called?
Mikä tämän ruoan nimi on?

What is this made of?
Mistä tämä on tehty?

This tastes really good.
Tämä maistuu todella hyvältä.

Can you pass me the ...   **Antaisitko...?**
please?

...salt	...suolaa
...pepper	...pippuria
...bread	...leipää
...water	...vettä
...milk	...maitoa

Could I have some more wine / beer?
Voisinko saada hieman viiniä / olutta?

Can I have more of this?
Saisinko tätä lisää?

My compliments to the cook.
Kiitokset kokille.

I really enjoyed the meal.
Ruoka maistui tavattoman hyvältä.

Did you enjoy the meal?
Maistuiko ruoka?

Yes, I did, thank you.
Kyllä maistui, kiitos.

I have to have the recipe!
Minun on ehdottomasti saatava tämän ruoan resepti!

Dishes, Beverages & Culinary Terms

Basics

(iso) tuoppi big glass of beer
kahvi ja pulla cup of coffee and a sweet bun

kakku cake
karjalan piirakka Karelian rice pie
korvapuusti sweet bun with cinnamon
leivos pastry
lihapiirakka meat and rice pie
lounastarjous lunch special
noutopöytä buffet
olut beer
päivän annos dish of the day
päivän lounas today's lunch special
pitkä big glass of beer
voipulla sweet bun with sugared butter filling

Keitot *Soups*

bortshkeitto red beet soup with cabbage and meat,
   served w/ sour cream
herkusienikeitto mushroom soup
hernekeitto thick pea soup
häränhäntäliemi oxtail soup
juustokeitto cheese soup
kaalikeitto cabbage soup
kalakeitto fish soup
kanakeitto chicken soup
kasviskeitto vegetable soup
katkarapukeitto shrimp soup
kesäkeitto "summer soup," milky vegetable soup
lihakeitto meat stew
lihaliemi beef broth
lohikeitto salmon soup
madekeitto burbot soup
parsakeitto cream of asparagus soup
pinaattikeitto cream of spinach soup
rapukeitto crayfish soup
sipulikeitto onion soup
tomaattikeitto tomato soup
vihanneskeitto vegetable soup

Salaatit Salads

katkarapusalaatti shrimp salad
kurkkusalaatti cucumber salad
lantturaaste grated rutabaga
perunasalaatti potato salad
porkkanaraaste grated carrot
savukalasalaatti smoked fish salad
sienisalaatti minced mushrooms and onions
    w/ sour cream
sillisalaatti beet salad with herring
tomaattisalaatti tomato salad
tonnikalasalaatti tuna salad

Liharuoat Meat

hampurilainen meat patty
hirvenliha elk
häränfilee fillet of beef
häränhäntä oxtail
jauheliha minced beef
jauhelihapihvi hamburger
kaalikääryleet cabbage rolls stuffed w/ minced meat
    and rice
kaalipiirakka pie of cabbage and minced meat
karhunpaisti bear steak
karjalanpaisti Karelian stew w/ beef, pork and lamb
kieli tongue
kinkku ham
kotletti cutlet
kyljys chop
kylkipaisti rib steak
lammas mutton, lamb
lammaskaali mutton and cabbage stew
lampaankyljys mutton chop
leikkeleitä cold cuts
liha meat
lihamureke meat loaf
lihapullat / lihapyörykät meatballs

Lindströmin pihvi hamburger made w/ red beet, served w/ fried onions and sauce

makkara sausage

maksa liver

maksalaatikko sweetened, baked liver purée, made w/ rice and raisins

merimiespihvit "seaman's beef," casserole of sliced potatoes and meat patties

munuaiset kidneys

nakki frankfurter

naudanliha beef

paahtopaisti roast beef

paisti roast

palapaisti beef ragout

pekoni bacon

pihvi steak

poronkäristys sautéed reindeer stew

poronliha reindeer meat

porsaankyljys pork chop

porsaanpaisti roast pork

riimihärkä thin slices of salt carpaccio beef

sianliha pork

stroganoff beef stew in sour cream

sydän heart

tartarpihvi steak tartare

tilliliha boiled veal with dill sauce

vasikanleike veal cutlet

vasikanliha veal

veriohukaiset thin pancakes made w/ blood, served with lingonberry jam

wieninleike wienerschnitzel, breaded veal cutlet

Linturuoat *Fowl*

ankka duck

hanhi goose

kalkkuna turkey

kana chicken

kanankoipi drumstick

kananpoika chicken
metso capercaillie [grouse]
peltopyy partridge
riekko ptarmigan
sorsa wild duck
teeri black grouse

Kala- ja äyriäisruoat Fish & Seafood

ahven perch
anjovis anchovy
ankerias eel
graavi lohi slightly salted salmon
hauki pike
hummeri lobster
Janssonin kiusaus "Jansson's temptation" sliced
     potatoes, onions and anchovies in cream sauce,
     baked in the oven
kalakukko loaf of rye bread with whitefish and pork
     inside and baked in the oven; speciality of the
     Savo province
kampela flounder
katkaravut shrimp
kaviaari caviar
kilohaili sprat [European herring]
kirjolohenmäti roe of rainbow trout
kirjolohi rainbow trout
kolja haddock
kuha perch
lahna bream
lasimestarin silli "glass master's herring;" pickled
     herring with spices, vinegar, carrot and onion
lipeäkala "lyefish;" codfish soaked in lye solution,
     boiled and served with a white sauce; a
     Christmas speciality
lohi salmon
lohilaatikko slightly salted salmon casserole
lohipiirakka slightly salted salmon pie
loimulohi salmon prepared on an open fire
made burbot

makrilli mackerel
mateenmäti roe of burbot
meriantura sole
muikku small whitefish
muikkukukko see **kalakukko**
muikunmäti roe of whitefish
mäti roe
nahkiainen lamprey eel
neulamuikut small whitefish, usually smoked
osterit oysters
punakampela plaice
ravut crayfish
sampi sturgeon
sardiinit sardines
savusiika smoked whitefish
savusilakka smoked Baltic herring
siika whitefish
silakka Baltic herring
silakkalaatikko herring casserole
silakkapihvit Baltic herring fillets fried with dill salt
    and pepper
silakkarullat Baltic herring fillets rolled up and
    cooked in a spicy broth
silli herring
simpukat mussels
suutarinlohi "cobbler's salmon;" marinated Baltic
    herring in vinegar, with onion and peppers
särki roach
taimen trout
tonnikala tuna fish
turska cod
venäläinen silli "Russian herring," herring fillets
    with mayo, mustard, vinegar, red beet, gherkins
    and onion

Vihannekset Vegetables

artisokka artichoke
hapankaali sauerkraut
herne pea

kaali cabbage
kesäkurpitsa squash
kukkakaali cauliflower
kurkku cucumber
kurpitsa pumpkin
lanttu rutabaga
lanttulaatikko rutabaga casserole
lehtisalaatti lettuce
maissi corn
nauris turnip
paprika bell pepper
papu bean
parsa asparagus
parsakaali broccoli
persilja parsley
peruna potato
perunalaatikko potato casserole
pinaatti spinach
piparjuuri horseradish
porkkana carrot
porkkanalaatikko carrot casserole
punajuuri red beet
punakaali red cabbage
purjo leek
retiisi radish
ruusukaali brussels sprouts
salaatti salad
selleri celery
sieni mushroom
sipuli onion
suolakurkku gherkin
tilli dill
tomaatti tomato
valkosipuli garlic

Hedelmät Fruits

ananas pineapple
appelsiini orange
aprikoosi apricot

banaani banana
greippi grapefruit
kirsikka cherry
kuivattu luumu prune
luumu plum
mandariini tangerine
meloni melon
omena apple
persikka peach
päärynä pear
raparperi rhubarb
rusina raisin
sitruuna lemon
taateli date
vesimeloni watermelon
viikuna fig
viinirypäle grape

Marjat Berries

hillo jam
karpalo cranberry (wild)
karviaismarja gooseberry (cultivated)
kiisseli berry or fruit pudding
lakka Arctic cloudberry (wild)
mansikka strawberry (cultivated)
marmeladi marmalade
mehukeitto berry or fruit soup
mesimarja Arctic bramble (wild)
metsämansikka wild strawberry
mustaherukka black currant (cultivated)
mustikka blueberry, bilberry, whortleberry (wild)
puolukka lingonberry (wild)
vadelma raspberry (wild and cultivated)

Jälkiruoat Desserts

hedelmäsalaatti fruit salad
jäädyke parfait
kakku cake

kastike sauce
kermavaahto whipped cream
kiisseli fruit or berry soup thickened with potato flour
lettuja thin pancakes
mansikkakakku strawberry cake
mustikkapiirakka blueberry pie
ohukaiset small pancakes
omenapiirakka apple pie
pannukakku thick pancake
räiskäleitä thin pancakes
raparperipiirakka rhubarb pie
sorbetti sherbet
suklaakakku chocolate cake
suklaavaahto chocolate mousse
vaahto mousse
vanilja- / suklaajäätelö vanilla / chocolate ice cream
vanukas pudding

Juomat Beverages

alkoholipitoiset juomat alcoholic beverages
alkoholittomat juomat non-alcoholic beverages
III-olut / keskiolut medium-strong beer
I-olut / ykkösolut beer with (almost) no alcohol
IV-olut / A-olut strong beer
jäävesi ice water
kaakao hot chocolate
kahvi coffee
kivennäisvesi mineral water
konjakki cognac
kossuryssä "Koskenkorva"-spirit with "Schweppes
    Russian" mixer
kossuvissy "Koskenkorva"-spirit with mineral water
kuohuviini sparkling wine
lämpimät juomat hot drinks
likööri liqueur
maito milk
mehu juice (may have added sugar or sweeteners)
mehujuoma juice (with added sugar or sweeteners)

mineraalivesi mineral water
olut beer
piimä sour milk
punaviini red wine
rommi rum
salmiakkikossu "Koskenkorva"-spirit with licorice
    flavor
tee tea
tuoremehu juice (without added sugar or sweeteners)
valkoviini white wine
vesi water
viina spirit
virvoitusjuoma soft drink
viski whisky
votka vodka

Maitotuotteita Milk Products

Finns have a great variety of different milk products
and the Finnish dairy industry is a pioneer in using pro-
biotic milk bacteria to enhance overall health. Study the
dairy section at the supermarket and try something
you've never tried before. It all tastes good!

jogurtti yogurt
juusto cheese
kirnupiimä buttermilk
maito milk
piimä sourmilk
viili thick yogurt-like fermented milk product
voi butter

English-Finnish Glossary

alcohol alkoholi
alcoholic *adj*. alkoholipitoinen
almond manteli
aluminum foil alufolio
aperitif aperitiivi

apple omena
apricot aprikoosi
artichoke artisokka (*artisoka-*)
asparagus parsa
avocado avokado
baby food vauvanruoka
bacon pekoni
bakery leipomo
baking paper leivinpaperi
baking powder leivinjauhe
baking sheet leivinpelti
baking soda leivinjauhe
banana banaani
bar *n.* baari
bartender baarimikko (*baarimiko-*)
basil basilika
bean papu (*pavu-*)
beef naudanliha
beefsteak pihvi
beer olut (*olue-*)
beet juurikas (*juurikkaa-*)
berry marja
best before... käytettävä ennen...
biscuit leivonnainen, pulla
bitter *n.* katkero; *adj.* katkera, karvas
black coffee musta kahvi
black currant mustaviinimarja
blackberry karhunvatukka
blend *v.* sekoittaa (*sekoita-*); *n.* sekoitus (*sekoitukse-*)
blender tehosekoitin (*tehosekoittime-*)
boil *v.t.* keittää (*keitä-*); *v.i.* kiehua (*kiehu-*)
boiled egg keitetty muna
bottle *n.* pullo
bottle opener pullonavaaja
brandy brandy
bread *n.* leipä (*leivä-*)
breakfast *n.* aamiainen (*aamiaise-*)
broccoli parsakaali
brown sugar fariinisokeri

brussels sprouts ruusukaali
buffet *n.* [smorgasbord] seisova pöytä, noutopöytä
bun sämpylä
burbot made (*matee-*)
butter *n.* voi
cabbage kaali
café kahvila
cake *n.* kakku (*kaku-*)
can *n.* tölkki (*tölki-*), purkki (*purki-*)
candy *n.* makeinen (*makeise-*), karkki (*karki-*)
can opener purkinavaaja
carafe karahvi
caramel karamelli
carrot porkkana
cauliflower kukkakaali
celeriac juuriselleri
celery selleri
cereal vilja; *pl.* [breakfast] murot
champagne samppanja
Cheers! *interj.* Kippis!
cheese *n.* juusto
chef kokki (*koki-*)
cherry kirsikka (*kirsika-*)
chicken kana, kananpoika (*kananpoja-*)
chili chili
chilled *adj.* jäähdytetty (*jäähdytety-*)
china *n.* posliini
chocolate *n.* suklaa
chop *v.* paloitella (*paloittele-*)
cider siideri
cinnamon kaneli
clam simpukka (*simpuka-*)
cocktail cocktail
cocoa kaakao
coconut kookospähkinä
cod turska
coffee kahvi
colander siivilä
cole lehtikaali

cole slaw kaalisalaatti (*kaalisalaati-*)
condensed milk maitotiiviste (*maitotiivistee-*)
contents sisältö (*sisällö-*)
cook *v.* keittää (*keitä-*); *n.* kokki (*koki-*)
cookbook keittokirja
cooker keitin (*keittime-*)
cookery keittiö
cookie pikkuleipä (*pikkuleivä-*), keksi
cooking *n.* ruoanlaitto; do the ~ *v.* laittaa ruokaa
   (*laita- ruokaa*)
cooking oil ruokaöljy
cool *n.* viileä (*kurku-*)
cork *n.* korkki (*korki-*)
corkscrew korkkiruuvi
corn maissi
cornflakes *pl.* maissihiutaleet (*maissihiutalei-*)
cornflour maissijauho
cottage cheese raejuusto
cover charge sisäänpääsymaksu
cover *n.* [e.g., of kettle] kansi (*kanne-*)
crab rapu (*ravu-*)
cracker voileipäkeksi
cranberry karpalo
cream *n.* kerma
crisp *adj.* rapea
croquette kroketti (*kroketi-*)
crush *v.* rouhia (*rouhi-*), murskata (*murskaa-*)
crust kuori (*kuore-*)
cucumber kurkku (*kurku-*)
cuisine keittiö
cup *n.* kuppi (*kupi-*)
currant [raisin] korintti (*korinti-*); [berry] viinimarja,
   herukka (*heruka-*)
custard vaniljavanukas (*vaniljavanukkaa-*)
cut *v.* leikata (*leikkaa-*)
cutlery *pl.* aterimet (*aterimi-*)
decaffeinated coffee kofeiiniton kahvi
deep freeze *v.* pakastaa (*pakasta-*)
dessert jälkiruoka (*jälkiruoa-*)

dine syödä päivällistä (*syö- päivällistä*)
dining room ruokasali
dining table ruokapöytä (*ruokapöydä-*)
dinner päivällinen (*päivällise-*)
dough taikina
doughnut donitsi
draft beer hanaolut (*hanaolue-*)
dressing kastike (*kastikkee-*)
drip coffee suodatinkahvi
edible *adj.* syötävä
eel ankerias (*ankeriaa-*)
egg *n.* muna
eggplant munakoiso
egg white munanvalkuainen (*munanvalkuaise-*)
expiration date viimeinen käyttöpäivä
fill *v.* täyttää (*täytä-*)
fillet *n.* seläke (*seläkkee-*), filee
fillet steak häränseläke (*häränseläkkee-*)
filling täyte (*täyttee-*)
fizzy *adj.* poreileva
flavor *n.* maku (*mau-*)
flavoring aromi
flounder *n.* kampela
flour *n.* jauho
food ruoka (*ruoa-*)
food poisoning ruokamyrkytys (*ruokamyrkytykse-*)
fork *n.* haarukka (*haaruka-*)
fowl linturuoka
freeze *v.* pakastaa (*pakasta-*)
freezer pakastin (*pakastime-*)
French fries *pl.* ranskalaiset perunat (*ranskalaisi-perunoi-*)
fresh *adj.* tuore (*tuoree-*)
fried *adj.* paistettu (*paistetu-*)
frosting *n.* sokerikuorrutus
frozen *adj.* pakastettu (*pakastetu-*); [chilled] jäähdytetty (*jäähdytety-*)
fruit hedelmä
fruit salad hedelmäsalaatti (*hedelmäsalaati-*)

fry *v.* paistaa (*paista-*)
frying pan paistinpannu
game *n.* riista
garlic valkosipuli
gherkin suolakurkku; maustekurkku
ginger inkivääri
glass *n.* lasi
gooseberry karviainen, karviaismarja
grain jyvä
grape viinirypäle (*viinirypälee-*)
grapefruit greippi (*greipi-*)
grate *v.* raastaa (*raasta-*)
grater raastin (*raastime-*)
gravy kastike (*kastikkee-*)
grease *n.* rasva
greasy *adj.* rasvainen (*rasvaise-*)
grilled *adj.* grillattu (*grillatu-*), grilli-
grind *v.* jauhaa (*jauha-*); *n.* jauhatus
grits *pl.* ryynit
grog grogi
ground *pp.* jauhettu
half *adj.* puoli (*puole-*)
halibut ruijanpallas
ham *n.* kinkku (*kinku-*)
hamburger ruijanpallas
hash *n.* hakkelus
hazelnut hasselpähkinä
hen's egg kananmuna
herb *n.* yrtti (*yrti-*)
herring silli
honey *n.* hunaja
hot *adj.* kuuma
ice cream jäätelö
ice *n.* jää
ice tea jäätee
iceberg lettuce amerikansalaatti, jäävuorisalaatti
icing *n.* sokerikuorrutus (*sokerikuorrutukse-*)
instant coffee pikakahvi
jam *n.* hillo

jar *n.* tölkki (*tölki-*), purkki (*purki-*)
jelly hyytelö
juice *n.* mehu
kefir kefiiri
ketchup ketsuppi (*ketsupi-*)
kettle kattila
kidney munuainen (*munuaise-*)
knife *n.* veitsi (*veitse-*)
lager pilsneri
lard *n.* silava, laardi
leek purjo
leg *n.* koipi (*koive-*); reisi (*reide-*)
lemon sitruuna
lemonade limonadi; sitruunasooda
lentil linssi
lettuce lehtisalaatti (*lehtisalaati-*)
lid *n.* kansi (*kanne-*)
lime limetti (*limeti-*)
linseed pellavansiemen (*pellavansiemene-*)
liqueur likööri
liver maksa
lobster hummeri
lunch *n.* lounas (*lounaa-*)
macaroni makaroni
mackerel makrilli
malt mallas (*maltaa-*)
maraschino cherry cocktailkirsikka (*cocktailkirsika-*)
margarine margariini
marinade *n.* marinadi
marmalade marmeladi
marzipan marsipaani
mash *v.* muhentaa (*muhenna-*)
mashed potatoes perunamuusi, -muhennos
   (*perunamuhennokse-*)
mayonnaise majoneesi
meal ateria
meat liha
medium rare puolikypsä
melon meloni

melt *v.t.* sulattaa (*sulata-*)
microwave oven mikroaaltouuni
milk chocolate maitosuklaa
milk *n.* maito (*maido-*)
milkshake pirtelö
mince *n.* jauheliha; *v.* jauhaa (*jauha-*), hienontaa
  (*hienonna-*)
mineral water kivennäisvesi (*kivennäisvede-*)
mint *n.* minttu (*mintu-*)
mix *v.t.* sekoittaa (*sekoita-*); *v.i.* sekoittua (*sekoitu-*)
mixed salad sekasalaatti (*sekasalaati-*)
mixer tehosekoitin (*tehosekoittime-*)
mold *n.* muotti (*muoti-*) [form]; home [fungi]
mouldy *adj.* homeinen (*homeise-*)
mousse etikka (*etika-*)
mug *n.* muki
mushroom *n.* sieni (*siene-*)
mussel simpukka; (esp.) sinisimpukka
mustard sinappi (*sinapi-*)
mutton lammas (*lampaa-*), lampaanliha
nectar nektari
nonalcoholic *adj.* alkoholiton (*alkoholittoma-*)
nonfat *adj.* rasvaton (*rasvattoma-*)
noodles pasta
nut pähkinä
nutmeg muskottipähkinä
nutrient ravintoaine (*ravintoainee-*)
nutrition ravinto (*ravinno-*)
oat kaura
oatmeal kaurapuuro
olive oliivi
olive oil oliiviöljy
omelette munakas (*munakkaa-*)
onion sipuli
orange juice appelsiinimehu
orange appelsiini
oven uuni
oyster osteri
pan *n.* pannu

pancake räiskäle (*räiskälee-*), lettu (*letu-*)
paste *n.* tahna
pastry leivonnainen (*leivonnaise-*)
pea herne (*hernee-*)
peach persikka (*persika-*)
peanut maapähkinä
pear päärynä
peel *v.* kuoria (*kuori-*)
pepper *n.* pippuri
perch *n.* ahven (*ahvene-*)
pike hauki (*haue-*)
pineapple ananas (*ananakse-*)
pitcher kannu
plastic wrap muovikelmu, talouskelmu
pot *n.* pata (*pada-*); -pannu [e.g., coffee~ kahvipannu]
potato peruna
potholder patalappu (*patalapu-*)
pressure cooker painekattila
pudding vanukas (*vanukkaa-*)
purée *n.* sose (*sosee-*)
rainbow trout kirjolohi (*kirjolohe-*)
rare *adj.* (of steak) verinen
raspberry vadelma
raw *adj.* raaka (*raa'a-*)
red beet punajuuri (*punajuure-*)
refreshment virvoke (*virvokkee-*)
reservation varaus (*varaukse-*)
reserve *v.* varata (*varaa-*)
restaurant ravintola
rice riisi
root *n.* juuri (*juure-*)
salad salaatti (*salaati-*)
salmon lohi (*lohe-*)
salt *n.* suola
salty *adj.* suolainen (*suolaise-*)
sandwich *n.* voileipä (*voileivä-*)
sauce *n.* kastike (*kastikkee-*); [purée] sose (*sosee-*)
saucer pikkulautanen (*pikkulautase-*)
sausage makkara

shaker [salt, pepper] sirotin (*sirottime-*)
sherbet sorbetti (*sorbeti-*)
sieve siivilä, sihti (*sihdi-*)
sour *adj.* hapan
spoon *n.* lusikka (*lusika-*)
sprout *n.* itu (*idu-*)
squash *v.t.* murskata (*murskaa-*); *n.* kurpitsa
stew *v.t.* hauduttaa (*hauduta-*), antaa hautua
    (*anna- hautua*); *n.* pata (*pada-*)
sugar *n.* sokeri
sweet bun pulla
sweetener makeutusaine (*makeutusainee-*)
tea tee
teapot teekannu
tenderloin sisäfilee
toast *n.* [bread] paahtoleipä (*paahtoleivä-*); *v.* paahtaa
    (*paahda-*); *n.* malja; *v.* **drink a ~ to**
toothpick hammastikku (*hammastiku-*)
topping *n.* hammastikku (*hammastiku-*)
tray. tarjotin (*tarjottime-*)
trout taimen (*taimene-*)
vacuum-packed *adj.* tyhjiöpakattu (*tyhjiöpakatu-*)
vinegar etikka (*etika-*)
waffle vohveli
waiter tarjoilija
waitress tarjoilija
walnut saksanpähkinä
water *n.* vesi (*vede-*)
watermelon vesimeloni
well-done *adj.* kypsäksi paistettu
wheat vehnä
wholewheat *adj.* täysjyvä
wine *n.* viini
yeast hiiva
yogurt jugurtti (*yugurti-*)
yolk keltuainen (*keltuaise-*)

Post Office (Posti)

Note: mailboxes in Finland are orange.

Where is the nearest post office?
Missä on lähin postitoimisto?

Excuse me, is there a mailbox around here?
Anteeksi, onko täällä jossain postilaatikkoa?

What's the postage for a postcard to the USA?
Paljonko maksaa postikortti USA:han?

I need stamps for 2 / 3 / 4 postcards to the USA.
Tarvitsen postimerkit kahta / kolmea / neljää postikorttia varten USA:han.

I want to send this letter...	Haluan lähettää tämän kirjeen...
...by airmail.	...lentopostissa.
...by express mail.	...pikana.
...by registered mail.	...kirjattuna.

This contains printed matter / fragile material.
Tässä on painotuotteita / särkyvää tavaraa.

letter *n.* kirje (*kirjee-*)
parcel *n.* paketti (*paketi-*)
postcard postikortti (*postikorti-*)
stamp *n.* postimerkki (*postimerki-*)

Bank (Pankki)

Where is the nearest exchange office / bank / ATM?
Missä on lähin rahanvaihto / pankki / pankkiautomaatti?

I'd like to change some US dollars.
Haluaisin vaihtaa Amerikan dollareita.

I'd like to cash a traveler's check.
Haluaisin vaihtaa matkasekin.

account *n.* tili
ATM pankkiautomaatti (*pankkiautomaati-*)
bank *n.* pankki (*panki-*)
cash *n.* käteinen (*käteise-*)
[to] change *v.* vaihtaa (*vaihda-*)
check *n.* sekki (*seki-*)
credit card luottokortti (*luottokorti-*)
currency exchange machine valuutta-automaatti
    (*valuutta-automaati-*)
exchange *n.* rahanvaihto (*rahanvaihdo-*)
exchange rate vaihtokurssi
money raha
traveler's check matkasekki (*matkaseki-*)

Telephone (Puhelin)

Is there a payphone around here?
Onko täällä jossain [yleisö] puhelinta?

May I use your phone, please?
Saanko käyttää puhelintanne?

The line is busy.
Linja on varattu.

Nobody's answering.
Kukaan ei vastaa.

Hello.
Haloo.

This is [name] speaking.
Täällä puhuu [name].

I'd like to speak with John / Anne.
Haluaisin puhua Johnin / Annen kanssa.

Just a moment.
Hetkinen.

He/she is not here right now.
Hän ei ole nyt tavattavissa OR paikalla.

Do you want to leave a message?
Haluatteko jättää viestin?

Could you tell him/her that ... called?
Voisitteko kertoa hänelle, että ... soitti?

I'll call again <u>later</u> / <u>tomorrow</u>.
Soitan <u>myöhemmin</u> / <u>huomenna</u> uudestaan.

Do you speak English?
Puhutteko englantia?

Good bye / Bye.
Kuulemiin / Hei.

[to] **answer the phone** vastata puhelimeen
   (*vastaa- puhelimeen*)
area code suuntanumero
[to] **call** soittaa (*soita-*)
cellular phone matkapuhelin (*matkapuhelime-*)
country code maan suuntanumero
local call paikallispuhelu
payphone [cards] korttipuhelin (*korttipuhelime-*)
payphone [coins] kolikkopuhelin (*kolikkopuhelime-*)
payphone yleisöpuhelin (*yleisöpuhelime-*)
phone card puhelinkortti (*puhelinkorti-*)
[to] **talk on the phone** puhua puhelimessa
   (*puhu- puhelimessa*)
telephone book puhelinluettelo
telephone call puhelu, soitto (*soito-*)
telephone puhelin (*puhelime-*)
telephone number puhelinnumero

Computers & Internet
(Tietokone ja Internet)

The best public Internet access, in a country with one
of the highest per capita connectivity rates in the
world, is at Finland's pioneering public libraries. These
libraries were the very first in the world to offer public
access to the Internet. Internet cafés are also an option.

Where can I access the Internet?
Missä pääsen Internettiin?

I'd like to send an e-mail.
Haluaisin lähettää sähköpostia.

Computer number...
Tietokone numero...

I need a diskette, please.
Tarvitsisin levykkeen.

Excuse me, can you help me?
Anteeksi, voitteko auttaa?

I'm having some problems...
Minulla on ongelmia...

...uploading / downloading.
...tiedoston siirrossa.

...scanning.
...skannaamisen kanssa.

...with the Internet connection.
...nettiyhteyden kanssa.

browser selain (*selaime-*)
CD-ROM drive CD-asema
connection yhteys (*yhteyde-*)
diskette drive levykeasema
e-mail *n.* sähköposti
hardware laitteisto
icon *n.* ikoni
keyboard näppäimistö
menu valikko (*valiko-*)
monitor *n.* näyttöpääte (*näyttöpäättee-*)
mouse hiiri (*hiire-*)
[to] print tulostaa (*tulosta-*)
printer tulostin (*tulostime-*)
program *n.* ohjelma
[to] scan skannata (*skannaa-*)
scanner skanneri
screen *n.* kuvaruutu (*kuvaruudu-*)
software ohjelmisto
website verkkosivu

At the Pharmacy

Where is the nearest pharmacy [that is open]?
Missä on lähin apteekki, [joka on auki]?

Can you fill this prescription for me?
Saanko tämän reseptin määräämän lääkkeen?

I'd like to have something for...	Haluaisin jotakin...
...a cold.	...vilustumiseen.
...constipation.	...ummetukseen.
...a cough.	...yskään.
...diarrhea.	...ripuliin.
...hay fever.	...heinänuhaan.
...a headache.	...päänsärkyyn.
...indigestion.	...närästykseen.
...insect bites.	...hyönteisen pistoihin.
...flatulence.	...ilmavaivoihin.
...nausea.	...pahoinvointiin.
...a sore throat.	...kurkkukipuun.
...a sunburn.	...auringon polttamaa ihoa varten.

I'd like to have...
Haluaisin...

...a snakebite antidote package.
...kyypakkauksen.

...a package of ibuprofen.
...pakkauksen ibuprofeenia.

Package Instructions

for external use only
käytetään ulkoisesti

...times a day
...kertaa päivässä

at ... hour intervals / every ... hour
...tunnin välein / joka ... tunti

before meals / after meals
ennen ateriaa / aterian jälkeen

Pharmacy Items

Note: Some pharmacy items listed are in the correct grammatical case (partitive or accusative) necessary when asking for something.

allergic *adj.* allerginen
allergy allergia
antibiotic antibiootti (*antibiooti-*)
antidepressant masennuslääke (*masennuslääkkee-*)
antidote vasta-aine, vastamyrkky
antihistamine *part.* antihistamiinia
antiseptic ointment *part.* antiseptista voidetta
aspirin *part.* aspiriinia
asthma astma
asthmatic astmaatikko (*astmaatiko-*)
bandage *part.* sidettä
Band-Aids® *part.* laastareita
cortisone kortisoni
cough drops *part.* kurkkupastilleja
cough syrup *part.* yskänlääkettä
diabetes diabetes (*diabetekse-*)
diabetic diabeetikko (*diabeetiko-*)
disinfectant *part.* desinfioivaa ainetta
ear drops *part.* korvatippoja
eye drops *part.* silmätippoja
gauze *part.* sideharsoa
inhaler *acc.* inhalaattorin, lääkesumuttimen
insect bite hyönteisenpurema
insect repellent *part.* hyönteiskarkotetta
insulin *part.* insuliinia
laxative *part.* laksatiivia, ulostuslääkettä
medicine lääke (*lääkkee-*)

non-prescription / over-the-counter ilman reseptiä
ointment voide (*voitee-*)
painkiller *part.* särkylääkettä
pill pilleri
prescription resepti
sleeping pills *part.* unitabletteja
suppository *part.* peräpuikkoja [rectal];
    emätinpuikkoja [vaginal]
syringe *n.* injektioruisku
tranquilizer rauhoittava lääke (*rauhoittava- lääkkee-*)
vitamin vitamiini
vitamin C C-vitamiini

At the Doctor

Can you recommend a good...?	Voitteko suositella minulle hyvää...?
...doctor	...lääkäriä
...ENT specialist	...korvalääkäriä
...dermatologist	...ihotautilääkäriä
...gynecologist	...gynekologia
...pediatrician	...lastenlääkäriä

How Do You Feel? (Kuinka Voitte?)

I feel / He/she feels nauseous.
Voin / Hän voi pahoin.

I feel / He/she feels faint / dizzy.
Minua / Häntä heikottaa / pyörryttää.

I have / He/she has been vomiting.
Olen / Hän on oksennellut.

I have / He/she has no appetite.
Minulla ei ole /Hänellä ei ole ruokahalua.

I have / He/she has difficulties breathing.
Minulla on /Hänellä on hengitysvaikeuksia.

I have / He/she has...	Minulla on / Hänellä on...
...a fever.	...kuumetta.
...a headache.	...päänsärkyä.
...a sore throat.	...kurkkukipua.
...a cough.	...yskää.
...a rash.	...ihottumaa.
...a stomach ache.	...vatsakipua.
...diarrhea.	...ripuli.
...constipation.	...ummetusta.
...cramps.	...kramppeja.

Patient History (Sairaskertomus)

I have / He/she has asthma.
Minulla / Hänellä on astma.

I am / He/she is a diabetic.
Olen / Hän on diabeetikko.

I am / He/she is an epileptic.
Olen / Hän on epileptikko.

I have / He/she has a cardiac condition.
Minulla / Hänellä on sydänvika.

I / He/she had a heart attack ... ago.
Minulla / Hänellä oli sydänkohtaus ... sitten.

...a year / 2 years / 6 months
...vuosi / kaksi vuotta / kuusi kuukautta

I'm / He/she is allergic to...
Olen / Hän on allerginen ...-lle.

<u>I take</u> / <u>need</u> this medicine.
<u>Käytän</u> / <u>Tarvitsen</u> tätä lääkettä.

I am pregnant.
Olen raskaana.

Where Does It Hurt? (*Missä Tunnette Kipua?*)

I feel pain in...
Tunnen kipua ...-ssa / ...-ssä.

It is sensitive to pressure.
Siihen sattuu painettaessa.

I have here...   **Minulla on tässä...**

    ...a rash.   **...ihottumaa.**
    ...a wound.   **...haava.**
    ...bumps.   **...näppylöitä.**
    ...blisters.   **...rakkoja.**
    ...a swelling.   **...turvotusta.**
    ...a lump.   **...kuhmu.**
    ...a bruise.   **...ruhje.**

I can't move my...
En pysty liikuttamaan...

I can't feel anything in...
En tunne mitään ...-ssa/-ssä.

Is it serious?
Onko se vakavaa?

Can I still travel?
Voinko vielä matkustaa?

Do I have to stay in bed?
Onko minun pysyttävä vuoteessa?

Is surgery absolutely necessary?
Onko leikkaus aivan välttämätön?

Do I pay you now or do you send a bill?
Maksanko nyt vai lähetättekö laskun?

Here is my insurance card.
Tässä on sairausvakuutuskorttini.

abscess paise (*paisee-*)
allergic allerginen
allergy allergia
ambulance ambulanssi, sairasauto
angina angiina, kurkkutulehdus (*kurkkutulehdukse-*)
antibiotic *n.* antibiootti
antidepressant *n.* masennuslääke (*masennuslääkkee-*)
antidote vasta-aine, vastamyrkky
antihistamine antihistamiini
antiseptic *adj.* antiseptinen (*antiseptise-*)
antitoxin vastamyrkky
appendicitis umpilisäkkeen tulehdus (*umpilisäkkeen tulehdukse-*)
artery valtimo
arthritis niveltulehdus (*niveltulehdukse-*)
asthma astma
baby *n.* vauva
bandage *n.* side (*sitee-*)
bladder virtsarakko (*virtsarako-*)
bleeding verenvuoto (*verenvuodo-*)
blister *n.* rakko (*rako-*)
blood *n.* veri (*vere-*)
blood group veriryhmä
blood pressure verenpaine (*verenpainee-*)
bone luu
braces *pl.* hammastuet
breath *n.* hengitys (*hengitykse-*)
breathe hengittää (*hengitä-*)
bronchitis keuhkoputkentulehdus (*keuhkoputkentulehdukse-*)
bruise *n.* mustelma, ruhje (*ruhjee-*)
burn *n.* palovamma
cancer syöpä (*syövä-*)
centigrade celsius-aste
chickenpox vesirokko (*vesiroko-*)
chilblain kylmänkyhmy
child *n.* lapsi (*lapse-*)
childhood disease lastentauti (*lastentaudi-*)
cold *n.* nuha, vilustuminen (*vilustumise-*)

collarbone solisluu
color-blind *adj.* värisokea
concussion aivotärähdys (*aivotärähdykse-*)
conjunctivitis sidekalvontulehdus
   (*sidekalvontulehdukse-*)
constipation ummetus (*ummetukse-*)
contraception ehkäisy
cortisone kortisoni
cough *n.* yskä; *v.* yskiä (*yski-*)
crutch *n.* kainalosauva
cut *n.* haava
dentist hammaslääkäri
dentures hammasproteesi
diabetes diabetes (*diabetekse-*), sokeritauti
   (*sokeritaudi-*)
diabetic diabeetikko (*diabeetiko-*)
diarrhea *n.* ripuli
disinfectant desinfioiva aine
dizziness *n.* huimaus (*huimaukse-*)
doctor *n.* lääkäri
drug *n.* lääke (*lääkkee-*)
earache korvasärky (*korvasäry-*)
ear drops *pl.* korvatipat (*korvatipoi-*)
eczema ekseema, rohtuma
fever kuume (*kuumee-*)
flatulence puhkuisuus (*puhkuisuude-*); *pl.* ilmavaivat
   (*ilmavaivoi-*)
food poisoning ruokamyrkytys (*ruokamyrkytykse-*)
fracture *n.* (luun)murtuma
frostbite paleltuma
gland rauhanen (*rauhase-*)
hay fever heinänuha
headache päänsärky (*päänsäry-*)
head cold nuha
hearing aid kuulolaite (*kuulolaittee-*)
heart sydän (*sydäme-*)
heart attack sydänkohtaus (*sydänkohtaukse-*)
heartburn närästys (*närästykse-*)
heart condition sydänvika (*sydänvia-*)

hemorrhoid peräpukama
herpes herpes (*herpekse-*)
hurt *v.* sattua (**hurts** sattuu) [e.g., the wound ~];
 satuttaa (*satuta-*), loukata (*loukkaa-*) [e.g., I ~ my
 leg]; [get hurt/injured] loukkaantua (*loukkaannu-*)
ill *adj.* sairas (*sairaa-*)
illness sairaus (*sairaude-*)
indigestion ruoansulatushäiriö, närästys (*närästykse-*)
infection tartunta (*tartunna-*), infektio
infectious *adj.* tarttuva
inflamed *adj.* tulehtunut (*tulehtunee-*)
inflammation *n.* tulehdus (*tulehdukse-*)
influenza influenssa
inhaler inhalaattori, lääkesumutin (*lääkesumuttime-*)
insect bite hyönteisenpurema
insulin insuliini
intestines suolisto
itch *n.* syyhy; *v.* syyhytä (*syyhyä-*)
kidney munuainen (*munuaise-*)
lactose maitosokeri, laktoosi
laxative laksatiivi, ulostuslääke (*ulostuslääkkee-*)
ligament nivelside (*nivelsitee-*)
liver maksa
lung keuhko
lymph gland imusolmuke (*imusolmukkee-*)
medicine *n.* lääke (*lääkkee-*)
menstruation *pl.* kuukautiset (*kuukautis-*)
milk sugar maitosokeri, laktoosi
miscarriage *n.* keskenmeno
muscle *n.* lihas (*lihakse-*)
narcosis narkoosi, nukutus (*nukutukse-*)
nasal cavity nenäontelo
nerve *n.* hermo
nervous *adj.* hermostunut (*hermostunee-*)
nosebleed verenvuotoa nenästä
numb *adj.* tunnoton (*tunnottoma-*)
ointment voide (*voitee-*)
orderly *n.* sairaala-apulainen
pain *n.* kipu (*kivu-*)

painful *adj.* kipeä
painkiller särkylääke (*särkylääkkee-*)
patient *n.* potilas (*potilaa-*)
pill pilleri
pneumonia keuhkokuume (*keuhkokuumee-*)
poison *n.* myrkky (*myrky-*)
poisoning myrkytys (*myrkytykse-*)
poisonous *adj.* myrkyllinen (*myrkyllise-*)
pollen siitepöly
pox rokko (*roko-*)
pregnancy raskaus (*raskaude-*)
pregnant *adj.* raskaana, odottava
prescription resepti
prostate eturauhanen (*eturauhase-*)
pulse *n.* pulssi
quarantine *n.* karanteeni
rabies vesikauhu
rash *n.* ihottuma
rectum peräsuoli (*peräsuolee-*)
rheumatism reuma
rib *n.* kylkiluu
saliva sylki (*sylje-*)
sick *adj.* sairas (*sairaa-*)
sneeze *v.* aivastaa (*aivasta-*)
sore *adj.* kipeä
sore throat kurkkukipu (*kurkkukivu-*)
spine selkäranka (selkäranga-)
spit *v.* sylkeä (*sylje-*); *n.* sylki (*sylje-*)
sprain *n.* nyrjähdys (*nyrjähdykse-*)
sprained *adj.* nyrjähtänyt (*nyrjähtänee-*)
stitch *n.* tikki (*tiki-*); *v.* ommella (*ompele-*)
stomach *n.* vatsa
stretcher *pl.* paarit (*paarei-*)
sunstroke auringonpisto
suppository [rectal] peräpuikko;
    [vaginal]emätinpuikko
swelling turvotus (*turvotukse-*)
swollen *adj.* turvonnut (*turvonnee-*)
symptom oire (*oiree-*)

tampon tamponi
temperature [body ~] ruumiinlämpö (*ruumiinlämmö-*)
tendon jänne (*jäntee-*)
therapy hoito (*hoido-*), terapia
tonsillitis nielurisatulehdus (*nielurisatulehdukse-*)
tonsils *pl.* nielurisat (*nielurisoi-*)
toothache hammassärky (*hammassäry-*)
torn *adj.* [ligament, muscle] revähtänyt (*revähtänee-*)
tranquilizer rauhoittava lääke (*rauhoittava- lääkkee-*)
treat *v.* hoitaa (*hoida-*)
treatment hoito (*hoido-*)
twisted *adj.* nyrjähtänyt (*nyrjähtänee-*), mennyt
    sijoiltaan [e.g., ankle]
ulcer mahahaava
urine *n.* virtsa
vein *n.* suoni (*suone-*)
virus virus (*virukse-*)
vital *adj.* elintärkeä
vitamin vitamiini
vomit *v.* oksentaa (*oksenna-*); *n.* oksennus
    (*oksennukse-*)
wheeze *v.* vinkua
whooping cough hinkuyskä
wound *n.* haava
X-ray *n.* röntgen

Body Parts

abdomen vatsa
ankle nilkka (*nilka-*)
arm *n.* käsivarsi (*käsivarre-*)
back *n.* selkä (*selä-*)
back of the head takaraivo
back of the neck niska
behind *n.* takapuoli (*takapuole-*)
cheek *n.* poski (*poske-*)
chest rinta (*rinna-*)
cranium kallo
ear korva

elbow *n.* kyynärpää
eye *n.* silmä
eyelid silmäluomi (*silmäluome-*)
face *n. pl.* kasvot (*kasvo-*)
finger *n.* sormi (*sorme-*)
foot jalka
forehead otsa
genitals *pl.* sukupuolielimet (*sukupuolielimi-*)
groin *pl.* nivuset (*nivusi-*)
gums *pl.* ikenet (*ikeni-*)
head *n.* pää
heart sydän (*sydäme-*)
heel kantapää
hip *n.* lanne (*lantee-*)
jaw *n.* leuka (*leua-*)
joint *n.* nivel (*nivele-*)
knee *n.* polvi (*polve-*)
leg *n.* sääri (*sääre-*)
lip *n.* huuli (*huule-*)
mouth *n.* suu
nail *n.* kynsi (*kynne-*)
nape niska
neck *n.* kaula
nose *n.* nenä
palm *n.* kämmen
shoulder *n.* olkapää, hartia
side *n.* kylki (*kylje-*)
skin *n.* iho
stomach *n.* vatsa, maha
temple ohimo
thigh reisi (*reide-*)
throat kurkku (*kurku-*)
thumb *n.* peukalo
toe *n.* varvas (*varpaa-*)
tongue *n.* kieli (*kiele-*)
tooth hammas (*hampaa-*)
underarm kyynärvarsi (*kyynärvarre-*)
waist *n.* vyötärö
wrist ranne (*rantee-*)

At the Dentist

Can you recommend a good dentist?
Voitteko suositella minulle hyvää hammaslääkäriä?

Can I make an [urgent] apointment to see the dentist?
Saisinko [välittömästi] ajan hammaslääkärin vastaanotolle?

I have a toothache.
Hammastani särkee.

This tooth hurts.	**Tätä hammasta särkee.**
...at the top	...ylhäällä
...at the bottom	...alhaalla
...in the front	...edessä
...at the back	...takana

My gums are sore / are bleeding.
Ikeneni ovat arat / vuotavat verta.

My tooth is loose / broken / chipped.
Hampaani heiluu / on murtunut / on lohjennut.

I have lost a filling.
Minulta on pudonnut paikka.

Can you fix it temporarily?
Voitteko paikata sen väliaikaisesti?

I don't want it extracted.
En halua että se vedetään pois.

Please give me a general anesthetic / local anasthetic.
Haluaisin nukutuksen / paikallispuudutuksen.

This denture is broken.
Tämä hammasproteesi on rikki.

Can you repair this denture?
Voitteko korjata tämän hammasproteesin?

When will it be ready?
Milloin se on valmis?

How much will it cost?
Paljonko se tulee maksamaan?

Here is my insurance card
Tässä on sairausvakuutuskorttini.

At the Barber / Hairdresser

Can you recommend a good barber / hairdresser?
Voitteko suositella minulle hyvää parturia / kampaamoa?

Do you have time to do my hair <u>now</u> / <u>later today</u>?
Olisiko teillä <u>nyt</u> / <u>myöhemmin tänään</u> aikaa laittaa tukkani?

I'd like to make an appointment [for tomorrow / for Friday].
Haluaisin varata ajan [huomiseksi / perjantaiksi].

A haircut, please.
Haluaisin tukanleikkuun.

Wash and cut, please.
Haluaisin pesun ja tukanleikkuun.

Just a trim.
Tasoitetaan vain.

The same style, please.
Haluaisin, että se pysyy samassa mallissa.

Cut short / Leave long
Leikatkaa lyhyeksi / Jättäkää pitkäksi

In the front / In the back / On the sides
Edestä / Takaa / Sivuilta

A bit more / That's enough / That's too short
Vähän enemmän / Se riittää / Se on liian lyhyt

Could you do my highlights?
Laittaisitteko raitoja?

Please dye my hair.
Haluaisin värjäyksen.

Would you trim my...
Tasoittaisitteko...

> ...mustache / sideburns / beard.
> **...viikset / pulisongit / parran.**

At the Dry Cleaner

Where is the nearest dry cleaner?
Missä on lähin pesula?

I would like these clothes...	Haluaisin, että nämä vaatteet...
...washed.	...pestään.
...cleaned.	...puhdistetaan.
...ironed.	...silitetään.
...pressed.	...prässätään.

Can you get this stain out?
Voiko tämän tahran poistaa?

When will it be ready?
Koska se on valmis?

I need it...	Tarvitsen sen...
... today.	...vielä tänään.
...for tonight.	...täksi illaksi.
...for tomorrow morning.	...huomisaamuksi.
...before...	...ennen...

How much will it cost?
Paljonko se maksaa?

I'd like to pick up my laundry.
Haluaisin noutaa pyykkini.

This isn't mine.
Tämä ei ole minun.

There is/are ... missing.   **Tästä puuttuu...**

    ...a shirt / blouse   **...paita**
    ...two shirts / blouses   **...kaksi paitaa**
    ...trousers   **...housut**
    ...two trousers   **...kahdet housut**

Getting to a Meeting

My name is ... from [company name]
Nimeni on ... firmasta...

I'm looking for...
Etsin...

I have <u>an appointment</u> / <u>meeting</u> with...
Minulla on <u>sovittu aika</u> / <u>tapaaminen</u> ... kanssa.

I'm afraid there has been a delay and I will be late.
Tulen valitettavasti myöhästymään.

I cannot make it.
En pääse paikalle.

Can we arrange it for another time?
Sopiiko joku toinen aika?

Mr. Herra
Ms. Rouva
Conference room neuvotteluhuone
   (*neuvotteluhuonee-*)
Meeting room tapaamishuone (*tapaamishuonee-*)
Room number... huone numero...

Doing Business

We are interested in your products.
Olemme kiinnostuneita tuotteistanne.

We would like to place an order of...
Haluaisimme tilata...

Is there a discount for bulk orders?
Saako määräalennusta?

How soon can the shipment be delivered?
Kuinka pian lähetys voidaan toimittaa?

You've got a deal!
Sovittu!

Let's shake on that.
Lyödään kättä päälle.

Here's ...	Tässä on ...
on our company and its activities and products.	yrityksestämme ja sen toiminnasta ja tuotteista.

...information	...tietoa
...a brochure	...esite
...a short presentation	...lyhyt esittely

We are interested in expanding our operations into Finland / the Nordic countries / Europe.
Olemme kiinnostuneita laajentamaan toimintaamme Suomeen / Pohjoismaihin / Eurooppaan.

We are also suppliers to...
Asiakkaitamme ovat myös...

We look forward to doing business with you!
Toivottavasti teemme vielä yhteistyötä kanssanne!

chair *n.* tuoli
computer tietokone (*tietokonee-*)
conference *n.* konferenssi
desk työpöytä (*työpöydä-*)
drawer laatikko (*laatiko-*)
fax *n.* faksi
file *n.* asiakirja
meeting tapaaminen (*tapaamise-*)
office toimisto
paper *n.* paperi
pencil *n.* kynä
photocopier valokopiokone (*valokopiokonee-*)
photocopy *n.* valokopio
printer tulostin (*tulostime-*)
report *n.* raportti (*raporti-*)
ruler viivotin (*viivottime-*)
table *n.* pöytä (*pöydä-*)
telephone *n.* puhelin (*puhelime-*)
telex telex (*telexi-*)
typewriter kirjoituskone (*kirjoituskonee-*)

Conferences, Conventions & Trade Fairs

My name is...
Nimeni on...

I am here representing...
Edustan...

I am pre-registered for the conference /
    convention / trade fair.
**Olen ennakkoilmoittautunut konferenssiin /
kokoukseen / messuille.**

Do you have these documents in English?
Onko teillä näitä asiakirjoja englanniksi?

I'm looking for the meeting room / conference room /
    room number...
**Etsin tapaamishuonetta / konferenssihuonetta /
huonetta numero...**

attendee osallistuja
breakfast break aamiaistauko (*aamiaistauo-*)
business center yrityskeskus (*yrityskeskukse-*)
canceled session peruutettu tapahtuma
coffee break kahvitauko (*kahvitauo-*)
company representative yhtiön edustaja
complimentary *adj.* vapaa
copy *n.* kappale (*kappalee-*)
correction korjaus (*korjaukse-*)
discussion keskustelu
event tapahtuma
event reminder muistutus (*muistutukse-*)
guest speaker vieraspuhuja
information desk info-piste (*info-pistee-*)
internet access internet-yhteys (*internet-yhteyde-*)
lunch break lounastauko (*lounastauo-*)
meeting point kohtauspaikka (*kohtauspaika-*)
message board ilmoitustaulu
name tag nimilappu (*nimilapu-*)

on-site registration paikanpäällä rekisteröityminen
(*paikanpäällä rekisteröitymise-*)
participant osallistuja
podium puhujakoroke (*puhujakorokkee-*)
pre-reservation ennakkovaraus (*ennakkovaraukse-*)
program schedule ohjelma-aikataulu
projector projektori
Q & A session kyselytunti (*kyselytunni-*)
refreshment break virkistystauko (*virkistystauo-*)
registration desk rekisteröintipiste (*rekisteröintipistee-*)
room change siirretty uuteen tilaan
seminar seminaari
smokers' area tupakkahuone (*tupakkahuonee-*)
speaker change vaihtunut puhuja
speaker puhuja
stand *n.* osasto
subject *n.* aihe (*aihee-*)
table *n.* pöytä
topic aihe (*aihee-*)

Questions, Prices

I'm just browsing.
Minä vain katselen.

I'd like to buy...
Haluaisin ostaa...

Do you have any others?
Onko teillä vielä muita?

I don't like it.
En pidä siitä.

Can I look at it?
Voinko nähdä sen?

How much is it?
Mitä se maksaa?

Can you write down the price?
Voitteko kirjoittaa hinnan minulle?

Do you accept credit cards?
Hyväksyttekö luottokorttia?

Can I help you?
Voinko auttaa?

Will that be all?
Entä muuta?

Sorry, this is the last one.
Tämä on valitettavasti viimeinen kappale.

How much / how many do you want?
Paljonko / Montako otatte?

Groceries

See the end of the **Food & Drink** chapter to find a list
of food and kitchen items.

Clothing

Where can I try [these] on?
Missä voin sovittaa?

It doesn't / they don't fit.
Se ei / Ne eivät sovi.

It's too...   Se on liian...

    ...big / small   ...iso / pieni
    ...short / long   ...lyhyt / pitkä
    ...tight / loose   ...tiukka / väljä

This is my size.
Tämä koko on sopiva

This is not my size.
Tämä koko ei ole sopiva.

Is this colorfast?
Pitääkö tämä värinsä?

I like it.
Pidän siitä.

I cannot decide.
En osaa vielä päättää.

I wish to return this article.
Haluan palauttaa tämän.

Refund my money. Here's the receipt.
Haluan rahat takaisin. Tässä on kuitti.

Would you please exchange this?
Vaihtaisitteko tämän?

alpaca alpakka (*alpaka-*)
clothing store vaatekauppa (*vaatekaupa-*)
clothing vaatetus (*vaatetukse-*)
coat takki (*taki-*)

corduroy vakosametti (*vakosameti-*)
cotton puuvilla
denim farmarikangas (*farmarikankaa-*)
dinner jacket smokki (*smoki-*)
dress puku (*puvu-*)
fur turkis (*turkikse-*)
gloves hansikkaat (*hansikkai-*)
handmade käsintehty (*käsintehdy-*)
jacket takki (*taki-*)
lace pitsi
leather nahka (*naha-*)
linen pellava
pants housut (*housui-*)
pantyhose sukkahousut (*sukkahousui-*)
raincoat sadetakki(*sadetaki-*)
scarf huivi
shirt paita (*paida-*)
shoes kengät (*kengi-*)
shorts shortsit (*shortsei-*)
silk silkki (*silki-*)
skirt hame (*hamee-*)
socks nilkkasukat (*nilkkasuki-*)
suede mokka (*moka-*)
sweater villapaita (*villapaida-*)
underwear alusasu
wool villa

Bookstore

Do you have anything in English?
Onko teillä mitään englanninkielistä?

Where do I find...?
Mistä löydän...?

I'm looking for books on Finland.
Etsin Suomesta kertovia kirjoja.

I'm looking for ... translated into English.
Etsin ... englanniksi käännettynä.

...classic / modern Finnish literature / poetry...
...vanhempaa /modernia suomalaista kirjallisuutta / runoutta...

...the Kalevala... [Finnish national epic]
...Kalevalaa...

ballpoint pen kuulakärkikynä
bookstore kirjakauppa
city map kaupungin kartta
dictionary sanakirja
eraser pyyhekumi
fiction kaunokirjallisuus
folder kansio, mappi
guidebook matkaopas, opaskirja
illustrated magazine kuvalehti
magazine aikakauslehti
map kartta
newspaper sanomalehti
nonfiction tietokirjallisuus
notebook muistikirja; vihko
notepaper kirjepaperia
package of envelopes nippu kirjekuoria
paperback taskukirja
pencil lyijykynä
playing cards pelikortit
road map tiekartta
scotch tape teippi
string naru
tape nauha
writing paper kirjoituspaperia

Photo Store

I'd like to buy a...
Haluaisin ostaa...

I want a roll of film for this camera.
Haluaisin tähän kameraan sopivan filmirullan.

Do you have color film / black-and-white film?
Onko teillä värifilmiä / mustavalkofilmiä?

What is the charge...?
Paljonko maksaa...?

> ...for developing a roll / enlarging / one print.
> **...kehittää filmi / suurennos / yksi kopio.**

When will it be ready?
Koska se on valmis?

battery **paristo**
camera **kamera**
cellular phone **matkapuhelin** (*matkapuhelime-*)
color print **värikuva**
lens **linssi**
light meter **valotusmittari**
negative **negatiivi**
shutter **suljin** (*sulkime-*)
slide **dia**
tripod **kolmijalka** (*kolmijala-*)

Jeweler's

My ... is broken.

> ...watch
> ...ring
> ...earring
> ...necklace
> ...bracelet

Minun ... on rikki.

> **...kelloni**
> **...sormukseni**
> **...korvarenkaani**
> **...kaulakoruni**
> **...rannerenkaani**

Can you repair it?
Voitteko korjata sen?

How much will it cost?
Mitä se maksaa?

When will it be ready?
Milloin se on valmis?

Could I please see that?
Saisinko katsoa sitä?

I want a small gift.
Haluaisin jonkin pienen lahjaesineen.

Do you have anything in gold?
Onko teillä mitään kullasta?

How many carats is this?
Montako karaattia tämä on?

Is this real silver?
Onko tämä aitoa hopeaa?

Can you engrave my initials on it?
Voitteko kaivertaa siihen nimikirjaimeni?

I'd like to buy a...   **Haluaisin ostaa...**

...alarm clock.	...herätyskellon.
...bracelet.	...rannekorun.
...chain.	...ketjun.
...clock.	...kellon.
...cufflinks.	...kalvosinnapit.
...earrings.	...korvakorut.
...necklace.	...kaulakorun.
...pendant.	...riipuksen.
...pin.	...rintaneulan.
...ring.	...sormuksen.
...travel clock.	...matkaherätyskellon.
...watch.	...rannekellon.
...watch band.	...kellonhihnan.

amber meripihka
amethyst ametisti
brass messinki
bronze pronssi

copper kupari
coral koralli
crystal kristalli
diamond timantti
emerald smaragdi
glass lasi
gold kulta
gold plated kullattu
ivory nursunluu
jade jade
marble marmori
onyx onyksi
pearl helmi
ruby rubiini
sapphire safiiri
silver hopea
silver plated hopeoitu
topaz topaasi
turquoise turkoosi

Optician's

I've broken my glasses.
Olen rikkonut silmälasini.

Can you repair them for me?
Voitteko korjata ne?

When will they be ready?
Milloin ne ovat valmiit?

Can you replace the lenses?
Voitteko vaihtaa linssit?

I've lost one of my contact lenses.
Olen kadottanut toisen piilolasini.

I'd like to buy [a pair of]... Haluaisin ostaa...

...sunglasses.	...aurinkolasit.
...glasses.	...silmälasit.
...hard /	...kovat /
soft contact lenses.	...pehmeät piilolasit.

contact lens solution.
puhdistusnestettä.

disposable <u>daily</u> / <u>weekly</u> / <u>monthly</u> wear contact
lenses.
kertakäyttöiset <u>päivän</u> / <u>viikon</u> / <u>kuukauden</u> piilolasit.

Tobacconist's

Where is the nearest tobacco store?
Missä on lähin tupakkakauppa?

I want some cigars.
Haluaisin sikareita.

What brands of cigarettes [with menthol] do you have?
Mitä [mentoli]savukkeita teillä on?

I need a lighter.
Tarvitsen sytyttimen.

cigarette papers savukepaperia
filtered filtteri
lighter fluid sytytinbensiiniä
matches tulitikkuja
pipe piippu
pipe cleaners piipunpuhdistimia
pipe tobacco piipputupakkaa
tobacco pouch tupakkakukkaro

It is worth your while to go to a tourist information office and help yourself to their wide selection of brochures. In Helsinki, the tourist information central office is in the very heart of town, near the main marketplace, Pohjoisesplanadi 19. They have information on the whole country. Once there, you also can buy the useful Helsinki Card. It allows you to use all city public transportation and grants free access to almost all museums.

Tourist Information (Turistineuvonta)

Excuse me, can you tell me where the tourist office is?
Anteeksi, voitteko sanoa, missä on turistineuvonta?

Could I have a city map / a map of the region?
Voisinko saada kaupungin kartan / alueen kartan?

Do you have tourist information material on this region in English?
Onko teillä englanninkielisiä tämän alueen matkailuesitteitä?

I am interested in...   Minua kiinnostaa...

...architecture.	...arkkitehtuuri.
...archeology.	...arkeologia.
...design.	...muotoilu.
...folk art.	...kansantaide.
...handicrafts	...käsityöt.
...history.	...historia.
...modern art.	...uusi taide.

Can you recommend a sightseeing tour?
Voitteko suositella kiertoajelua?

Is the tour in English?
Onko opastus englanniksi?

Can we get an English-speaking guide?
Voimmeko saada englantia puhuvan oppaan?

How do we get there?
Kuinka pääsemme sinne?

Sights & Museums (Nähtävyydet ja Museot)

When does it <u>open</u> / <u>close</u>?
Koska se <u>avataan</u> / <u>suljetaan</u>?

Is there a discount for <u>students</u> / <u>children</u>?
Onko <u>opiskelijoille</u> / <u>lapsille</u> alennusta?

Do you have a guide book in English?
Onko teillä englanninkielistä opaskirjaa?

Where is the <u>entrance</u> / <u>exit</u>?
Missä on <u>sisäänkäynti</u> / <u>uloskäynti</u>?

Where are the toilets?
Missä ovat vessat?

aukioloajat opening hours
avataan kello... opens at ... o'clock
ei saa koskea do not touch
kiinni closed
kokoelma collection
museo museum
näyttely exhibition
pääsy kielletty no entrance
remontin takia due to renovation
sisäänkäynti entrance
suljettu closed
ulos exit
valokuvaaminen kielletty no cameras allowed
vapaa pääsy admission free

Theatre, Movies & Concerts
(Teatteri, Elokuvat ja Konsertit)

Finland has produced many famous musicians (e.g., the composer Jean Sibelius or the current director of the Los Angeles Philharmonic, Esa-Pekka Salonen.) You can enjoy high-quality orchestral music in concert houses all over Finland. The big music festivals in the summer are especially interesting. In Finland, all foreign films (except children's films) are undubbed (in original language) with subtitles, so it is possible to see lots of movies in English (and learn some Finnish by reading the occasional subtitle).

I'd like to have a ticket / two tickets...
Haluaisin lipun / kaksi lippua...

> ...for the concert of...
> **...-n konserttiin.**

> ...for the performance of ... on Monday.
> **...-n esitykseen maanantaina.**

When does the show / concert begin?
Koska näytös / konsertti alkaa?

How much is...?   **Paljonko maksaa...?**

> ...an orchestra seat   **...paikka permannolle**
> ...a balcony ticket   **...lippu parvekkeelle**
> ...a box seat   **...aitiopaikka**
> ...a seat in the mezzanine   **...lippu ensiparvelle**

I'd like to have two tickets for the ... o'clock show of the film...
Haluaisin kaksi lippua elokuvan [title] **kello** [time] **näytökseen.**

I'd like to have a seat /   **Haluaisin paikan /**
seats ... of the room.   **paikat salin...**

> ...in the middle   **...keskeltä.**
> ...in the front   **...edestä.**
> ...in the back   **...takaa.**

alkaa kello begins at ... o'clock
baletti ballet
elokuvateatteri cinema
ensi-ilta premiere
Kansallisteatteri Finnish National Theater
kassa avataan kello ticket counter opens at ... o'clock
kassa ticket counter
lippu ticket

lipunmyynti box office
loppuunmyyty sold out
näytös show
ooppera opera
sali auditorium
vaatesäilytys checkroom

Bars & Clubs (Baarit ja Klubit)

Finnish bars can be quite lively, especially in the summertime. Although most people are nice, friendly and funny, watch out for the occasional drunken idiot. Many Finns drink quite a lot and Finland has its statistical share of less-graceful fellow club-goers. Sentences and vocabulary marked with (*col.*) are in colloquial style.

Can you recommend a good club?
Voitko suositella jotain hyvää klubia?

What kind of music do they play there?
Mitä musiikkia siellä soitetaan?

How much is the admission charge?
Paljonko on pääsymaksu?

Is this seat taken?
Onko tämä paikka varattu?

That seat is taken.
Se tuoli on varattu.

Would you like to dance?
Haluaisitko tanssia?
(*col.*) **Haluutsä tanssii?**

Do you have a light [e.g., for a cigarette]?
Onko sinulla tulta?
(*col.*) **Oisko tulta?**

Would you like something to drink?
Haluaisitko jotakin juotavaa?
(*col.*) **Haluisitsä jotain juotavaa?**

a drink / beer / something else
drinkin / olutta / jotain muuta

a glass of [red/white] wine / [dry/sweet] cider / water
lasin [puna-/valko-]viiniä / [kuivaa/makeaa] siideriä / vettä

No, thanks.
Ei, kiitos.

I'm waiting for my friend.
Odotan ystävääni.

Get lost!
Häivy siitä!
(*col.*) **Lähe liitään!**

baari, (*col.*) **tiski** bar
elävää musiikkia live music
iso tuoppi big beer
kovaääniset, (*col.*) **kaapit** loudspeakers
naulakko, (*col.*) **narikka** wardrobe
ovimies, (*col.*) **poke** bouncer
pullo bottle

Sauna

For Finns, the sauna is something of a national institution. It is said to have great healing powers. In the old days, being the cleanest place in the house, it was used for births, as well as for food preparation. On one hand, it is a temple for meditation, purification and regeneration; on the other hand, it is just an everyday place to wash yourself and relax a little

You can find saunas everywhere in Finland. Although public saunas are dying out, there are saunas at every indoor and outdoor pool, at even the tiniest hotel, at camping sites and so on—just ask the locals. Often restaurants, sports clubs or other associations rent out their saunas. Many Finns own a summer cottage, and most every cottage has its own sauna. Lakes are literally encircled by saunas.

Once in Finland, you will quite certainly find yourself sitting in a sauna with some naked Finns at least once. Here are a couple of phrases to help you out in this delicate situation, so that things won't get too hot for you.

It's too hot for me!
Tämä on minulle liian kuumaa!

I'm going outside to cool down.
Menen ulos vilvoittelemaan.

More steam!
Lisää löylyä!

I'm moving to the lower bench.
Siirryn alalauteelle.

Could I throw some water on the stones?
Voinko heittää hieman löylyä?

Can you pass me the ladle?
Annatko löylykauhaa / kuuppaa?

Is the water in the lake warm enough to swim in?
Onko järven vesi uimakelpoista?

Is the seawater cold?
Onko merivesi kylmää?

Note: Some summers the water does not get very warm, especially in the sea. Go ahead, be brave and dare take a quick dip, because you can go straight back into the hot sauna afterwards. It is a nice contrast after the hot steam. If you have health problems, especially heart problems, consult your doctor first!

Is there a shower here?
Onko täällä suihkua?

Can I have / Could you give me some soap?
Saanko / Annatko saippuaa?

Is there any bathing water left?
Onko pesuvettä vielä jäljellä?

Who is coming swimming with me?
Kuka tulee mukaan uimaan?

I'm going to get dressed now.
Menen jo pukemaan päälleni.

What a nice steam bath this is / that was!
Onpas / Olipas hyvät löylyt!

Note: You can grill sausages wrapped in aluminum foil on the hot stones to go with your post-sauna beer, unless it is explicitly prohibited at that particular sauna. Special aluminium bags for this purpose are available at the supermarket.

alalaude (*alalautee-*) lower bench
heittää löylyä (*heitä- löylyä*) to throw water on the stones to make steam
kiuas (*kiukaa-*) sauna stove
kiuaskivet (*kiuaskivi-*) *pl.* heating stones on the stove

kiulu wooden water bucket

käydä saunassa (*käy- saunassa*) to visit the sauna

lauteet (*lautei-*) *pl.* sauna benches

löyly *n.* steam from the stove after you have thrown
water on the stones

löylykauha, kuuppa (*kuupa-*) a ladle for throwing
water

mennä saunaan (*mene- saunaan*) to go to the sauna

pesusoikko (*pesusoiko-*) washing bowl

pukuhuone (*pukuhuonee-*) changing room

saunakalja post-sauna beer

saunakamari room adjacent to the sauna often
furnished as a sleeping area

saunamakkara sausage wrapped in aluminum foil
grilled on the hot stones

saunoa (*sauno-*) to bathe in the sauna

savusauna smoke sauna, an older type of sauna
without a chimney

vasta, vihta (*vihda-*) bundle of fresh birch leaves used
for preventative skin care with rejuvenating
properties [promotes blood circulation and
refreshes epidermis]

vihtoa (*vihdo-*) to bat yourself with the birch leaf
bundle

yleinen sauna (*yleise- sauna-*) public sauna

ylälaude (*ylälautee-*) upper bench

ämpäri bucket

Hiking

Hello, there! Please, wait!
Hei! Odottakaa!

I'd like to ask for your advice!
Kysyisin neuvoa!

I have lost my way. / We have lost our way.
Olen eksynyt. / Olemme eksyneet.

Could you tell me which way to the nearest road
or house?
Osaatteko sanoa, missä suunnassa on lähin tie tai talo?

Is it far? How long does it take to get there?
**Onko se kaukana? Kuinka kauan sinne kestää
kävellä?**

Hello! Can you tell me how far we are from ...?
**Terve! Osaatteko sanoa, kuinka kaukana olemme ...
-sta/-stä?**

Could you show me where we are on the map?
Voisitteko näyttää kartalta, missä olemme?

alamäki (*alamäe-*) *n.* downhill
autiomaja wilderness cabin
erämaa wilderness
eräopas (*eräoppaa-*) wilderness guide
eräpoliisi ranger
joki river
järvi lake
kallio *n.* rock
kivi (*kive-*) *n.* stone
koivikko birch grove
koivu birch
korpi (*korve-*) wild forest
kuusi *n.* spruce
kuusikko spruce grove
kävellä (*kävele-*) *v.* to walk
mennä (*mene-*) *v.* to go
mäki (*mäe-*) hill
männikkö pine grove
mänty *n.* pine
polku (*polu-*) footpath
puro *n.* brook
puukko (*puuko-*) *n.* knife
suo *n.* swamp
tulla (*tule-*) *v.* to come
tunturi upland hill
vaellus (*vaellukse-*) *n.* hike

vaelluspolku (*vaelluspolu-*) *n.* hiking path
vaeltaa (*vaella-*) *v.* to hike
ylämäki (*ylämäe-*) *n.* uphill

Fishing

Are they biting?
Syökö?

You should have seen the one that got away!
Olisit nähnyt sen, joka pääsi karkuun!

ahven (*ahvene-*) *n.* perch
ankerias (*ankeriaa-*) eel
elävä syötti (*elävä- syöti-*) live bait
harmaanieriä lake trout
hauki (*haue-*) pike
kala *n.* fish
kalastaa (*kalasta-*) *v.* to fish
kalastus (*kalastukse-*) *n.* fishing
kalastuslupa (*kalastusluva-*) fishing permit
kalastustarvikkeet (*kalastustarvikei-*) *pl.* fishing
   tackle
kampela *n.* flounder
kela *n.* reel
kelata (*kelaa-*) *v.* to reel
kidukset (*kiduksi-*) *pl.* gills
kirjolohi (*kirjolohe-*) rainbow trout
koukku (*kouku-*) *n.* hook
kuha pike perch
kumisaappaat (*kumisaappai-*) rubber boots
lohi (*lohe-*) salmon
made (*matee-*) burbot
paino *n.* weight
perho *n.* fly
perhokalastus (*perhokalastukse-*) fly-fishing
puronieriä brook trout
rapu (*ravu-*) crab
ruoto (*ruodo-*) fishbone

siika (*siia-*) whitefish
siima fishing line
silakka (*silaka-*) baltic herring
syödä (*syö-*) *v.* to bite
taimen (*taimene-*) trout
turska cod
täky *n.* bait
täkykala bait fish
uistin (*uistime-*) *n.* lure
vapa (*vava-*) fishing rod
vene (*venee-*) boat
verkko (*verko-*) *n.* net
viehe (*viehee-*) *n.* lure

Beach

on the beach / to the beach
rannalla / rannalle

No bathing.
Uiminen kielletty.

Is there a lifeguard here?
Onko täällä uimavalvojaa?

Is it safe for children to swim there?
Voivatko lapset uida siellä turvallisesti?

What is the temperature of the water?
Mikä veden lämpötila on?

Could you keep an eye on my stuff while I'm
swimming?
**Voisitteko pitää silmällä tavaroitani, kun olen
uimassa?**

Help!
Apua!

Where could I rent...?   **Mistä voisin vuokrata...?**

...a canoe   ...**kanootin**
...a jet ski   ...**vesiskootterin**

...a motorboat	...**moottoriveneen**
...a rowing boat	...**soutuveneen**
...a sailing boat	...**purjeveneen**
...water skis	...**vesisukset**

What is the charge per hour?
Mikä on tunnin vuokra?

aurinkotuoli deck chair
aurinkovarjo sunshade
hyppytorni diving platform
ilmapatja air matress
kylpypyyhe (*kylpypyyhkee-*) bath towel
pelastusrengas (*pelastusrenkaa-*) lifebelt
ponnahduslauta (*ponnahduslauda-*) diving board
pukukopit (*pukukopei-*) *pl.* changing rooms
snorkkeli *n.* snorkel
suihku *n.* shower
sukelluslasit (*sukelluslasei-*) *pl.* diving goggles
uida (*ui-*) *v.* to swim
uimahousut (*uimahousui-*) *pl.* swimming trunks
uimalasit (*uimalasei-*) *pl.* swimming goggles
uimapuku (*uimapuvu-*) bathing suit
uimaranta (*uimaranna-*) beach [reserved for
    swimmers]
vesisukset (*vesisuksi-*) *pl.* water skis
WC lavatories

Sports

Where is the nearest sports field / sports hall?
Missä on lähin urheilukenttä / urheiluhalli?

Is there a ... somewhere around here?	Onko täällä jossain lähellä...?
...tennis court	...**tenniskenttää**
...squash court	...**squash-hallia**
...badminton court	...**sulkapallohallia**
...basketball court	...**koripallokenttää**

...volleyball court	...lentopallokenttää
...soccer field	...jalkapallokenttää
...swimming pool	...uima-allasta
...bowling alley	...keilahallia

I'd like to play tennis / badminton / squash.
Haluaisin pelata tennistä / sulkapalloa / squashia.

Is there a court available? / What's the price?
Onko kenttää vapaana? / Mitä se maksaa?

Can I rent a tennis / badminton / squash racket?
Voinko vuokrata tennis- / sulkapallo- / squashmailaa?

Is there a sauna here?
Onko täällä saunaa?

Is it included in the price?
Sisältyykö se hintaan?

Where are the <u>locker rooms</u> / <u>showers</u> / <u>bathrooms</u>?
Missä <u>pukuhuoneet</u> / <u>suihkut</u> / <u>vessat</u> ovat?

I have lost my locker key.
Olen kadottanut kaapin avaimen.

bowling ball keilapallo
hockey stick jääkiekkomaila
ice hockey jääkiekko (*jääkieko-*)
locker kaappi (*kaapi-*)
locker room pukuhuone (*pukuhuonee-*)
pin *n.* keila
puck kiekko (*kieko-*)
shorts *pl.* urheilusortsit (*urheilusortsei-*)
skates *pl.* luistimet (*luistimi-*)
ski boot mono
ski *n.* suksi (*sukse-*)
ski poles *pl.* suksisauvat (*suksisauvoi-*)
skiing hiihto (*hiihdo-*)
sneaker lenkkitossu
sports shop urheiluliike (*urheiluliikkee-*)
track suit verryttelyasu

Hobbies

I collect antiques / coins / stamps.
Kerään antiikkia / rahoja / postimerkkejä.

I like antiques / botany / sports.
Minä pidän antiikista / kasvitieteestä / urheilusta.

antiques antiikki (*antiiki-*)
archeology arkeologia
art taide (*taitee-*)
botany kasvitiede (*kasvitietee-*)
ceramics keramiikka (*keramiika-*)
collecting coins rahojenkeräily
cooking ruoanlaitto (*ruoanlaito-*)
crafts *pl.* käsityöt (*käsitöi-*)
fishing kalastus (*kalastukse-*)
history historia
hobby harrastus (*harrastukse-*)
horseback riding ratsastus (*ratsastukse-*)
music musiikki (*musiiki-*)
ornithology ornitologia
painting maalaaminen (*maalaamise-*)
pottery savenvalanta (*savenvalanna-*)
reading lukeminen (*lukemise-*)
sports urheilu
(watching) sports penkkiurheilu
stamp collecting postimerkkeily
theater teatteri
wildlife luonto (*luonno-*)
wood carving *pl.* puutyöt (*puutöi-*)

Tools

axe *n.* kirves (*kirvee-*)
bit *n.* poranterä [of a drill]
drill *n.* pora; *v.* porata (*poraa-*)
hammer *n.* vasara
nail *n.* naula

nut *n.* mutteri
pincers *pl.* hohtimet (*hohtimi-*)
pliers *pl.* pihdit (*pihdei-*)
plywood vaneri
pocketknife linkkuveitsi, taskuveitsi (*...veitse-*)
saw *n.* saha; *v.* sahata (*sahaa-*)
screw *n.* ruuvi; *v.* ruuvata (*ruuvaa-*)
screwdriver ruuvimeisseli
shovel *n.* lapio
tool työkalu
torch *n.* puhalluslamppu (*puhalluslampu-*)

Wildlife

adder kyy
aquarium fish akvaariokala
bear *n.* karhu
beaver majava
beetle kovakuoriainen (*kovakuoriaise-*)
bird lintu (*linnu-*)
blackbird mustarastas (*mustarastaa-*)
bulldog bulldoggi
butterfly perhonen (*perhose-*)
cat kissa
chicken kana
cow lehmä
crow *n.* varis (*varikse-*)
dachshund mäyräkoira
deer peura
dog koira
duck *n.* ankka (*anka-*)
(wild) duck *n.* sorsa
eagle kotka
elk hirvi (*hirve-*)
ermine kärppä (*kärpä-*)
fish *n.* kala
flea kirppu (*kirpu-*)
fly *n.* kärpänen (*kärpäse-*)
fox *n.* kettu (*ketu-*)

frog sammakko (*sammako-*)
gadfly paarma
goose *n.* hanhi (*hanhe-*)
hamster hamsteri
hare jänis (*jänikse-*)
hawk haukka (*hauka-*)
horse hevonen (*hevose-*)
ladybug leppäkerttu (*leppäkertu-*)
louse täi
lynx ilves (*ilvekse-*)
marten näätä (*näädä-*)
mink minkki (*minki-*)
mosquito hyttynen (*hyttyse-*)
mouse hiiri (*hiire-*)
otter saukko (*sauko-*)
parakeet (budgie) undulaatti (*undulaati-*)
parrot papukaija
Persian (cat) persialainen (*persialaise-*)
pig *n.* sika (*sia-*)
pigeon kyyhkynen (*kyyhkyse-*)
rabbit kani
reindeer poro
retriever noutaja
seagull lokki (*loki-*)
seal *n.* hylje
shepherd *n.* paimenkoira
siamese *n.* siamilainen (*siamilaise-*)
snake *n.* käärme (*käärmee-*)
spider hämähäkki (*hämähäki-*)
terrier terrieri
tick *n.* punkki (*punki-*)
wolf susi (*sude-*)
wolverine ahma

Introductions

Hello. My name is...
Päivää. Nimeni on...

How do you do.
Hyvää päivää.

May I introduce (my wife / my husband / my good
friend)...
Saanko esitellä (vaimoni / mieheni / hyvän ystäväni)...

Pleased to meet you.
Hauska tavata.

Hi. How are you doing?
Hei. Mitä kuuluu?

I'm fine, thanks. What about you?
Kiitos, hyvää. Entä itsellesi?

I come from the United States.
Tulen USA:sta.

I am here on vacation / business.
Olen täällä lomalla / työmatkalla.

Where are you from?
Mistä sinä olet kotoisin?

Relations

I'm single / married / in a relationship.
Olen naimaton / naimisissa / avoliitossa.

Do you have a boyfriend / girlfriend?
Onko sinulla poikaystävää / tyttöystävää.

husband / wife
mies / vaimo

brother / sister
veli / sisar

mother / father
äiti / isä

son / daughter
poika / tytär

How many children do you have?
Kuinka monta lasta teillä on?

I don't have any children.
Minulla ei ole lapsia.

I have a daughter / son / ... children.
Minulla on tytär / poika / ... lasta.

Professions & Education

What do you do?
Mikä olet ammatiltasi?

I am...	Olen...
...an architect.	**...arkkitehti.**
...an artist.	**...taiteilija.**
...in business.	**...liikealalla.**
...a civil servant.	**...virkamies.**
...an engineer.	**...insinööri.**
...a farmer.	**...maanviljelijä.**
...a journalist.	**...lehtimies.**
...a lawyer.	**...juristi.**
...a mechanic.	**...mekaanikko.**
...a doctor.	**...lääkäri.**
...a nurse.	**...sairaanhoitaja.**
...an office employee.	**...toimistotyöntekijä.**
...a student.	**...opiskelija.**
...a teacher.	**...opettaja.**

I study / I studied...	Opiskelen / Opiskelin...
...architecture.	**...arkkitehtuuria.**
...art.	**...taidetta.**

...biology.	...biologiaa.
...chemistry.	...kemiaa.
...engineering.	...tekniikkaa.
...languages.	...kieliä.
...literature.	...kirjallisuutta.
...mathematics.	...matematiikkaa.
...medicine.	...lääketiedettä.
...music.	...musiikkia.
...physics.	...fysiikkaa.
...politics.	...valtiotiedettä.
...sociology.	...sosiologiaa.

Arranging a Date

Let's meet for...   Mentäisiinkö...

...brunch.	...brunssille.
...lunch.	...lounaalle.
...coffee.	...kahville.
...drinks.	...lasilliselle.
...dinner.	...illalla syömään.

What time would be good for you?
Mihin aikaan sinulle sopisi?

Do you know of a good place?
Tiedätkö jotain hyvää paikkaa?

Let's meet there at ... o'clock.
Tavataan siellä kello...

See you then!
Nähdään sitten!

Expressions

Here are some expressions you might hear.

Good idea.
Hyvä ajatus/idea.

Great. I like that.
Hienoa. Pidän siitä.

It seems to be nice.
Se on oikein mukavantuntuinen.

I like it very much. / I don't like it at all.
Pidän siitä todella paljon. / En pidä siitä yhtään.

That is good. / That is not so good.
Se on hyvä. / Se ei ole kovin hyvä.

Happy birthday!
Hauskaa syntymäpäivää!

Congratulations!
Paljon onnea!

Getting Help

Help!
Apua!

Would you please call an ambulance?
Voitteko soittaa ambulanssin?

Do you have a telephone? / Where is the nearest telephone?
Onko teillä puhelinta? / Missä on lähin puhelin?

Can you go get help?
Voitteko mennä hakemaan apua?

I need a doctor.
Tarvitsen lääkäriä.

Is anyone hurt?
Onko joku luokkaantunut?

Don't move.
Älkää liikkuko.

It's all right. Don't worry.
Kaikki on kunnossa. Älkää olko huolissanne.

Do you have a first-aid kit?
Onko teillä ensiapupakkausta?

Has someone called an ambulance already?
Onko joku jo soittanut ambulanssin?

I'll go get help.
Menen hakemaan apua.

May I use your telephone? There's been an accident.
Voinko käyttää puhelintanne? On sattunut onnettomuus.

There are people injured.
Siellä on loukkaantuneita.

Be quick!
Pitäkää kiirettä!

Police (Poliisi)

Call the police!
Kutsukaa poliisi!

My name is...
Nimeni on...

I've been robbed.
Minut on ryöstetty.

I've been beaten up.
Minut on pahoinpidelty.

I've been raped.
Minut on raiskattu.

Someone has stolen my...
Minulta on varastettu...

Be quick!
Pitäkää kiirettä!

Fire (Tulipalo)

Help! Fire!
Apua! Tulipalo!

The house is on fire!
Talo palaa!

Call the fire brigade!
Kutsukaa palokunta!

Is there a fire extinguisher here?
Onko täällä palosammutinta?

Is there someone in there?
Onko siellä joku sisällä?

Lost & Found

Where is the lost and found office?
Missä on löytötavaratoimisto?

I have lost...
Olen hukannut...

>...my wallet. My driver's license is in there.
>**...lompakkoni. Siellä on ajokorttini.**

>...my bag. There are papers with my name on
>them in the bag.
>**...laukkuni. Siellä on papereita, joissa lukee minun
>nimeni.**

earlier today / yesterday / two days ago
aikaisemmin tänään / eilen / kaksi päivää sitten

I lost it in...
Kadotin sen...

The color is...
Se on väriltään...

Numbers

0	nolla
1	yksi
2	kaksi
3	kolme
4	neljä
5	viisi
6	kuusi
7	seitsemän
8	kahdeksan
9	yhdeksän
10	kymmenen
11	yksitoista
12	kaksitoista
13	kolmetoista
14	neljätoista
15	viisitoista
16	kuusitoista
17	seitsemäntoista
18	kahdeksantoista
19	yhdeksäntoista
20	kaksikymmentä
21	kaksikymmentäyksi
22	kaksikymmentäkaksi
23	kaksikymmentäkolme
24	kaksikymmentäneljä
25	kaksikymmentäviisi
26	kaksikymmentäkuusi
27	kaksikymmentäseitsemän
28	kaksikymmentäkahdeksan
29	kaksikymmentäyhdeksän
30	kolmekymmentä
31	kolmekymmentäyksi
32	kolmekymmentäkaksi
33	kolmekymmentäkolme
40	neljäkymmentä
41	neljäkymmentäyksi
42	neljäkymmentäkaksi
43	neljäkymmentäkolme

50	viisikymmentä
51	viisikymmentäyksi
52	viisikymmentäkaksi
53	viisikymmentäkolme
60	kuusikymmentä
61	kuusikymmentäyksi
62	kuusikymmentäkaksi
63	kuusikymmentäkolme
70	seitsemänkymmentä
71	seitsemänkymmentäyksi
72	seitsemänkymmentäkaksi
73	seitsemänkymmentäkolme
80	kahdeksankymmentä
81	kahdeksankymmentäyksi
82	kahdeksankymmentäkaksi
83	kahdeksankymmentäkolme
90	yhdeksänkymmentä
91	yhdeksänkymmentäyksi
92	yhdeksänkymmentäkaksi
93	yhdeksänkymmentäkolme
100	sata
101	satayksi
102	satakaksi
110	satakymmenen
120	satakaksikymmentä
130	satakolmekymmentä
140	sataneljäkymmentä
150	sataviisikymmentä
160	satakuusikymmentä
170	sataseitsemänkymmentä
180	satakahdeksankymmentä
190	satayhdeksänkymmentä
200	kaksisataa
300	kolmesataa
400	neljäsataa
500	viisisataa
600	kuusisataa
700	seitsemänsataa
800	kahdeksansataa

900	yhdeksänsataa
1000	tuhat
1100	tuhatsata
1200	tuhatkaksisataa
2000	kaksituhatta
5000	viisituhatta
10,000	kymmenentuhatta
50,000	viisikymmentätuhatta
100,000	satatuhatta
1,000,000	miljoona
1,000,000,000	miljardi

first	ensimmäinen
second	toinen
third	kolmas
fourth	neljäs
fifth	viides
sixth	kuudes
seventh	seitsemäs
eighth	kahdeksas
ninth	yhdeksäs
tenth	kymmenes
eleventh	yhdestoista
twelfth	kahdestoista
thirteenth	kolmastoista
fourteenth	neljästoista
fifteenth	viidestoista
sixteenth	kuudestoista
seventeenth	seitsemästoista
eighteenth	kahdeksastoista
nineteenth	yhdeksästoista
twentieth	kahdeskymmenes
twenty-first	kahdeskymmenesensimmäinen
twenty-second	kahdeskymmenestoinen
twenty-third	kahdeskymmeneskolmas
thirtieth	kolmaskymmenes
thirty-first	kolmaskymmenesensimmäinen
100th	sadas
1000th	tuhannes

Weights & Measures

1 kilogram (kg.) = 1000 grams (g.)

1 kilogram = 2.2 pounds
1 pound = .45 kilograms = 450 grams

1 meter (m.) = 100 centimeters (cm.)
1 centimeter = 10 millimeters (mm.)

1 meter = 3.28 feet
1 foot = 0.30 meters = 30 centimeters

1 centimeter = .39 inches
1 inch = 2.54 centimeters

1 kilometer (km.) = 1000 meters

1 kilometer = .62 miles
1 mile = 1.609 kilometers = 1609 meters

1 liter (l.)

1 liter = .26 US gallons
1 gallon = 3.78 liters

Colors

beige	beige
black	musta
blue	sininen
brown	ruskea
cream	kermanvärinen
crimson	kirkkaanpunainen
dark blue	tummansininen
emerald	sinivihreä
gold	kullanvärinen
green	vihreä
gray	harmaa
light blue	vaaleansininen
mauve	malvanvärinen
olive green	oliivinvihreä
orange	oranssi

pink	vaaleanpunainen
purple	sinipunainen
red	punainen
scarlet	tulipunainen
silver	hopeanvärinen
tan	vaaleanruskea
turquoise	turkoosi
white	valkoinen
yellow	keltainen

Days of the Week

Sunday	sunnuntai
Monday	maanantai
Tuesday	tiistai
Wednesday	keskiviikko
Thursday	torstai
Friday	perjantai
Saturday	lauantai

birthday syntymäpäivä
day päivä
day off vapaapäivä
day after tomorrow ylihuomenna
day before edellisenä päivänä
day before yesterday toissapäivänä
[the] following day seuraavana päivänä
holiday pyhäpäivä, pyhä
last week viime viikolla
month kuukausi
next week ensi viikolla
public holiday juhlapäivä
school holidays koululoma
today tänään
tomorrow huomenna
two days ago kaksi päivää sitten
[for] two weeks kahden viikon ajan
vacation loma
week viikko

weekday viikonpäivä
weekend viikonloppu
working day työpäivä, arkipäivä
yesterday eilen

Months of the Year

January	**tammikuu**
February	**helmikuu**
March	**maaliskuu**
April	**huhtikuu**
May	**toukokuu**
June	**kesäkuu**
July	**heinäkuu**
August	**elokuu**
September	**syyskuu**
October	**lokakuu**
November	**marraskuu**
December	**joulukuu**
during the month of August	**elokuun aikana**
last month	**viime kuussa**
next month	**ensi kuussa**
since June	**kesäkuusta lähtien**
the following month	**seuraavassa kuussa**
the month before	**edellisessä kuussa**
July 1	**heinäkuun 1. päivä, ensimmäinen heinäkuuta**
March 17	**maaliskuun 17. päivä, seitsemästoista maaliskuuta**

Seasons

winter talvi (*talve-*)
spring kevät (*kevää-*)
summer kesä
fall syksy

in **spring** keväällä
during the summer kesällä
last autumn viime syksynä
next winter ensi talvena

National Holidays

January 1	**uudenvuodenpäivä**	New Year's Day
May 1	**vappu**	Labor Day
December 6	**itsenäisyyspäivä**	Independence Day
December 25	**joulupäivä**	Christmas
December 26	**tapaninpäivä**	St. Stephen's Day

Variable Dates

loppiainen Epiphany (Saturday between January 6
 and 12)
pitkäperjantai Good Friday
toinen pääsiäispäivä Easter Monday
helatorstai Ascension Day (fifth Saturday after Easter)
toinen helluntaipäivä replaces Whit Monday
 (Saturday before Whit Sunday)
juhannus Midsummer Day (Saturday between June
 20 and 26)
pyhäinpäivä All Saints' Day (Saturday between
 October 31 and November 6)

Countries & Nationalities

Africa	**Afrikka**
African	**afrikkalainen**
America	**Amerikka**
American	**amerikkalainen**
Asia	**Aasia**
Asian	**aasialainen**
Australia	**Australia**
Australian	**australialainen**
Belgium	**Belgia**

Belgian	**belgialainen**
~~Canada~~	**Kanada**
Canadian	**kanadalainen**
China	**Kiina**
Chinese	**kiinalainen**
Denmark	**Tanska**
Danish	**tanskalainen**
England	**Englanti**
English	**englantilainen**
Estonia	**Eesti**
Estonian	**eestiläinen**
Europe	**Eurooppa**
European	**eurooppalainen**
Finland	**Suomi**
Finnish	**suomalainen**
France	**Ranska**
French	**ranskalainen**
Germany	**Saksa**
German	**saksalainen**
Greece	**Kreikka**
Greek	**kreikkalainen**
India	**Intia**
Indian	**intialainen**
Irland	**Irlanti**
Irish	**irlantilainen**
Italy	**Italia**
Italian	**italialainen**
Japan	**Japani**
Japanese	**japanilainen**
Netherlands	**Alankomaat, Hollanti**
Dutch	**alankomaalainen, hollantilainen**
Norway	**Norja**
Norwegian	**norjalainen**
Poland	**Puola**
Polish	**puolalainen**
Russia	**Venäjä**
Russian	**venäläinen**

South America	Etelä-Amerikka
South American	etelä-amerikkalainen
Spain	Espanja
Spanish	espanjalainen
Sweden	Ruotsi
Swedish	ruotsalainen
Switzerland	Sveitsi
Swiss	sveitsiläinen

City Names

Athens	Ateena
Berlin	Berliini
Brussels	Brysseli
Hamburg	Hampuri
Kiev	Kiova
Cracow	Krakova
Copenhagen	Kööpenhamina
Lisbon	Lissabon
London	Lontoo
Moscow	Moskova
Paris	Pariisi
St. Petersburg	Pietari
Riga	Riika
Rome	Rooma
Stockholm	Tukholma
Tallinn	Tallinna
Warsaw	Varsova
Vyborg	Viipuri
Vilnius	Vilna

Geographical Names

Baltic Sea	Itämeri
Gulf of Finland	Suomenlahti
Gulf of Bothia	Pohjanlahti
Åland Islands	Ahvenanmaa

Religion & Worship

altar	**alttari**
Buddhist	**buddhalainen**
Catholic	**katolinen**
choral music	**kuoromusiikki**
Christian	**kristitty**
collection	**kolehti**
communion	**(pyhä) ehtoollinen**
confession	**rippi**
contribution	**avustus**
Hindu	**hindulainen**
hymn	**virsi**
hymn book	**virsikirja**
Jewish	**juutalainen**
Lutheran	**luterilainen**
Lutheran church	**Luterilainen kirkko**
mass / divine liturgy	**messu / jumalanpalvelus**
minister / priest	**pappi**
Muslim	**muslimi**
Orthodox church	**Ortodoksinen kirkko**
prayers	**rukoukset**
prayer book	**rukouskirja**
Protestant church	**Protestanttinen kirkko**
Rabbi	**rabbi**
Roman Catholic church	**Roomalaiskatolinen kirkko**
Synagogue	**synagoga**
sermon	**saarna**
services	**jumalanpalvelus**
Sunday school	**pyhäkoulu**

Common Abbreviations

ALE (alennusmyynti) sale
alv. (arvonlisävero) value added tax
ap. (aamupäivällä) A.M.
ark. (arkisin) on weekdays (Mon. to Sat.)
as. (asema) railway station

eiL (ei lauantaisin) not on Saturdays
EP (erikoispikajuna) special express train
esim. (esimerkiksi) for instance
EU (Euroopan Unioni) European Union
fil. tri (filosofian tohtori) Ph.D.
FIN / fi. official abbreviations of Finland
Hki Helsinki
HKL (Helsingin Kaupungin Liikennelaitos) Helsinki
  Municipal Transport Co.
hra (herra) Mr.
huom. (huomaa, huomautus) note
hv (hevosvoima) horsepower
IC Intercity train
ip. (iltapäivällä) P.M.
J.K., P.S. (jälkikirjoitus) postscript
jne. (ja niin edelleen) etc.
joht. (johtaja) director
k. (katu) street
ke (keskiviikko) Wednesday
kj. (kuja) alley
klo (kello) o'clock
kpl (kappaletta) pieces
ks. (katso) see
la (lauantai) Saturday
lääket. tri (lääketieteen tohtori) MD
ma (maanantai) Monday
mm. (muun muassa) among other things
n. (noin) approximately
n:o / nro (numero) number
nti (neiti) Miss
os. (osoite) address
OY (osakeyhtiö) Ltd., Inc.
pe (perjantai) Friday
PL (postilokero) PO Box
puh. / p. (puhelinnumero) telephone number
pvm. (päivämäärä) date
rva (rouva) Mrs.
s, ss. (sivu, sivut) page, pages
SRM (Suomen Retkeilymajajärjesto) Finnish YHA

SS (timetables only) when there are two consecutive
   holidays, buses only run on the second holiday
su (sunnuntai) Sunday
t, h (tunti) hour (s)
t. (tie) road
ti (tiistai) Tuesday
Tku Turku
to (torstai) Thursday
toim. joht. (toimitusjohtaja) managing director
Tre Tampere
v. (vuosi, vuonna) year, in year
VP (vastausta pyydetään) please reply
VR (Valtion Rautatiet) Finnish State Railways
YK (Yhdistyneet Kansakunnat) United Nations
ym. (ynnä muuta) etc.

Related Hippocrene Language Books

Danish-English/English-Danish
Practical Dictionary
32,000 entries • 601 pages • 4⅜ x 7½ •
0-87052-823-8 • $16.95pb • (198)

Danish-English/English-Danish
Dictionary & Phrasebook
3,500 entries • 307 pages • 3¾ x 7½ •
0-7818-0917-7 • $12.95pb • (168)

Estonian-English/English-Estonian
Concise Dictionary
6,500 entries • 180 pages • 4 x 6 •
0-87052-081-4 • $11.95pb • (379)

Estonian-English/English-Estonian
Dictionary & Phrasebook
3,700 entries • 270 pages • 3¾ x 7½ •
0-7818-0931-2 • $11.95pb • (334)

Finnish-English/English-Finnish
Concise Dictionary
12,000 entries • 411 pages • 4 x 6 •
0-87052-813-0 • $11.95pb • (142)

Icelandic-English/English-Icelandic
Concise Dictionary
10,000 entries • 177 pages • 4 x 6 •
0-87052-801-7 • $9.95pb • (147)

Hippocrene Children's Illustrated
Norwegian Dictionary
English-Norwegian/Norwegian-English
94 pages • 8 x 11 •
0-7818-0887-1 • $11.95pb • (165)

Norwegian-English/English-Norwegian
Concise Dictionary
10,000 entries • 599 pages • 4 x 6 •
0-7818-0199-0 • $14.95pb • (202)

Norwegian-English/English-Norwegian
Dictionary & Phrasebook
3,500 entries • 275 pages • 3¾ x 7½ •
0-7818-0955-X • $11.95pb • (415)0

Mastering Norwegian
Erik Friis
183 pages • 5½ x 8½ •
0-7818-0320-9 • $14.95pb • (472)

Hippocrene Children's Illustrated
Swedish Dictionary
English-Swedish/Swedish-English
94 pages • 8½ x 11 •
0-7818-0822-7 • $14.95hc • (57)
94 pages • 8½ x 11 •
0-7818-0850-2 • $11.95pb • (665)

Beginner's Swedish
Scott Mellor
262 pages • 5½ x 8½ •
07818-0951-7 • $14.95 • (383)

Swedish-English/English-Swedish
Standard Dictionary
70,000 entries • 804 pages • 5½ x 8½ •
0-7818-0379-9 • $19.95pb • (242)

Swedish-English/English-Swedish
Dictionary & Phrasebook
3,000 entries • 135 pages • 3½ x 7½ •
0-7818-0903-7 • $11.95pb • (228)

Poetry and Folklore

Treasury of Finnish Love Poems,
Quotations & Proverbs
In Finnish and English
Börje Vähämäki, editor and translator
128 pages • 5 x 7 •
0-7818-0397-7 • $11.95hc • (118)

Norse Stories
Retold by Hamilton Wright Mabie
Illustrated by George Wright
   Originally published in 1901, this rare volume comprise 17 stories of brave warriors, fierce gods, and exciting adventures included in such tales as "Odin's Search for Wisdom" and "Thor Goes a Fishing."
250 pages • 5½ x 8¼ • illustrations •
0-7818-0770-0 • $14.95hc • (357)

The Little Mermaid and Other Tales
Hans Christian Andersen
   Stunningly illustrated throughout, this is a near replica of the first American edition of the collection.
508 pages • 6⅛ x 9¼ • illustrations throughout •
0-7818-0720-4 • $19.95hc • (791)

Swedish Fairy Tales
Translated by H. L. Braekstad
   With 18 classic Swedish fairy tales and 21 beautiful black-and-white illustrations, this is an ideal gift for children and adults alike.
190 pages • 5½ x 8¼ • 21 b/w illustrations •
0-7818-0717-4 • $12.50hc • (787)

All prices subject to change without prior notice. **To purchase Hippocrene Books** contact your local bookstore, call (718) 454-2366, visit www.hippocrenebooks.com, or write to: Hippocrene Books, 171 Madison Avenue, New York, NY 10016. Please enclose check or money order, adding $5.00 shipping (UPS) for the first book and $.50 for each additional book.